Kohlhammer

Religion und Gesundheit

Herausgegeben von
Dietrich Korsch und Cornelia Richter
In Zusammenarbeit mit Hans-Rainer Buchmüller,
Franziska Geiser, Jochen Sautermeister, Verena Wetzstein

Band 1

Cornelia Richter (Hrsg.)

Ohnmacht und Angst aushalten

Kritik der Resilienz in Theologie und Philosophie

Verlag W. Kohlhammer

1. Auflage 2017

Alle Rechte vorbehalten
© W. Kohlhammer GmbH, Stuttgart
Gesamtherstellung: W. Kohlhammer GmbH, Stuttgart

Print:
ISBN 978-3-17-031139-8

E-Book-Format:
pdf: ISBN 978-3-17-031140-4

Für den Inhalt abgedruckter oder verlinkter Websites ist ausschließlich der jeweilige Betreiber verantwortlich. Die W. Kohlhammer GmbH hat keinen Einfluss auf die verknüpften Seiten und übernimmt hierfür keinerlei Haftung.

Inhalt

Vorwort 7

Cornelia Richter
Einleitung: Ohnmacht und Angst aushalten.
Zu Kritik und Ergänzung dominant aktiver Resilienzfaktoren 9

Christoph Horn
Resiliente Persönlichkeiten?
Die Diskussion um den Tugendbegriff in der Antike und heute 31

Jochen Flebbe
„Ich glaube – hilf meinem Unglauben."
Strukturen antithetischer Krisenbewältigung im Neuen Testament 47

Hilge Landweer
Therapeutik der Affekte.
Leibliche Resonanz und Gemeinschaftsgefühle als Bewältigungsstrategien . 71

Thomas Wabel
Weisen von Verkörperung in der christlichen Schmerztradition
und die Frage nach Resilienz 91

Jochen Schmidt
Ohnmacht und Klage.
Selbstermächtigung in Ausweglosigkeit 107

Thiemo Breyer
Selbstsorge und Fürsorge zwischen Vulnerabilität und Resilienz 119

Saskia Wendel
Resilienz – Diskursive, machtbesetzte und performative Körperpraxis ... 133

Ludger Heidbrink
Zwischen Macht und Ohnmacht.
Die Last der Selbstverantwortung 147

Notger Slenczka
Trauma und Resilienz – ‚schlechthinnige Abhängigkeit'
und ‚Mut zum Sein' 163

Maike Schult
„Unkraut vergeht nicht".
Resilienz und posttraumatische Reifung 183

Autorinnen und Autoren 197

Vorwort

Ohnmacht und Angst auszuhalten und zu gestalten ist eine Lebensaufgabe, die es in sich hat. Denn nicht jedem Menschen ist es gegeben, Krisenerfahrungen des Abschieds, der Gewalt, des Missbrauchs, von Krankheit und Tod so zu durchleben, dass sich Licht am Horizont zeigt und neue Perspektiven öffnen. Mit dem Begriff der Resilienz steht genau dieses Phänomen im Zentrum, das zwischen Gabe und Übung, bewusster Förderung und zukommender Gnade schwankt und sich ob seiner medizinischen, psychologischen, sozialen, politischen, kommunikativen, symbolischen und metaphorischen und schließlich auch religiös-spirituellen Komplexität nur interdisziplinär bearbeiten lässt. Die Geisteswissenschaften, vor allem Theologie und Philosophie, sind in diesen Forschungsdiskurs erst vor wenigen Jahren aktiv mit eingetreten, obwohl sie über ein reichhaltiges Repertoire an theoretischen, literarischen und traditionspraktischen Ressourcen verfügen. Aus diesem Repertoire ergibt sich manches Argument, das die bisherigen Forschungslinien zusätzlich unterstützen kann – vor allem aber ergeben sich diverse Ansatzpunkte zu Kritik und Ergänzung der noch immer weitgehend unverstandenen Entwicklung von Resilienz.

Deshalb wurde 2014 das Projekt *Resilienz und Spiritualität* an der Evangelisch-Theologischen Fakultät der Universität Bonn initiiert, das einer Kooperation aus Theologie (Cornelia Richter/Initiatorin, Eberhard Hauschildt, Judith Gärtner), Philosophie (Thiemo Breyer), Psychosomatik und Psychotherapie (Franziska Geiser), Palliativmedizin (Lukas Radbruch) und Spiritual Care (Simon Peng-Keller) gewidmet ist. Die Auftaktkonferenz hat vom 5. bis 7. November 2015 unter dem Titel „*Ohn-/Macht, Angst und Sorge. Modi des Aushaltens und Gestaltens*" an der Melanchthon-Akademie Köln stattgefunden, für deren unterstützende Gastfreundschaft Herrn Dr. Martin Bock herzlich zu danken ist. Die Tagung wurde vom Bonner Institut für Hermeneutik in Kooperation mit dem Institut für Evangelische Theologie an der Universität zu Köln und der Deutschen Gesellschaft für Religionsphilosophie durchgeführt, so dass auch diesen Institutionen und allen beteiligten Mitarbeiterinnen und Mitarbeitern der herzliche Dank gilt.

Der vorliegende Sammelband ist aus Vorträgen dieser Konferenz sowie aus der im WS 2015/16 gemeinsam mit Saskia Wendel an der Universität zu Köln durchgeführten Ringvorlesung „Resilienz. Krisen aushalten und gestalten" erwachsen, so dass der Dank in besonderer Weise allen Autorinnen und Autoren gilt. Sie haben sich in herausragender Weise nicht nur auf das Thema eingelassen, sondern es zudem höchst konzentriert und auf die gemeinsame Diskussion fokussiert bearbeitet. Es folgt selbstverständlich der Dank an all jene Mitarbeiterinnen und Mitarbeiter, die am Bonner Institut für

Hermeneutik mit der mühevollen Aufgabe der Erstellung der Druckvorlagen befasst waren – Katharina Opalka und Thorben Alles, sowie Matthew Ryan Robinson für die Korrektur der englischen Abstracts; schließlich Daniel Rossa und Frank Seifert vom Institut für Evangelische Theologie an der Universität zu Köln für die Mithilfe bei der abschließenden Korrekturlesung. Mit ihrer Sorgfalt und ihrem überdurchschnittlich hohen Engagement haben sie die Fertigstellung des Bandes ermöglicht. Sollten am Ende dennoch kleinere Unstimmigkeiten übrig geblieben sein, so liegt die Verantwortung hierfür selbstverständlich bei der Herausgeberin selbst.

Der letzte Dank gilt wie immer, aber diesmal in besonders hervorzuhebender Weise, dem Kohlhammer-Verlag und Herrn Dr. Sebastian Weigert (Lektoratsleitung). Die Zusammenarbeit war wie immer überaus freundlich und effizient, aber diesmal wird mit dem Dank nicht nur ein erfolgreiches Projekt beschlossen, sondern zugleich eine langjährige Projektarbeit eröffnet: Mit der vorliegenden Publikation halten Sie Band 1 der neu gegründeten Reihe *Religion und Gesundheit* in Händen, die von der Unterzeichnerin gemeinsam mit Dietrich Korsch und einem interdisziplinären und ökumenischen Kollegium herausgegeben wird. Veröffentlicht werden Beiträge, die sowohl medizinisch-psychologisch als auch theologisch-philosophisch wissenschaftlich verantwortet sind. Sie sollen sowohl Fachleuten aller beteiligten Disziplinen als auch interessierten Zeitgenossen in Kirchen und Akademien einen informativen und herausfordernden Zugang ermöglichen. Es ist nicht hoch genug einzuschätzen, dass ein Verlag in so hohem Maße den Transfer zwischen Wissenschaft und Gesellschaft unterstützt.

Bonn, im Juni 2017   Cornelia Richter

Einleitung: Ohnmacht und Angst aushalten. Zu Kritik und Ergänzung dominant aktiver Resilienzfaktoren

Cornelia Richter

Resilience has been the subject of intensive interdisciplinary research since Emmy E. Werner's early studies in 1971. Over the years its focus has shifted from (a) predominantly static baseline characteristics to (b) dynamic mechanisms of adapting and coping and now includes (c) a growing awareness of the critical implications and limitations of the notion of resilience. Even though the phenomenon of resilience is tied to experiences of crisis, its broad, popular reception is driven by an expectation of increases in strength, enhancement, self-efficiency and optimism, like a roly-poly doll that bounces back up every time it is knocked down. Resilience and crisis are somehow kept apart from each other as if resilience could be developed first in order to better survive a crisis yet to come. The problem here, however, is that resilience does not show its power separately from but only in interaction with situations of crisis. We simply do not know whether we are resilient or not unless we experience situations of crisis – and even if we prove to be resilient in one severe crisis we might be weak and distressed in the next (or the other way around). In the end, resilience is in no way a plug-and-play system which could be adapted once and for all like a securing shield.

The Bonn interdisciplinary research group "Resilience and Spirituality," founded in 2014 at the University of Bonn by Cornelia Richter, understands resilience as a phenomenon of crisis par excellence, for experiences of crisis and reactions of resilience develop in complex interaction. We focus on experiences of individual and existential crisis to which we react in powerlessness and with anxiety: experiences of loss and saying goodbye, of violence and abuse, acute and chronic illness and severe bodily or mental impairment, exclusion and loneliness, death and grief. Whether one proves resilient in such crises or not becomes clear only in hindsight – at a point when the bitter cost of resilience in a moment of doubt has already been paid. We are therefore researching not only strategies of overcoming situations of crisis but also modes of perseverance and formation.

The essays of this volume (all of which begin with abstracts in English) present our first results as a research group. From perspectives in theology and philosophy, we will begin by concentrating on the religious and spiritual resources implied in Judeo-Christian and in European philosophical traditions. One of the main results is a critique of the preoccupation in resilience research with active aspects of resilience: Analysis of active factors must be informed just as much by the reality of depressurizing forces, the perspective of being-subjected-to, and by more liminal experiences of experiencing oneself as undergoing change in which the active and passive are difficult to sort out. This more robust treatment produces a resonant acoustic space in which a harmony between the active and passive aspects of resilience can develop. Especially resonant in this space are phenomena of: pre-linguistic to cognitively reflected articulation in scream and lament, affective involvement and empathy, letting-go, dedication and abandonment, as well as self-care and care for the well-being of others, which in turn form the indispensable space for social resonance in the process of articulation, empathy, self-awareness and self-transformation.

Das *Thema der Resilienz* ist seit mehreren Jahrzehnten Gegenstand interdisziplinärer Forschung in Natur-, Geistes- und Sozialwissenschaften, die auf beeindruckende Weise die Komplexität des Phänomens darlegen. Der detaillierten Forschungsberichte gibt es daher genug,[1] weshalb an dieser Stelle auf einen weiteren verzichtet wird. Die Darstellungen der Forschungsgeschichte beginnen in der Literatur inzwischen einigermaßen einhellig mit den Studien von Emmy E. Werner aus den 1970er Jahren[2] und differenzieren sich dann in die verschiedenen Sparten einer Ressourcenlogik aus: In einer ersten Variante wird Resilienz überwiegend im Sinne vorliegender bzw. mitgebrachter psychophysischer Eigenschaften (sog. „baseline characteristics", Grundeigenschaften) betrachtet,[3] zunehmend ergänzt von einer Variante der prozessorientierten Analyse, die den Akzent stärker auf die adaptive Entwicklung und Stärkung resilienter bzw. resilienzbedingender Ressourcen und Strategien (sog. „mechanisms", Anpassungsprozesse) legt[4] und schließlich in die dritte Variante einer zunehmend kritischen Rezeption des Resilienzbegriffs einmündet, die vor allem von sozial- und politikwissenschaftlichen Untersuchungen getragen ist[5] und auch den hier vertretenen Ansatz mit bestimmt.

---

[1] Die aktuell beste Übersicht, allerdings ohne Einbeziehung der Theologie, bietet: *Rüdiger Wink (Hg.):* Multidisziplinäre Perspektiven der Resilienzforschung, Wiesbaden 2016; für den theologischen Kontext vgl. *Cornelia Richter/Jennifer Blank:* Resilienz im Kontext von Theologie und Kirche. Eine kurze Einführung in den Stand der Forschung, in: Cornelia Richter/Uta Pohl-Patalong (Hgg.): Resilienz – Problemanzeige und Sehnsuchtsbegriff, Themenheft PrTh 51, 2016, Heft 2, 69–74; aus Sicht der katholischen Theologie nun auch: *Markus Vogt/Martin Schneider:* Zauberwort Resilienz. Analysen zum interdisziplinären Gehalt eines schillernden Begriffs, in: Dies. (Hgg.): Theologische und ethische Dimensionen von Resilienz, Themenheft MThZ 67, 2016, Heft 3, 180–194.

[2] *Emmy E. Werner:* The children of Kauai. A longitudinal study from the prenatal period to age ten, Honolulu 1971.

[3] Vgl. exemplarisch: *Gill Windle/Kate M. Bennett/Jane Noyes:* A methodological review of resilience measurement scales, in: Health Qual Life Outcomes 9, 2011, 8; *Helen Herrman/Donna E. Stewart/Natalia Diaz-Granados/Elena L. Berger/Beth Jackson/ Tracy Yuen:* What is resilience?, in: Can J Psychiatry 56, 2011, 258–265.

[4] Impulsgebend waren v.a.: *Michael Rutter:* Resilience. Causal pathways and social ecology, in: Michael Ungar (Hg.): The social ecology of resilience, New York: Springer, 2011, 33–42; *Ders.:* Resilience as a dynamic concept, in: Development and Psychopathology 24, 2012, 335–344; *Suniya S. Luthar:* Resilience in development: A synthesis of research across five decades, in: Dante Cicchetti/Donald J. Cohen (Hgg.), Developmental Psychopathology: Risk, disorder, and adaptation, New York ²2006, 739–795; *Anthony D. Mancini/George A. Bonanno:* Predictors and parameters of resilience to loss: toward an individual differences model, in: J Pers 77, 2009, 1805–1832; *Anthony D. Mancini/George A. Bonanno/Beyza Sinan:* A brief retrospective method for identifying longitudinal trajectories of adjustment following acute stress, in: Assessment 22, 2015, 298–308.

[5] Vgl. stellvertretend: *Martin Endreß/Andrea Maurer:* Resilienz im Sozialen. Theoretische und empirische Analysen, Wiesbaden 2016.

Ansatzpunkt der Kritik ist die Beobachtung, dass Begriff und Phänomen der Resilienz zwar einerseits durchgängig und explizit an krisenhafte Lebenserfahrungen geknüpft werden, so dass der Krisenbegriff in kaum einer Resilienzstudie fehlt und man Resilienz und Krise bzw. Krise und Resilienz geradezu als Spiegel- und Wechselphänomene interpretieren könnte, dass aber andererseits der Resilienzbegriff über weite Strecken mit der unkritischen Erwartungshaltung verbunden ist, gleichsam *per definitionem* zu einer verbesserten, gestärkten, erneuerten und optimistischeren Lebenshaltung oder gar Lebensführung beitragen zu können, und zwar in individueller wie in kollektiver Hinsicht. Letzteres hat sich so stark durchgesetzt, dass der populärwissenschaftliche Buchmarkt wie das Coaching- und Beratungssegment der höheren Ökonomie das Trainingspotential für eine Steigerung individueller wie institutioneller Resilienz längst in gewinnbringender Weise für sich entdeckt haben.

Einer der Gründe für diese eigenartige Ausgangslage ist, dass Krise und Resilienz über weite Strecken in der Art eines Reiz-Reaktions-Schemas vorgestellt und/oder mindestens als voneinander zu trennende Faktoren betrachtet werden. Einleuchtend ist dies vor dem Hintergrund von Werners Ausgangsstudien (und den zahlreichen empirischen Folgestudien), in denen Resilienz eine Fähigkeit bezeichnet, die manchen, aber keineswegs allen Menschen eignet und die sie Krisen vergleichsweise stabiler durchleben lässt, als es anderen Menschen möglich ist. Nicht zufällig hat sich deshalb im populärwissenschaftlichen Feld die Figur des Stehaufmännchens als Symbol und inzwischen gar als Strategie resilienten Lebens durchgesetzt.[6] Resilienz wäre im Sinne dieses Bildes die Befähigung, den harten und im Wortsinne „niederstreckenden" Effekt einer Krise unbeschadet, weil höchstens mit ein paar Kratzern versehen, zu überstehen. Mag einen die Krise auch mit voller Wucht und Schlagkraft zu Boden drücken, am Ende steht man doch wieder da wie zuvor. Angesichts solcher Bilder vor Augen ist es kein Wunder, dass der Resilienzbegriff in jüngerer Zeit zu einem Wellness- und Sehnsuchtsbegriff geworden ist, dessen neoliberales Optimierungspotential neben der Ökonomie auch die Politik mit großem Interesse zur Kenntnis genommen hat.[7] Mit Emmy E. Werners frühem Forschungsinteresse ist er hingegen nur noch von Ferne verwandt.

---

[6] Vgl. aus der Fülle möglicher Beispiele, hier sogar mit expliziter Titelformulierung und Covergestaltung: *Monika Gruhl:* Die Strategie der Stehauf-Menschen. Krisen meistern mit Resilienz, Stuttgart [4]2010.

[7] Vgl. wiederum aus der Fülle möglicher Beispiele die Präsentation im Rahmen des Forums „Demografische Herausforderung" – 3. Berliner Verwaltungskongress 02.05.2016, vorgestellt von Martina Ruppin, Sandra Winter, Carola Huhn, Referat IV C (Demografiemanagement), Senatsverwaltung für Finanzen Berlin Abteilung IV – Landespersonal, hier abrufbar: https://www.berlin.de/sen/inneres/moderne-verwaltung/160502-praesentation-demografie.pdf [10.03.2017].

Im Unterschied zu solch einem verharmlosenden Umgang mit Resilienz geht das Bonner Resilienzprojekt von der umgekehrt akzentuierten *These* aus, dass Resilienz und Krise zumindest im Kontext individueller existentieller Krisen in einem intrinsischen Verweis- und Entwicklungszusammenhang stehen und Resilienz daher selbst ein *Krisenphänomen par excellence* ist: Abschieds- und Verlusterfahrung, Erfahrungen von Vernachlässigung, Gewalt und Missbrauch, Krankheit und Lebenseinschränkung, Exklusion und Einsamkeit, Tod und Trauer sind Erfahrungen, auf die wir mit Ohnmacht und Angst reagieren. Ob sich ein Mensch in solchen Krisen als resilient erweist oder nicht, lässt sich erst im Nachhinein feststellen – also zu einem Zeitpunkt, zu dem der Preis für die eigene Resilienz im Zweifelsfall bereits bitter bezahlt ist.[8] In Übereinstimmung mit den stärker prozessorientierten Resilienztheorien und der interdisziplinär gewonnenen Einsicht in die bio-psycho-soziale Interaktion der vielfältigen beteiligten Faktoren[9] ist Resilienz in dieser Perspektive immer noch eine den Menschen stärkende, begrüßenswerte Fähigkeit. Aber weil ihre Wahrnehmung, möglicherweise sogar ihre Ausbildung nicht zu trennen ist vom Erleben einer schweren Lebenskrise, trägt sie deren tiefe Ambivalenz in sich. Deshalb gilt es, nicht nur Strategien der Krisenüberwindung zu thematisieren, sondern auch Modi des Aushaltens und Gestaltens von Phänomenen der Ohnmacht und Angst.

Im großen Rahmen ist das Bonner Projekt unter dem Titel *„Resilienz und Spiritualität"* seit 2014 der Kooperation aus Theologie, Philosophie, Psychosomatischer Medizin und Psychotherapie, Palliativmedizin und Spiritual Care gewidmet.[10] Resilienz wird untersucht im Verhältnis zu dem, was im aktuellen Gesundheitsdiskurs als „spirituelle Dimension" menschlichen Lebens beschrieben wird. Im Anschluss an die WHO und die jüngere Forschungsliteratur verstehen wir unter „Spiritualität" ein multidimensionales Konstrukt, das spezifisch religiöse oder nichtreligiöse Formen der Transzendenzorientierung und der Sinnsuche umfasst und in konzeptioneller und empirischer Hinsicht von psychologischem Wohlbefinden und mentaler Gesundheit unterschieden werden muss.[11] Obwohl es zum Verhältnis zwischen

---

[8] Um Redundanzen zu vermeiden, sei zusätzlich zu Anm. 1 für die Genese des Projektes verwiesen auf: *Cornelia Richter*: Das Selbst als Balanceakt von Physis und Psyche, in: Leiblichkeit, Ratio und Affektivität, in: Elisabeth Gräb-Schmidt (Hg.): Was heißt Natur? Philosophischer Ort und Begründungsfunktion des Naturbegriffs, Leipzig 2015, 157–173.

[9] *Gang Wu/Adriana Feder:* Understanding resilience, in: Frontiers in Behavioral Neuroscience 7, 2013, 1–15.

[10] Das Projekt ist durch C. Richter aus der Systematischen Theologie initiiert und im engsten Kreis mit den Kollegen/innen Thiemo Breyer (Philosophie), Judith Gärtner (Altes Testament), Franziska Geiser (Psychosomatik und Psychotherapie), Eberhard Hauschildt (Praktische Theologie), Simon Peng-Keller (Spiritual Care) und Lukas Radbruch (Palliativmedizin) konzipiert.

[11] Vgl. *Eberhard Hauschildt*: Zum Verhältnis von Spiritual Care und kirchlicher Seelsorge – ein Diskussionsbeitrag aus Deutschland, in: palliative.ch. Zeitschrift der

Einleitung: Ohnmacht und Angst aushalten 13

Gesundheit und Spiritualität eine breite Forschungsaktivität gibt,[12] wurde das Verhältnis von Resilienz und Spiritualität bisher unzureichend untersucht. Das Projekt schließt diese Forschungslücke durch einen konsequent interdisziplinären Ansatz, der Grundlagenforschung und anwendungsorientierte Forschung systematisch verknüpft.

Ein erster Schritt in diese Richtung war das Themenheft *Resilienz – Problemanzeige und Sehnsuchtsbegriff* in der Zeitschrift *Praktische Theologie*, das in vergleichsweise knapper Form eine Einführung in die Thematik und eine facettenartige Orientierung bieten sollte.[13] Mit dem vorliegenden Band soll dieser Ansatz vertieft werden, und zwar zunächst in der Konzentration auf die genuin geisteswissenschaftlichen Perspektiven aus *Theologie und Philosophie*, weil in diesem Bereich der stärkste Nachholbedarf für den Resilienzdiskurs besteht und sie zudem aufgrund ihrer methodischen Herangehensweise prädestiniert sind für eine *hermeneutische Kritik der Resilienz*, die Resilienz als ein Krisenphänomen versteht, das *per se* die Spannung von Konflikt und Bewältigung in sich trägt. Oder, um es mit einem Diktum von Franziska Geiser knapper zu sagen: „Resilienzfähigkeit ist als Freiheit in der Krise, aber nicht als Krisenfreiheit zu verstehen." Für die Thematik von Religion und Spiritualität kommt hinzu, dass Vertreter/innen unterschiedlichster Disziplinen der Spiritualität, der religiösen Haltung und Praxis sowie den damit verbundenen Menschenbildern und Wertvorstellungen einen explizit hohen Stellenwert für Resilienz einräumen, dass dabei aber erstaunlich selten angegeben wird, was genau unter Religion und Spiritualität zu verstehen wäre[14] und d. h. *welche* Vorstellungen und religiösen Artikulationen, *welche* normativen und identitätsstiftenden Narrative, Traditionen und Riten in Religion und Spiritualität der Ausbildung von Resilienz förderlich sein könnten – und welche nicht. Eine exakte Begriffsklärung zum Dreiklang von Resilienz, Religion und Spiritualität wird erst in den folgenden Jahren geleistet werden

---

Schweiz. Gesellschaft für Palliative Medizin, Pflege und Begleitung, 2013, Heft 4, 6–9; *Simon Peng-Keller:* Spiritual Care als theologische Herausforderung. Eine Ortsbestimmung, in: ThLZ 140, 2015, 454–467.

[12] Vgl. exemplarisch: *Albrecht Classen (Hg.):* Religion und Gesundheit. Der heilkundliche Diskurs im 16. Jahrhundert, Berlin/Boston 2011; *Günter Thomas/Isolde Karle (Hg.):* Krankheitsdeutung in der postsäkularen Gesellschaft. Theologische Ansätze im interdisziplinären Gespräch, Stuttgart 2009; *Erhard Weiher:* Das Geheimnis des Lebens berühren. Spiritualität bei Krankheit, Sterben, Tod. Eine Grammatik für Helfende, Stuttgart [4]2014.

[13] *Cornelia Richter/Uta Pohl-Patalong (Hgg.):* Resilienz – Problemanzeige und Sehnsuchtsbegriff, Themenheft PrTh 51, 2016.

[14] Auf diese Problematik machen besonders aufmerksam: *Eberhard Hauschildt:* Resilienz und Spiritual Care. Einsichten für die Aufgaben von Diakonie und Seelsorge – und für die Resilienzdebatten, in: PrTh 51, 2016, Heft 2, 100–105; *Simon Peng-Keller:* Spiritual Care als ärztliche Aufgabe?, in: Schweizerische Ärztezeitung 97, 2016, Heft 16, 598–600.

können. Hier geht es daher vorerst um die Analysekraft religiöser und philosophischer Motive und Strukturelemente für den Resilienzdiskurs.

Nun wäre es freilich absurd auch nur suggerieren zu wollen, es gäbe zu diesem Vorhaben keinerlei sonstigen Forschungsprojekte, denn selbstverständlich haben auch andere längst die Attraktivität des Themas gesehen. Mit dieser Einleitung sei daher nicht nur die Einladung zum gemeinsamen Denken zu Papier gebracht, sondern auch das Gespräch über die Beiträge des Bandes hinaus eröffnet. Der genauere Blick in die *Forschungsliteratur* für den engeren deutschsprachigen Diskurs stellt nämlich zwei Sammelwerke in den Vordergrund, die in direkter Weise an das Bonner Resilienzprojekt anschlussfähig sind.

An erster Stelle ist zu nennen der von Clemens Sedmak und Małgorzata Bogaczyk-Vormayr bereits 2012 im Kontext des Salzburger „Internationalen Forschungszentrums für soziale und ethische Fragen" (ifz) herausgegebene Sammelband *Patristik und Resilienz. Frühchristliche Einsichten in die Seelenkraft*[15], der hier stellvertretend für andere als exemplarischer Bezugspunkt der frühen Auseinandersetzung mit der Resilienzthematik in der Theologie besprochen werden soll.[16] Der zwischen wissenschaftlicher Theorie, Bildungseinrichtungen und kirchlicher sowie therapeutischer Praxis angesiedelte Band bietet eine breit angelegte Relecture prominenter Wüstenväter und -mütter von der *Vita Antonii*, Amma Theodora, Johannes Chrysostomus, Johannes Cassianus, mehrfach mit Bezug auf Evagrius Pontikos, über Augustinus und Basilius d. Gr., Gregor v. Nyssa und schließlich Paulinus v. Pella bis hin zur Philokalia und so unterschiedlichen modernen Stimmen wie Frida Kahlo und Helmuth Plessner, Martin Buber, Ferdinand Ebner und Emmanuel Levinas. Schlüsselbegriffe des Bandes sind die Seele und deren Kraft, das Konzept der Dynamis, Urvertrauen, Verdrossenheit und Akedia, Widerstand und Resistenz. Die Verbindung zur aktuellen Resilienzforschung wird v. a. darin gesehen, dass die skizzierten Viten der Wüstenväter und -mütter mit existentiellen Krisenerfahrungen verbunden sind, die sie dem Ruf Gottes haben folgen und das harte, entbehrungsreiche und seinerseits von Krisen geschüttelte Leben in der Eremitage (mit unterschiedlichen Graden sozialer Einbindung) haben suchen lassen. In dieser Hinsicht lässt sich der Band ohne Zweifel als ein höchst anregendes und der Sache nach exemplarisch gut gewähltes Lesebuch im besten Sinne beschreiben. Zu den orientierenden Referenzen gehören die drei Positionen von Frederic Flach, mit dem die Resilienzfähigkeit einer Person an Eigenschaften wie „Kreativität, Leidensfähigkeit, Selbsterkenntnis und Selbsteinschätzung, Lernfähigkeit und

---

[15] *Clemens Sedmak/Małgorzata Bogaczyk-Vormayr (Hgg.):* Patristik und Resilienz. Frühchristliche Einsichten in die Seelenkraft, Berlin 2012.

[16] In theoretisch elaborierterer Weise dazu auch *Clemens Sedmak:* Innerlichkeit und Kraft. Studie in epistemischer Resilienz, Freiburg im Breisgau 2013.

Einleitung: Ohnmacht und Angst aushalten 15

Freundschaftsfähigkeit" gebunden wird;[17] daneben wird v. a. Boris Cyrulnik zitiert, der die widerständige, anti-fatalistische Haltung der resilienten Persönlichkeit hervorhebt und sie insgesamt als eine hoch dynamische „Mixtur aus vielen Faktoren und Zutaten" im Sinne eines kontinuierlichen Selbstpositionierungsprozesses versteht;[18] an dritter Stelle steht Pauline Boss' Akzentuierung von „Realismus und Akzeptanz", Unsicherheitstoleranz und handelnder Selbstermächtigung, Sinngebung bzw. Sinnhaftigkeit und schließlich die Idee des Wachstums durch und in der Krise.[19] Die eigentliche Kernthese wird allerdings mit Craig Steven Titus aufgestellt, der Resilienz bestimmt als „‚the capacity, when faced with hardship and difficulty to cope actively using religious resources, to resist the desctruction of one's spiritual competencies, and to construct something positive in line with larger theological goals.' Diese Faktoren werden, so [der Eindruck von Sedmak und Bogaczyk-Vormayr] in der psychologischen Resilienzforschung nicht immer entsprechend gewürdigt."[20]

Der sympathische Zug dieser Leitorientierung liegt in der Ausrichtung an einer nicht nur Krisen-resistenten, sondern durchaus auch Krisen-dynamischen und wenigstens zum Teil ambivalenten Resilienzkonzeption. Zu den in dieser Hinsicht eindrücklichsten und sachlich reflektiertesten Passagen gehören sicherlich jene bei Barbara Müller zur konstitutiven Bedeutung der Anfechtung,[21] bei Udo Manshausen und dessen Analyse der Traurigkeit und Ausbildung der Stärke „durch die Bewältigung des Schweren" mit Johannes Chrysostomus,[22] ebenso die Überlegungen von Justine Allain Chapman, die

---

[17] *Sedmak/Bogaczyk-Vormayr:* Patristik, darin: Einleitung: Altchristliche Resilienzlehre, 1–10, hier: 1. Vgl. *Frederic Flach:* Resilience. How to bounce back when the going gets tough, New York 1997.

[18] *Sedmak/Bogaczyk-Vormayr*: Patristik, darin: Einleitung, 2. Vgl. *Boris Cyrulnik:* Parler d'amour au bord du gouffre, Paris 2004; *Ders.:* Resilience, London 2009.

[19] *Sedmak/Bogaczyk-Vormayr:* Patristik, darin: Einleitung, 2. Vgl. *Pauline Boss:* Verlust, Trauma und Resilienz, Stuttgart 2008.

[20] *Craig Steven Titus:* Resilience and the Virtue of Fortitude. Aquinas in Dialogue with the Psychosocial Sciences, Washington DC 2006, 28, zit. bei Sedmak/Bogaczyk-Vormayr: Patristik, darin: Einleitung, 4.

[21] *Barbara Müller:* Von der Kraft der Seele und der Spannkraft des Körpers nach den ägyptischen Wüstenmönchen, in: Sedmak/Bogaczyk-Vormayr (Hgg.): Patristik, 53–72.

[22] *Udo Manshausen:* Reiche meinen Worten die Hand – Der Umgang mit der traurigen Verdrossenheit. Die Sichtweisen des Johannes Chrysostomus in seinen Briefen an Olympias, in: Sedmak/Bogaczyk-Vormayr (Hgg.): Patristik, 73–94. Joh. Chrysostomus erläutert der Diakonin Olympias von Konstantinopel die Gefahr der Traurigkeit [langanhaltender Trauer bis hin zu Suizidalität] angesichts eines Todesfalls am Beispiel des Elias. Elias habe für den Tod gebetet, d.h. er wollte „den Tod als eine Wohltat annehmen, also das Furchtbarste, was es gibt, […] das größte Übel, die Strafe für die ärgsten Verbrechen. So wahr ist es, dass die Traurigkeit empfindlicher quält als der Tod. Denn um ihr zu entrinnen, will er dem Tode entgegeneilen […]. Wie ist es zu erklären, dass er jetzt den Tod herbeiwünscht, während er eben vor dem Tode geflohen ist? Nun, gerade das soll dir recht einleuchtend machen, dass der Kummer un-

anhand von Cassianus eine bestimmte Art aktiver Beständigkeit, Anerkennen des Widrigen und Reframing des Erlebten zu differenzieren sucht von einer „sentimentalen Frömmigkeit, die Leiden leugnet und das Selbst nicht als wesentlich erachtet"[23]; auch David Langs Analyse von Lachen und Weinen als Resilienzfaktoren unter Betonung des Weinens bzw. des Zusammenbruchs als „Beginn – und zwar der einzig mögliche Beginn – der Wiederherstellung"[24] ist zum Teil argumentativ überzeugend, so wie Johannes Zachhubers Darlegung der Seele, die zwar insgesamt eher beiläufig auf die Resilienzthematik bezogen ist, aber mit dem Gedanken eines Transparentwerdens der Welt „für die in ihr sich zeigende Dynamis"[25] ein wichtiges Motiv thematisiert; schließlich Clemens Sedmaks (im Verlauf des Aufsatzes noch ergänzter) Vierklang von „Zorn als Entschiedenheit und kraftvoller Widerspruch gegen Adversität; der Blick auf den Rahmen des Lebens, das damit als ganzes gesehen wird; dies führt auch zum Eingeständnis eigener Hilfsbedürftigkeit und zur Erkenntnis der Notwendigkeit von Begleitung und Unterstützung; drittens die Grundhaltung der Wachsamkeit, die auch mit Selbsterkenntnis zu tun hat, der Fähigkeit die äußeren und inneren Einflüsse einschätzen und bewerten zu können; viertens die Bedeutung der Klarheit – der Disziplin der Gedanken und der nachdrücklichen Ausrichtung auf einen Fokus"[26].

Ungeachtet dieser Fülle an anregenden Motiven und Reflexionsgängen bietet die in Einleitung und Durchführung suggerierte Positivität der spirituellen Kompetenz und theologischen Zielsetzung bzw. Orientierung sowie die zum Teil methodisch etwas assoziative Vorgehensweise in einzelnen Beiträgen *Anlass zur vertiefenden Differenzierung*. Zwar betonen Sedmak und Bogaczyk-Vormayr in der Einleitung die „Caveats" der Übertragung des modernen Resilienzbegriffs in die altchristliche Literatur,[27] aber insgesamt ist der Band dennoch von seinem positivierenden Charakter her bestimmt. Für die weitere Arbeit am Resilienzkonzept erfordert dies eine Differenzierung in

---

gleich schmerzlicher ist als der Tod. Als ihn nämlich nur die Furcht vor dem Tode ängstigte, tat er begreiflicher Weise alles Mögliche, ihm zu entrinnen. Als sich Traurigkeit bei ihm einstellte und sich ihm in ihrem wahren Lichte zeigte, indem sie ihn erschöpfte, aufrieb und ihm unerträglich ward, da erst sah er das Allerschwerste, den Tod, für leichter an als (die Traurigkeit)." Joh. Chrystostomus, 3. Brief, 518–519, in: Ausgewählte Schriften, Bd. 3, zit. bei Manshausen 78, Anm. 8; vgl. auch das Zitat Manshausen 79f., Anm. 17 aus Joh. Chrysostomus, 3. Brief, 512.

[23] *Justine Allain Chapman:* Von der Widrigkeit zum Altruismus und darüber hinaus. Johannes Cassianus greift dem Resilienzprozess vor, in: Sedmak/Bogaczyk-Vormayr (Hgg.): Patristik, 95–119, hier: 103.

[24] *David Lang:* Lachen und Weinen als Resilienzfaktoren und als Beschreibung des Resilienzprozesses, in: Sedmak/Bogaczyk-Vormayr (Hgg.): Patristik, 161–177, hier: 175.

[25] *Johannes Zachhuber:* Die Seele als Dynamis bei Gregor von Nyssa. Überlegungen zur Schrift „De anima et resurrectione", in: Sedmak/Bogaczyk-Vormayr (Hgg.): Patristik, 211–231, hier: 217.

[26] *Clemens Sedmak:* Strukturen der Widerstandskraft in der „Philokalia", in: Sedmak/Bogaczyk-Vormayr (Hgg.): Patristik, 255–278, hier: 260.

[27] *Sedmak/Bogaczyk-Vormayr:* Patristik, darin: Einleitung, 4.

mindestens dreifacher Hinsicht. Zu differenzieren ist erstens das Verhältnis zwischen der theologisch-systemimmanenten Rede von der Anfechtung als konstitutivem Aufbaumoment resilienter Frömmigkeit einerseits und deren existentieller Fragmentarität und Erschütterung in der faktischen Krisenerfahrung andererseits. Darauf aufbauend ist zweitens genauer zu bestimmen, inwiefern die lebenstragende Orientierungsleistung religiöser Überzeugungen, meditativer Texte und Betrachtungen, ritualisierter Praxis, frommer Prüfung und theologischer Betrachtung Bestand haben kann, obwohl und gerade dann, wenn sie in Krisensituationen ihrer Positivität enthoben ist. Zwar werden bei Sedmak und Bogaczyk-Vormayr beide Aspekte in verschiedenen Beiträgen unter dem Stichwort der Anfechtung thematisiert, aber sie bleiben letztlich in ihrer positiven Geltung unangetastet, ohne dass die hermeneutisch-kritische Prämissenfrage zur Dogmatizität dieser Vorstellungen gestellt würde.[28] Zu differenzieren ist daher drittens, in welcher Weise die narrativen, zum Teil fiktionalen und hochgradig bildhaften Texte der antiken Zeit methodisch zu entschlüsseln sein könnten, um sie für die im heutigen Resilienzdiskurs gültigen anthropologischen, situationslogischen und theologischen Unterscheidungskriterien ebenso wie für die Perspektive religiöser Selbstverortung und Partizipation fruchtbar zu machen.

An zweiter Stelle der Literatursichtung ist zu nennen das Themenheft der Münchner Theologischen Zeitschrift unter dem Titel *Theologische und ethische Dimensionen von Resilienz,*[29] 2016 herausgegeben von Markus Vogt und Martin Schneider und damit offensichtlich parallel mit der Vorbereitung des vorliegenden Tagungsbandes sowie minimal versetzt mit dem Themen-

---

[28] Exemplarisch zeigt sich dies am Beitrag von *Wilhelm Blum* (Resilienz nach den Schriften der ersten Christen, in: Sedmak/Bogaczyk-Vormayr (Hgg.): Patristik, 11–30), der in einer erstaunlich ungebrochenen Darstellung mit der frühchristlichen Literatur die folgenden drei Gründe für Krisen benennt, nämlich (I.) die „Sünde des einzelnen Menschen", (II.) die „Erbsünde" und (III.) die „Folgen einer Prüfung des Menschen durch Gott" (14). Für die Darstellung der Quellen wäre dies selbstverständlich unproblematisch, aber der Beitrag legt diesen referierenden Duktus bis in die letzten Zeilen des Aufsatzes nicht ab, sondern belässt es weitgehend bei der Wiedergabe der antiken Quellen. Gleiches gilt für René Roux („Vita Antonii" des Athanasius aus der Perspektive des Resilienz-Begriffs, 31–51), der die „Vita Antonii als ‚Handbuch der Resilienzlehre'" bezeichnet (33), und zwar mitsamt dessen Betonung der „folgsame[n] Einstellung zur Institution Kirche" (34). Letzteres mag ein Reizwort für die protestantische Leserin und daher ein wenig über Gebühr akzentuiert sein, denn der Beitrag Rouxs ist sicherlich in historischer wie in geltungstheoretischer Hinsicht differenzierter als es Blum auf der Darstellungsebene möglich war. Dennoch bleibt auch Roux mit Blick auf eine hermeneutische Kritik – so z.B. in den Abschnitten zum Dämonenglauben, der eher systemimmanent als systemkritisch analysiert wird – etwas undeutlich und der Tendenz nach einer positivistischen Dogmatik verhaftet.

[29] *Markus Vogt/Martin Schneider (Hgg.):* Theologische und ethische Dimensionen von Resilienz, Themenheft MThZ 67, Heft 3, 2016.

heft der Zeitschrift *Praktische Theologie* erarbeitet.[30] Auch das Münchener Heft ist einer ersten Sichtung der Resilienzthematik aus der Perspektive der Theologie gewidmet, nun aber mit deutlich stärkerem wissenschaftstheoretischen Fokus auf der Begriffs- und Phänomenklärung sowie auf der Suche nach Anschlussfähigkeit an den interdisziplinären Resilienzdiskurs. Im Sinne einer schlaglichtartigen Suchbewegung werden deshalb in insgesamt schmalem Rahmen 15 Forschungsansätze und -initiativen knapp vorgestellt. Es handelt sich erstens um programmatische Entwürfe, die Bezug nehmen auf weitere aktuelle Diskursbegriffe wie Selbstoptimierung, Vulnerabilität und Konnektivität,[31] zweitens um einen Beitrag, der, ähnlich wie im zuvor genannten Sammelband, materialhaltige Perspektiven vorstellt[32] und drittens um Beiträge, die in sehr viel kürzerer und noch weitgehend vortheoretischer Form aus konkreten Anwendungsfeldern berichten.[33]

Besonders auffällig ist, dass es zumindest in den programmatischen Beiträgen dieses Bandes (die oft auf Sloterdijks Ansage in *Du mußt dein Leben ändern* und der darin vertretenen Vorstellung einer Anthropotechnik[34] bezogen sind) schon sehr viel besser gelingt, elementare Motive der christlichen Tradition in hermeneutisch reflektierter Weise auf den Resilienzdiskurs zu beziehen. So z. B. in der von Schneider und Vogt vorgenommenen Applikation von Glaube, Hoffnung und Liebe und deren Konvergenzpunkt im Vertrauen auf die gängige Tafel der Resilienzfaktoren.[35] Kritisch anzumerken ist für diesen Beitrag allerdings, dass sich Schneider und Vogt dabei in überwiegendem Maße in positiv rezipierender Weise an jenen Resilienzfaktoren ausrichten, die v. a. in der empirischen Psychologie und Pädagogik leitend sind und einen dominant aktiven, der Selbstwirksamkeit verpflichteten Impetus haben. Zwar wird dieser Impetus im Kontext der theologischen Reflexion immer durch die stets höhere Aktivität Gottes und den entsprechend respon-

---

[30] *Richter/Pohl-Patalong (Hgg.):* Resilienz.
[31] Vgl. *Martin Schneider/Markus Vogt:* Glaube, Hoffnung, Liebe als Resilienzfaktoren. Theologisch-ethische Erkundungen, 195–208; *Jochen Sautermeister:* Resilienz zwischen Selbstoptimierung und Identitätsbildung, 209–223; *Hildegund Keul:* Vulnerabilität und Resilienz. Christlich-theologische Perspektiven, 224–233; *Clemens Sedmak:* Konnektivität. Sozialethische Aspekte von Resilienz, 234–249.
[32] Vgl. *Małgorzata Bogaczyk-Vormayr:* Resilienz und Seelenstärkung. Überlegungen nach Evagrios Pontikos und Augustinus, 263–275.
[33] Vgl. *Johanna Bär* und *Adelheid Tlach-Eickhoff* zu einem sozial-ökologischen Projekt im Kloster und KlosterGut Schlehdorf, 276–281 und 282f.; *Martin Held* zu einer Initiative der Evangelischen Akademie Tutzing, 284f.; S*ilja Hartmann/Matthias Weiß/Martin Högl* zu einem Projekt „Team-Resilienz" am Arbeitsplatz, 286f.; *Felix Geyer* zu Priestertum und Lebensform, 288f.; *Barbara Schmidt* und erneut *Martin Schneider* zu Jugendarbeit und Erwachsenenbildung, 290f. und 292f., sowie die abschließende Vorstellung eines Resilienz-Blogs durch *Martin Schneider*, 294.
[34] *Peter Sloterdijk:* Du mußt dein Leben ändern. Über Anthropotechnik, Frankfurt am Main 2009.
[35] In diesem Themenheft übersichtlich zusammengefasst bei *Sautermeister:* Resilienz zwischen Selbstoptimierung und Identitätsbildung, 218.

Einleitung: Ohnmacht und Angst aushalten 19

siven Charakter auf Seiten des Menschen abgefedert, aber der intentionale Zug zur Anpassung der Theologie an den allgemeinen Diskurs ist auffällig. Im Unterschied dazu argumentiert Jochen Sautermeister mit Bezug auf Burnout und Stigmatisierung stärker für eine kritische, den allzu schnellen Optimierungsanforderungen entgegengesetzte Betrachtung des Resilienzdiskurses und schlägt vor, Resilienz als „eine vulnerabilitätsbewusste und krisensensible Perspektive für Identitätsbildung und Identitätsarbeitsfähigkeit"[36] zu bestimmen und sich nicht vor der konstitutiven Akzeptanz von Fragmentarität und existentieller „Nacktheit" (beides mit Henning Luther)[37] zu scheuen. Ebenso deutlich ist eine dem Resilienzdiskurs gegenüber kritisch abwägende Haltung bei Hildegund Keul, die sich (mit Insa Fooken) an der jüngeren Akzentuierung der Interdependenz von Vulnerabilität und Resilienz orientiert: Während die früheren Resilienzkonzeptionen im Bild der Waage davon ausgingen, dass „[e]rhöhte Resilienz [...] verringerte Verwundbarkeit und umgekehrt [bedeute]", sei mit Fooken deren gleichzeitiges Auftreten ins Zentrum des Interesses zu rücken. Keul stellt deshalb zu Recht „die Frage, ob es eine Form von Vulnerabilität gibt, die Resilienz steigert."[38] In der Folge diskutiert sie dieses umgekehrte Verhältnis von Vulnerabilität und Resilienz am Beispiel von Opfer und Sacrifice und bezieht dies schließlich auf die Inkarnation bzw. Christologie.[39]

Vor diesem Hintergrund paralleler Forschungsinteressen lässt sich der *programmatische Ansatz* für den vorliegenden Band unter dem Titel *Ohnmacht und Angst aushalten. Kritik der Resilienz in Theologie und Philosophie* klar benennen. Über die bereits beschriebene Programmatik und These einer Kritik des Resilienzbegriffs als eines ambivalenten Krisenphänomens hinaus geht es in unseren Beiträgen um die Frage, inwiefern die theologische und philosophische Reflexionstradition das Potential beinhalten könnte, den interdisziplinären Resilienzdiskurs nicht nur zu bereichern und zu ergänzen, sondern an entscheidender Stelle auch zu korrigieren. Solch eine Korrektur gilt vor allem den üblicherweise vorgebrachten Resilienzfaktoren, die sich in einer beliebigen Kompilation einschlägiger Texte auf primär aktive, leistungsorientierte Faktoren beschränken: Angemessene Selbst- und Fremdwahrnehmung, positive Selbstwirksamkeitserwartungen, soziale Kompetenz (Konfliktlösung, adäquate Selbstbehauptung, Einholen von Unterstützung), Fähigkeit zu Selbstregulation und -steuerung, Autonomie, Fähigkeit, Herausforderungen anzunehmen und mit aktiven Bewältigungskompetenzen zu bearbeiten. Eine etwas andere Note tragen die ebenfalls gängigen Resilienzfaktoren Vertrauen, Kohärenz und Sinngebung sowie der stets pauschale Ver-

---

[36] A. a. O., 219.
[37] A. a. O., 220.
[38] *Keul:* Vulnerabilität und Resilienz, 227.
[39] Da diese Linie in unserer Thematik „Ohnmacht und Angst aushalten" eine direkte Parallele findet, gehe ich auf den sehr viel stärker sozialethisch ausgerichteten Beitrag von Sedmak an dieser Stelle nicht ein.

weis auf Religion und Spiritualität in sich.[40] Aus der Perspektive von Religion und Spiritualität, aber auch aus der Perspektive manch philosophischer Tradition, ist dieser dominante Akzent auf den selbstaktivierenden Kräften des Menschen jedoch keineswegs selbstverständlich; stattdessen sind in mindestens gleichem Maße entlastende, (medio-)passive und passivierende Kräfte einzubeziehen, so dass sich im Ergebnis ein breites Zwischenfeld auftut, in dem es zu einer Art Resonanz- und Entwicklungsraum für das allmähliche Austarieren von aktiven und passiven Faktoren kommt. In diesem Feld, das vielfältige Phänomene der Vulnerabilität wie der Resilienz umfasst, sind von besonderer Bedeutung – das zeigen nahezu alle Beiträge, ohne dass es den Referentinnen und Referenten in irgendeiner Weise vorgegeben gewesen wäre – Phänomene der vorsprachlichen bis kognitiv reflektierten Artikulation in Schrei und Klage, Phänomene der affektiven Involviertheit und der Empathie, Phänomene des Loslassens, der Hingabe und des Überlassens sowie Phänomene der Selbstsorge wie der Fürsorge für Andere, die wiederum den unabdingbaren sozialen Resonanzraum für Artikulation, Empathie und Selbsttransformation bilden (weshalb der Abbruch von Kommunikation und Resonanzgewährung zu den gravierendsten Faktoren von Vulnerabilität gehören dürfte). All dies ist über die Präsentation der entsprechenden Traditionselemente hinaus in begrifflich und theoretisch präziser Weise zu entfalten. Die im Folgenden programmatisch vorgestellten (und dabei aus Raumgründen zum Teil unausgezeichnet zitierten) Beiträge unseres Bandes sind allesamt dem Versuch solch einer theoretischen Präzisierung verpflichtet.

Christoph Horn fragt nach *Resiliente[n] Persönlichkeiten* in der *Diskussion um den Tugendbegriff in der Antike und heute*. Dass die Frage „resilienter" Widerstandsfähigkeit bereits Gegenstand antiker Philosophie war, stehe außer Zweifel. Doch während die moderne Tugendethik im Stil fachbezogener Expertendiskurse primär aktzentriert, kontextualistisch und gemeinschaftsbezogen argumentiere, sei die antike Tugendethik (Horn erläutert diese anhand der Stoiker und Aristoteles' *Nikomachischer Ethik*, Marc Aurels *Meditationes* und Epiktets *Encheiridion*, Musonius Rufus und Boethius' *Consolatio Philosophiae*) von vornherein am Zusammenwirken von individueller, praxistauglicher Lebenskunst und gelingendem Gemeinwohl orientiert gewesen und habe geradezu die Funktion der Anleitung zu solcher Lebenskunst innegehabt. Zu deren Gelingen habe man auf die intellektualistischen, kognitiven Fähigkeiten des Menschen gesetzt und durch stete literarische, dialogische, monologische und imaginative Übung bzw. in pädagogischer Absicht durch therapeutische, sensibilisierende, moralische, intellektuelle und spirituelle Praktiken letztlich Einstellungen und existentielle Haltungen der Adressaten zu verändern gesucht. Ungeachtet der Konzentra-

---

[40] Einschlägige Übersichten finden sich z.B. in den viel zitierten Einführungen von: *Klaus Fröhlich-Gildhoff/Maike Rönnau-Böse*: Resilienz, München/Basel [4]2015; *Rosmarie Welter-Enderlin/Bruno Hildebrand (Hgg.)*: Resilienz – Gedeihen trotz widriger Umstände, Heidelberg 2012.

tion auf den Einzelnen sei es nicht um eine Art Privatmoralität zum eigenen Nutzen gegangen, sondern um das Vorbild tugendhafter Persönlichkeiten für das harmonische Zusammenwirken aller an der Sozialität Beteiligten. Um ihrem Vorbild nacheifern zu können, habe es der selbstreflexiven und geübten emotionalen und kognitiven Selbstwahrnehmung, Sensibilität und Selbstkontrolle bedurft, die jeweils in Relation gesetzt worden seien zu dem, was sich im Leben verändern lasse (also mit einem erkennbar widerständigen Moment), was in der eigenen Verfügung stehe, und dem, was hinzunehmen und als Hinzunehmendes zu gestalten sei.

Jochen Flebbe bleibt in der Antike, nun aber im antiken Christentum und analysiert unter dem Titel „*Ich glaube – hilf meinem Unglauben.*" genau dies, nämlich: *Strukturen antithetischer Krisenbewältigung im Neuen Testament*. Wie Christoph Horn weist er auf das Problem der Übertragung der modernen Begriffe „Resilienz" und „Krise" auf antike Texte hin. Die mit der modernen Anthropologie übereinstimmenden Erfahrungen von Angst, Ohnmacht, Krankheit und Tod ließen sich gleichwohl bearbeiten, ja sie bildeten sogar die Zentralphänomene des christlichen Glaubens. Anders als häufig erwartet, seien es nicht die Heilungstaten Jesu, die menschliche Not wenden, sondern der Glaube – und zwar ein Glaube, der seiner selbst ganz und gar nicht gewiss zu sein brauche, nicht standfest und unerschütterlich. Es sei sogar sehr viel eher ein Glaube, der sich fragend, zweifelnd und verzweifelt an Gott wende. Flebbe zeigt dies anhand dreier dramatischer Szenen: In Mk 15,20b–39 habe der Hauptmann Jesus nicht an seinen Predigten und Wundertaten erkannt, sondern erst angesichts der Kreuzigung sehe er Gottes Präsenz in Jesus. Wo sich die antiken Götter ferngehalten hätten, wo sich Menschen abwendeten, wo ein nackter Mensch verende, genau dort sei Gott zu finden. In Mk 9,14–29, der sog. Heilung des besessenen Jungen, trete die Besserung nicht durch eine magische Wundertat Jesu ein, sondern mit dem Schrei des Vaters „Ich glaube – hilf meinem Unglauben" (V. 24), dessen Erzählstruktur geradezu parallel zu Jesu Schrei am Kreuz (Mk 15, 4) konzipiert sei. Im Neuen Testament gehe es also nicht um die Vermeidung jeglicher Krise oder jeglichen Leids, sondern um die Erfahrung der Präsenz und Solidarität Gottes im Leid, die schließlich auch Paulus in 2Kor 12,5–10 zum Ausdruck bringe. Leid und Not seien kein Selbstzweck für das Neue Testament, schon gar nicht wären sie wünschenswert. Aber es seien diese extremen Lebenssituationen, in denen durch die kommunikative Versprachlichung des Leids (Zweifel, Unglaube, Schrei) kontrafaktisch und kontradiktorisch die Möglichkeit der Kraft Gottes aufscheine.

Hilge Landweer geht einen Schritt weiter, indem die bei Jochen Flebbe bereits thematisierte kommunikative Dimension nun im Kontext der philosophischen Emotionstheorien unter dem Gesichtspunkt der *Therapeutik der Affekte* auf *leibliche Resonanz und Gemeinschaftsgefühle als Bewältigungsstrategien* hin betrachtet wird. Im Ausgang von David Humes rationalistischer Gefühlstheorie und dessen Leitbegriff der *sympathy* untersucht Landweer die Bedeutung emotionaler Bindungen und wechselseitiger Offenheit, die in der Resilienzliteratur über weite Strecken hin als zentral für die Ausbildung von Resilienz erachtet werden. Im Kern zielt Landweer auf die Frage, wie es überhaupt möglich sei, Gefühle anderer mitzufühlen oder gar Gefühle von vornherein gemeinsam zu erleben. Gelingen könne dies nur, so eine der wahrlich innovativen Thesen Landweers, wenn man sich von der Vorstellung verabschiede, dass Gefühle nur der individuellen, höchstens partiell mitteilbaren Privatheit zugehörten. An die Stelle der Privation setzt sie stattdessen eine elementare, leibliche Resonanz, die es Menschen erlaube, ein von ihnen unterschiedenes, sie aber jeweils ergreifendes Gefühl zu teilen. Das gemeinsam wahrgenommene Gefühl (Freude, Irritation, Angst u. a. m.) greife in die leibliche Dynamik, in das je eigen-leibliche Fühlen ein, ermögliche ein Mitschwingen und darüber gegebenenfalls die Verstärkung des eigenen Fühlens. Hinzu kommt eine zweite Kernthese, die sich auf die Unterscheidung zwischen leiblich weitenden Gefühlen (z. B. Freude, Begeisterung, Wut oder Empörung) und leiblich engenden, bedrückenden Gefühlen (z. B. Scham, Schuld, Traurigkeit, Trauer) bezieht: Während sich leiblich weitende Gefühle über die mitschwingende Resonanz tendenziell verstärkten (z. B. in Konzerten oder bei politischen Demonstrationen), würden engende Gefühle durch das gemeinsame Teilen eher abgeschwächt (z. B. im Teilen von Trauer). Im Blick auf die Resilienzthematik gibt Landweer damit einen innovativen und weiterführenden Hinweis, weshalb die Rolle emotionaler Bindungen und gestalteter Gefühlsräume von so entscheidender Bedeutung sein dürfte – und weshalb mit diesem elementaren Phänomen entsprechend kritisch und vorsichtig umgegangen werden sollte.

Thomas Wabel nimmt die Reihe der bisherigen Vorträge auf, indem er *Weisen der Verkörperung in der christlichen Schmerztradition und die Frage nach Resilienz* analysierend verbindet. Anhand der Traditionstexte von Luthers Sermones *Von der Betrachtung des heiligen Leidens Christi* und *Von der Bereitung zum Sterben* sowie der beiden *Passionsmusiken* Johann Sebastian Bachs geht es ähnlich wie bei Horn um den Aspekt eingeübter Rezeption und Selbstverortung bzw. um die Frage der Rezeptionsmöglichkeiten, wenn das Eingeübtsein sozialisierungsbedingt nicht mehr selbstverständlich ist. Ähnlich wie bei Flebbe ist es gerade die kommunikative Kraft der Passionsdarstellung, die über historisch und traditionell entstandene Rezeptionsgräben hinweg die eigene Erfahrung zu transformieren vermag – bei Wabel vermittelt über das Medium der deutungsoffenen musikalischen Vergegenwärtigung. Ähnlich wie bei Landweer setzt Wabel hierfür den Akzent auf die affektive Verkörperungsdynamik, die in herausragender Weise dort wirksam werde, wo der Schmerz der Passion auf eigene Schmerzerfahrung bezogen werde. Mit Matthias Jungs *Anthropologie der Artikulation* unterscheidet Wabel zwischen der physischen bzw. somatischen Verkörperung, der medialen Verkörperung und der soziokulturellen Verkörperung, deren Interaktion zu einer affektiven und reflexiven Veränderung der Selbstwahrnehmung führe.

Einleitung: Ohnmacht und Angst aushalten 23

Wo immer die Leibgebundenheit menschlicher Intentionalität thematisiert werde, habe dies Rückwirkungen auf die Betroffenen. Dies gelte besonders für jene Lebenszusammenhänge, die von akuten und/oder chronischen Schmerzen betroffen seien. Die Stärke der in der christlichen Passion artikulierten schmerzvollen Leibgebundenheit liege darüber hinaus in der ungeschminkten Artikulation widersinnigen Leidens, in der Umkehr der Blickrichtung von sich selbst weg auf Christus (der als Leidender zugleich für die Überwindung des Leidens ins ewige Heil stehe) und in der paradoxen Souveränität, die im Aufgeben von Autonomie bestehe: Die identifikatorische Hinwendung zu Christus bedinge eine veränderte Bedeutung von Aktivität, Autonomie und Gestaltungsfähigkeit: Über deren bleibende aktive Bedeutung hinaus träten hinzu die Akzeptanz einer grundsätzlichen Passivität und Einschränkung. Im Blick auf die Resilienzfaktoren setzt daher auch Wabel auf die komplexe Interaktion von aktiver und passiver Artikulation, von Selbstwirksamkeit und einer Hingabe, die, so wäre über Wabel hinaus zu formulieren, angesichts des Leidens möglicherweise zu den stärksten Formen der Selbstwirksamkeit gehören könnte.

Es folgt ein weiterer Beitrag, der sich der nicht nur störenden, Resilienzhindernden, sondern umgekehrt der für den Aufbau von Resilienz konstitutiven Bedeutung der Anerkennung des Negativen widmet: *Jochen Schmidt* sieht *Ohnmacht und Klage* geradezu als Modi der *Selbstermächtigung in Ausweglosigkeit*. Auch er unterscheidet präzise zwischen einer fahrlässigen Glorifizierung des Negativen, gemäß der ein Mensch dieser Erfahrung bedürfe, um erst vollständig Mensch zu sein, und der Faktizität von Leid, das sich – ist es unglücklicherweise erst einmal Teil der persönlichen Lebenserfahrung – nur in einem komplexen Prozess der Selbstaneignung und -transformation bewältigen lasse. Die Klage, in ausgezeichneter Weise zur Gattung erhoben in den alttestamentlichen Klagepsalmen, habe ihre Funktion deshalb nicht in der Flucht vor dem Bedrohlichen, sondern in dessen Artikulation und der darin bereits beginnenden Bearbeitung. Anders als Flebbe sieht Schmidt nicht bereits im Schrei die Aufnahme der artikulierten Selbstentäußerung in eine Beziehung hinein, sondern versteht ihn mit Sofsky als Äußerung distanzloser Betroffenheit; der Schrei steht für Schmidt noch sehr viel näher an der ohnmächtig erfahrenen Sinnlosigkeit als an der produktiven Sinndeutung der Klage. Erst mit der Klage sei der Schritt von der gleichsam physischen Eruption des Schreis in die bewusste und gestaltende Darstellung des Negativen und das heißt in die ästhetische Praxis der Selbstdistanzierung gewährleistet. Über den Grad der Bewusstheit sei damit gleichwohl noch wenig gesagt, denn die Artikulation wähle sich oft zunächst intuitiv ihre Worte und erfahre sich erst durch den mit ihnen gegebenen Bedeutungsüberschuss als das Subjekt, das sich zu diesem Ausdruck und zu dieser Deutung verhalte und auf diesem Wege in der schnörkellosen Auseinandersetzung mit dem Negativen dieses auf neue Zukunft hin durchleben könne. Betrachtet man dies als einen Prozess der Konstitution von Resilienz, dann ist klar, dass diese sich nicht vorweg, im Modus des Theoretischen, aufbauen ließe. Gleichwohl endet auch Schmidt mit dem Motiv der Einübung einer gewissen Klagekompetenz und Selbstbekenntniskompetenz und der Überlegung, inwiefern sich dies als Bestandteil religiöser Bildung erweisen könne.

Hebt man auf Prozesse der Bildung ab, dann sind die graduell selbstreflexiveren Modi der *Selbstsorge und Fürsorge zwischen Vulnerabilität und Resilienz* mit ins Bild zu nehmen, um die es *Thiemo Breyer* geht. Breyer setzt zunächst Vulnerabilität und Resilienz als einander bedingende, dynamische Prozesse voraus: Anfälligkeit, akute Störung und Ressourcenregulierung zur Krisenbewältigung auf der Seite der Vulnerabilität ließen sich durch personale Faktoren (u. a. Kognition, Emotion, Veränderungstoleranz), Umweltfaktoren (u. a. materielle und soziale Ressourcen) und Prozessfaktoren (u. a. Selbst- und Fremdwahrnehmung, Akzeptanz- und Strategiefähigkeit) auf der Seite der Resilienz bearbeiten. Diese Interaktion wird von Breyer nun in einer korrelativen Betrachtung auf die beteiligten Phänomene von Verkörperung, Zeitlichkeit und Empathie zwischen Selbst- und Fürsorge hin untersucht. Mit Thomas Fuchs nimmt er den Ausgang von der Krise als einem Schicksalsereignis, von dem sich ein Mensch beansprucht sehe und das es zu beantworten gelte. Wo die Antwort dem Anspruch korrespondiere, da könne sich neuer Sinn einstellen, weil es zu einem empathischen Resonanzverhältnis zwischen der erfahrenen Wirklichkeit und dem Selbst komme. Die zeitliche Dimension sei für diesen Prozess deshalb von entscheidender Bedeutung, weil Resilienz mit Sonja Rinofner-Kreidl nicht am objektivierbaren Ergebnis zu messen sei, sondern am Prozess der subjektiven Bewältigung selbst. Damit sei das Augenmerk sowohl in prophylaktischer als auch in kurativer Hinsicht auf die Selbstsorge gelegt, die der Muße und Einübung bedürfe, bevor das Selbst von einer Krise so beansprucht werde, dass der Spielraum der Selbstsorge geschlossen sei. Das gelte sowohl für die Sorge um das eigene Selbst als auch für die Fürsorge durch und für Andere, die über Verkörperung und Empathie maßgeblich am Prozess beteiligt seien. Spätestens an dieser Stelle zeigt sich erneut der Gewinn der Korrelation von Vulnerabilität und Resilienz, weil die Empathie aufgrund ihrer prozessualen Offenheit nicht nur ein Resilienzfaktor sei, sondern auch ein Vulnerabilitätsfaktor: Wenn – damit schließt auch Breyer an die These der ungeschönten Artikulations- und Kommunikationsbedürftigkeit des Resilienzprozesses und dessen medio-passive Konnotation an – die empathische Resonanz in Kognition und Emotion durch Andere versagt bleibe, erfahre die erlebte Krise eher eine Verstärkung als eine Beruhigung.

Wiederum ist damit das Stichwort für den folgenden Beitrag gegeben: Wem die für den Resilienzprozess notwendigen empathischen Artikulations- und Kommunikationsresonanzen versagt bleiben, der/die bleibt der Krise ausgeliefert. *Saskia Wendel* widmet sich daher zu Recht der *Resilienz als diskursiver, machtbesetzter und performativer Körperpraxis*. Im Fokus ihrer Kritik steht der Begriff des Aushaltens, weil dessen alltagssprachliche Bedeutung wie dessen Instrumentalisierung in bestimmten politischen, sozial- und genderkonstellativen wie religiösen Kontexten mit dem bewussten oder unbewussten, insinuierten oder gar aufoktroyierten Verzicht auf Widerstand einer gehen könne. In solch einer Lesart wäre das Erdulden oder Auf-sich-nehmen vor allem in politischer Hinsicht ein selbst gewähltes oder herrschaftsmächtig gewolltes Stillstellen jeglichen Aufbegehrens. Wendel setzt den Akzent daher auf Resilienz als eine notwendige, der Selbsterhaltung folgende Sorge um sich, die als ästhetische Praxis durchaus über Formen des Einübens – Wendel spricht hier mit Michel Foucault von „Selbsttechnologien" – gestärkt werden könne. Dies gerade nicht im Sinne hedonistischer Selbstverwirklichung, sondern im Sinne des Ideals gemeinsamer gelingender Lebensführung, d. h. auch des Lebens der Anderen und Fremden. Resilienz in diesem Sinne verstanden sei daher eine bestimmte Praxis bewussten Lebens, die sich auf die gesamte Breite der anthropologischen Vermögen (Intellekt, Wille, Emotionen, Handlungen und Leiblichkeit bzw. Verkörperung) beziehe. Weil keines dieser Vermögen ohne Verkörperung auch nur denkbar sei, komme dem Körper bzw. Leib eine Zentralstellung zu, aber er sei ebenso wie intellektuelle oder emotionale Prägungen durch gesellschaftliche und kulturelle Praxen, durch normierende Codes und hegemoniale Diskurse bestimmt, so dass jeglicher Umgang mit ihm – sei es im Blick auf Vulnerabilität oder auf Resilienz – den zugehörigen Machtdiskursen (mit Foucault: „Bio-Macht") unterworfen sei. Für den Resilienzdiskurs erklärt dies sicherlich einmal mehr seine Anfälligkeit für neo-liberale Optimierungsstrategien ökonomischer Provenienz, denen es in jeder Hinsicht entschieden entgegenzutreten gilt. Der religiösen Erfahrung spricht Wendel dem gegenüber zu, ihre Kraft des Unverfügbaren und nicht-Herstellbaren, ihre Hoffnung auf „ein Leben in Fülle", auf Erlösung und Befreiung von dem, was nicht sein soll, in doppelter Weise fruchtbar machen zu können: Auf der einen Seite könne aus der so verstandenen religiösen Erfahrung die Kraft zum Widerstand erwachsen. Auf der anderen Seite gelte diese Hoffnung auch für jene, die am Ende nicht widerstehen oder aushalten konnten, denen ihr Aushalten möglicherweise sogar zum Verhängnis geworden sei. Solche Beispiele vor Augen sei es umso wichtiger, die Kraft der religiösen Erfahrung auch darin zu sehen, Trost spenden zu können, ohne zu vertrösten.

Wendels Beitrag zeigt in exemplarischer Weise eine interessante Doppelbewegung im Resilienzphänomen: Auf der einen Seite wird es in den gängigen Standardwerken vornehmlich mit einer Aktivierung des Selbst in Verbindung gebracht, die auf Selbstwirksamkeit, Selbstkontrolle, Konflikt- und Problemlösungskompetenz setzt und aus der daher mit Wendel sowohl die kluge Sorge um das eigene Leben als auch die Kraft zum Widerstand erwachsen können. Auf der anderen Seite ist es jedoch gerade dieser Appell zur selbstbewussten Aktivierung und Widerständigkeit des Selbst, der sich ebenso wie ein falsch verstandenes Aushalten für eine ökonomische und politische Instrumentalisierung missbrauchen lässt und dem daher medio-passive Prozesse gegenüber zu stellen sind. Dies wird deutlich bei *Ludger Heidbrink*, der von Resilienz *zwischen Macht und Ohnmacht* spricht und darüber *die Last der Selbstverantwortung* thematisiert. Er bezieht sich auf die hochgradig fordernde Leistungsgesellschaft entwickelter Industrienationen, die in wachsendem Maße Phänomene des Burnout und der Depression mit sich brächten. Im Unterschied zu den Neurosen früherer, normativ rigider und repressiver Gesellschaftsformen seien gegenwärtige psychische Überlastungserkrankungen maßgeblich auf die paradoxen Spannungen zwischen dem Freiheit schaffenden und Kreativität ermöglichenden Ideal individueller Verantwortung und dem damit einhergehenden Zwang zur konstanten Vereinbarung völlig unterschiedlicher, zum Teil gegenläufiger Interessen und Prozesse zurückzuführen. Mit Alain Ehrenberg liege die Crux darin, dass die Depression geradezu das Spiegelbild der responsiven Leistungsgesellschaft sei, weil in ihr alles in eigener Verantwortung erreichbar sei, in eigener Verantwortung aber auch erreicht werden müsse. Diese Ambivalenz des Verantwortungsbegriffs erläutert Heidbrink in einer Relecture Georg Wilhelm Friedrich Hegels, Søren Kierkegaards, Friedrich Nietzsches, Martin Heideggers, Jean-Paul Sartres und Emmanuel Levinas', die Verantwortung tendenziell dann als Ausdruck der Ohnmacht verstünden, wenn sie das Handeln einschränke, verunsichere oder auf unklare Weise sanktioniere; hingegen sei Verantwortung dort Ausdruck von Macht, wo sie dem Grad und Rahmen der persönlichen Bereitschaft und Fähigkeit zur Übernahme der Verantwortung entsprächen. Unter gegenwärtigen Bedingungen sei diese Grundspannung im Verantwortungsbegriff auszutarieren angesichts der Verantwortungslasten, die sich aus der Individualisierung von Lebensrisiken, dem Wandel der Arbeitswelt, dem Zwang zu Self-Management und Networking, der Dynamisierung von Marktprozessen, der Zunahme an Wahlmöglichkeiten, der technologisch erhöhten Kompetenzanforderungen und eben dem bereits genannten Zwang zum Austarieren gegenläufiger Interessen und Wertvorstellungen resultierten. Die Chance zur resilienten Reaktion bzw. zum Aufbau von Resilienz sieht Heidbrink nur dort gegeben, wo die Arbeitsabläufe ergebnisoffene und selbstbestimmte Phasen erlaubten, wo Freiheit und Sozialität sowie das freie Verfügen über die eigene Lebenszeit ermöglicht und in Anspruch genommen würden. Daraus erwachse eine gelassenere Form der Selbsteinschätzung und -anerkennung, die sich stärker am Gegebenen – Stichwort „unperfekte Existenz" – als am idealiter Erreichbaren und ständig zu Fordernden orientierten. Im Ergebnis erwachse daraus eine klarere Identifikation mit realistischerweise kontrollierbaren, beeinflussbaren und selbst geteilten Handlungszielen, so dass Handlungsanforderung und persönliche Überzeugung in ein stimmiges Verhältnis gesetzt würden.

Ist auf diese Weise bereits mit Heidbrink die Ambivalenz des Kriteriums der Selbstwirksamkeit im Modus der Verantwortlichkeit deutlich geworden, so spitzt sich die Linie bei *Notger Slenczka* noch einmal mehr zu: *Trauma und Resilienz. Schlechthinnige Abhängigkeit und der ‚Mut zum Sein'* – damit

Einleitung: Ohnmacht und Angst aushalten 27

sind zunächst ein theologiegeschichtlich bedeutender *terminus technicus*, nämlich Friedrich D. E. Schleiermachers Abhängigkeitsbegriff, und ein theologie- wie philosophiegeschichtlich wirkmächtiger Titel zitiert, nämlich Paul Tillichs deutschsprachiger Titel von *The Courage to Be* (1952). Genauerhin verbirgt sich hinter diesem Titel jedoch die kritische Frage, inwiefern sich die Reaktionen auf die dramatischen und traumatisierenden Kriegsszenarien des Ersten und Zweiten Weltkrieges als Resilienz fördernde oder sie behindernde Erfahrungen erwiesen haben und inwiefern auch der Religion dabei eine nicht von vornherein positiv besetzte Rolle zukomme. Das erste Beispiel ist Ernst Jüngers a-religiöse Verarbeitung der Kriegserfahrung, die sich im biographischen Verlauf wie im Beurteilen anderer Soldatenbiographien durch Jünger als eine Entwicklung hin zur resilienten Persönlichkeit lesen lasse. Der anfänglich verschreckte, erschütterte und panische Jungsoldat lerne während des Kriegsverlaufs, die Nerven zu bewahren, sich vom brutalen Geschehen zu distanzieren und sich im Kampf von Mann gegen Mann schließlich zu bewähren. Es überlebe, wer im traumatisierenden Feld funktionstüchtig bleibe – der Weltkrieg selbst sei Erziehung zur Resilienz, und zwar umso mehr dort, wo auf religiöse Vertröstungen oder Ausflüchte verzichtet werde. Im Gegensatz dazu spiele die Religion für das zweite Beispiel, Werner Elerts Erfahrungen als Feldprediger im Ersten Weltkrieg, eine sehr viel bedeutendere Rolle. Elert sei aus den Kriegserfahrungen keineswegs gestählt zurückgekommen, sondern im Gegenteil so hochgradig traumatisiert, dass sich im weiteren Verlauf auch seine Theologie geändert habe: Die Gottesfrage habe sich ihm zunehmend mehr als eine negativ besetzte Frage herausgestellt, weil Gottes Inanspruchnahme seines Lebens den unausweichlichen Tod ankündige – und dies in einer Unbedingtheit, der man schlichtweg ausgeliefert sei. An dieser Stelle kommt Schleiermachers Begriff der schlechthinnigen Abhängigkeit ins Spiel, den Slenczka als geradezu exemplarische Beschreibung traumatisierender Erfahrungen liest. Schlechthinnige Abhängigkeit sei mit dem Gefühl totaler Ohnmacht verbunden, dem Verlust der Freiheit und Selbstmächtigkeit. Die bei Schleiermacher dominante positive Konnotation des Begriffs erwachse nur aus dessen Prämisse der soteriologischen Heilswirkung Gottes in Christus. Ohne diese Prämisse hingegen sei die positive Konnotation gerade nicht selbstverständlich, worauf in der Folge z. B. Karl Holl oder Oswald Spengler hingewiesen hätten. Im Blick auf die Resilienzbedeutung von Religion sei diese damit nicht per se als Bewältigungsmodus der Negativität zu verstehen, sondern umgekehrt als deren Symbolisierung und möglicherweise auch Realisierung. Der dritte Referenzautor ist Tillich, dessen *Mut zum Sein* auf einer Ontologie und Phänomenologie der Angst basiere, gefasst als ein meist verdecktes, in Krisensituationen aber schlagartig präsentes Bewusstsein der Endlichkeit. Im Zuge der Auseinandersetzung mit dieser krisenverstärkten Angst verliere jede anthropologisch enggefasste Vergegenständlichung Gottes ihre Plausibilität, weil sich in der allein übrig bleibenden Positivität des Zweifels (am Sinn, am Sein, an Gott) und im Mut der Verzweiflung die reine Transzendenz zeige. Auch bei Tillich sei die Religion daher ein ambivalenter Resilienzfaktor – aber sie sei immerhin jene Instanz, in der die Negativität bearbeitbar werde und darüber ein neues Selbstverhältnis auf den Weg bringe.

Auf den Weg gebracht zu sein, heißt auch im Leben hoffentlich das, was für das Unkraut gilt: *Unkraut vergeht nicht*. Maike Schult nimmt den Faden der prekären Traumatisierung noch einmal auf und fragt abschließend nach *Resilienz und posttraumatischer Reifung*. Im ersten Teil bündelt Schult dankenswerterweise noch einmal die wichtigsten Stationen und Positionsentscheidungen des Resilienzdiskurses, nämlich die sprachhistorische, metaphorische und logische Mehrdeutigkeit des Resilienzbegriffs, seiner Phänomenalität, seiner dynamischen Prozessualität und seiner meist positiv besetzten Normativität. Im zweiten Teil wird dieses methodische Vorgehen wiederholt für den Traumabegriff, der aufgrund der komplexen Phänomenlage mit dem ihm komplementären Resilienzbegriff den Zwang zur interdisziplinären Bearbeitung teile. Während der Resilienzbegriff überwiegend von einer heilversprechenden Wachstumsaura bestimmt sei, gelte für die Traumatisierung die Zentralität der verlustreichen Fragmentierung: Sprachlosigkeit und Kommunikationsabbruch, verlorene Erinnerungskohärenz, emotionale Taubheit bei gleichzeitig möglicher Verdrängungsleistung höchster Potenz. Im dritten Kapitel werden Trauma und Resilienz direkt aufeinander bezogen, und zwar unter der These, dass die differente Phänomenalität von Resilienz und Traumatisierung der Grund für deren unterschiedliche Karriere als Leitbegriff der Forschung sein dürfte. Während der Resilienzbegriff eine steile Erfolgskarriere zu verzeichnen habe, sei der Traumabegriff eher in einer Auf- und Ab-Bewegung erforscht worden. Er evoziere nämlich Abwehr, Kontroversen und Tabubegehren, während der Resilienzbegriff nicht zufällig ein reichhaltiges Reservoir positiv besetzter Metaphorik und Programmatik hervorgebracht habe: Nährboden, Gedeihen, nicht vergehendes Unkraut, Kampf- und Wachstumsmetaphern, die als Brücke zwischen dem Problemerleben und der Problemerzählung fungieren könnten. Dabei trügen sie freilich nicht nur eine sprachliche Erschließungsfunktion in sich, sondern fungierten auch als kulturelle Deutungsmuster, über die letztlich Wirklichkeit geschaffen und gestaltet werde. Abschließend wendet sich Schult dem Begriff der posttraumatischen Reifung zu, der nach den Anschlägen vom 11. September 2001 konzeptionalisiert wurde. Traumatisierung und Resilienzaspekte seien hier über den Gedanken des „trotzdem weiterleben" so zusammengeführt worden, dass wiederum ein un-eindeutiges, nur indirekt messbares Phänomen diagnostizierbar geworden sei. Die daraus resultierende präzisierte Beschreibungsmöglichkeit des Umgangs mit traumatisierenden Krisenerfahrungen sei ohne Zweifel ein Gewinn – auch wenn die Krisenhaftigkeit in schmerzhaft konstitutiver Weise zur Reifungsleistung dazu gehöre.

Am Ende schließt sich damit die Linie der Argumentation zurück zu ihrem Ausgang: In welcher Konstellation auch immer man von Resilienz spricht – sie ist und bleibt ein Krisenphänomen, das seine existentielle und deutungstheoretische Ambivalenz in sich trägt und daher der präzisen Kritik bedarf. Wo sich mit dem Resilienzbegriff eine unreflektierte Erlösungshoffnung verbindet, wird man daher entweder eine phänomenologische Naivität vermuten müssen, eine bewusste oder unbewusste Verdrängungsleistung, oder gerade umgekehrt einen sehnsuchtsvollen Fluchtversuch. Das gilt auch für all jene Ansätze, die den Resilienzdiskurs in einer unkritischen Weise mit dem Hoffnungspotential der Religion verbinden und auf diese Weise deren inhärente Negativität außen vor lassen. Produktiver dürfte es stattdessen sein, die inhärente Ambivalenz und Negativität von vornherein zum eigentlichen Thema der Resilienz werden zu lassen und dies in ihren vielfältigen interdisziplinären Bezügen durchzuspielen. Dass der Religion auf diese Weise ein besonderes Erschließungspotential zukommt, weil sie unterschiedlichste Formen traditionsreich erprobter Artikulations- und Kommunikationsmuster bereit stellt, die der krisenhaft erschütterten Selbst- und Weltdeutung immerhin Gesten und Worte, Praktiken und Resonanzräume zur Verfügung stellt, ist in diesem Band hoffentlich angezeigt und wird unsere Forschung noch auf längere Sicht hin leiten.

Resiliente Persönlichkeiten? Die Diskussion um den Tugendbegriff in der Antike und heute

Christoph Horn

Christoph Horn questions the idea of resilient personality in antique and modern virtue ethics. While modern virtue ethics are predominantly act-centred, contextual and community-centred, their antique counterparts were interested in the interaction of a practicable way of living and the common good, enhanced by the art of philosophy itself. Regular exercise and practice of man's intellectual, cognitive capacities in literature, dialogue, monologue and imagination was considered to enhance and transform habits and attitudes for the better of the common (not the private) good. Hence, role models played an important role for the development of self-reflexive and emotional self-awareness, sensibility and self-control, focused on the wise distinction between what could (and should) be changed and what could only be endured.

In der Terminologie heutiger Psychologie bezeichnet man die psychische Widerstandsfähigkeit von Individuen als ‚Resilienz'. Gemeint ist damit jemandes Fähigkeit, mit Lebenskrisen und existenziellen Herausforderungen überdurchschnittlich gut zurecht zu kommen und sich seine Autonomie und Selbstachtung sogar unter schwierigsten Lebensumständen zu erhalten. Grundsätzlich bildete dieser Gedanke – nämlich dass sich Menschen psychisch soweit stabilisieren können, dass sie extrem widerstandsfähig auf ihre Umwelt reagieren – bereits einen wichtigen Inhalt der antiken Ethik. Um die Nähe, aber auch die Distanz zwischen moderner Psychologie und antiker Ethik deutlich zu machen, wende ich mich im Folgenden zunächst den theoretischen Voraussetzungen zu, auf denen die Moralphilosophie der Antike beruht: dem Intellektualismus, dem Glücks- und dem Tugendbegriff (Abschnitt 1). Danach beschreibe ich zwei entscheidende Grundlagen der antiken Auseinandersetzung mit dem Phänomen der Resilienz: nämlich die dem Tugendbegriff zugrunde liegenden philosophischen Ideen und die beiden wichtigsten Theorien der Emotionen (Abschnitt 2). Und schließlich gebe ich Beispiele aus der Praxis der antiken Lebenskunst, die sich dazu eignen, die antike Sichtweise auf das Phänomen der Resilienz zu illustrieren (Abschnitt 3).

1. Psychische Widerstandsfähigkeit aus der Sicht der antiken Ethik

Untersucht man das Phänomen der persönlichen Widerstandsfähigkeit mit modernen Mitteln, indem man z. B. kausal-analytisch auf Fälle blickt, in denen Kriegsopfer aus ihren traumatischen Erfahrungen ungebrochen hervorgegangen sind, oder die Persönlichkeitsstruktur unbeugsamer politischer Dissidenten wie Nelson Mandela analysiert, dann wird man vermutlich sowohl auf angeborene Faktoren stoßen wie auf sozial erlernte. Unter den erlernten Fähigkeiten oder Kompetenzen gibt es wiederum solche, die durch frühes soziales Lernen, besonders im Kleinkindalter, erworben werden, und solche, die man im Wesentlichen im frühen oder auch späteren Erwachsenenalter gewinnt. Wenn Fähigkeiten oder Einstellungen erst im Erwachsenenalter erlangt werden, so liegt dies häufig daran, dass kognitive Vermögen beim Erwerb der betreffenden Kompetenzen eine besondere Rolle spielen. Genau hierin besteht eine wichtige Grundannahme der antiken Ethik, und zwar schulübergreifend: Die kognitive Dimension des Verhaltenserwerbs ist für die psychische Widerständigkeit eines Menschen von herausragender Bedeutung. Die antike Ethik ist tendenziell *intellektualistisch*. Daher wird der Erwerb der Resilienzfähigkeit als eine Sache für Erwachsene angesehen, die eine kognitive Schulung seitens der Philosophie durchlaufen sollen.

Im Hintergrund ist Folgendes zu beachten: Die Moralphilosophie der Antike unterscheidet sich von der der Moderne auf eine ziemlich grundsätzliche Weise. Die antiken Autoren suchten primär nach Antworten auf die Frage nach dem guten Leben; sie wollten die Ursachen für ein Gelingen oder Scheitern der menschlichen Lebensführung ausfindig machen und damit die individuelle Praxis anleiten. Demgegenüber zeigt man in der modernen Moralphilosophie ein vorrangiges Interesse an moralischen Prinzipien und an Begründungsproblemen, an politisch relevanten Konfliktfällen und an gesellschaftlich prekären Anwendungsfeldern. Die Ethik der Antike orientiert sich am Begriff des Glücks (*eudaimonia*, *beatitudo*). Ein weiteres grundlegendes Merkmal für diese historische Gegenüberstellung ist, dass die antike Moralphilosophie akteurzentriert verfuhr (*agent-centered*), die moderne dagegen aktzentriert (*act-centered*). Das bedeutet: Zentral für die Alten war es, die moralische Qualität der handelnden *Personen* zu thematisieren und darauf eine prudentielle Konsiliatorik zu gründen. Zentral für die Modernen ist die Frage nach dem moralischen Wert von *Handlungen*, nach ihrer Verbindlichkeit und nach den Gründen für diese. Psychische Widerstandsfähigkeit gehört zu den Gütern, die zu erwerben für viele, wenn nicht für alle Menschen von höchstem Interesse ist.

Aber gibt es nicht auch in unserer gegenwärtigen moralphilosophischen Debatte Tugendethiken? Ja, allerdings muss man sorgfältig zwischen antiken und modernen Varianten von Tugendethik unterscheiden. Die zeitgenössische Tugendethik, also etwa die Positionen von Philippa Foot oder Rosalind Hursthouse, stellen ein recht spezielles Phänomen dar, dessen Wurzeln in der besonderen Situation der britischen Moralphilosophie der 1950er und 1960er Jahre liegen. Einen wichtigen Hintergrund bilden hierbei Wittgensteins Überlegungen zum Sprachspiel, zur Lebensform und zum Regelfolgen aus den *Philosophischen Untersuchungen* (1953). Speziell anstoßgebend war G.E.M. Anscombes Aufsatz *Modern Moral Philosophy* (1958).[1] Darin finden sich zwei grundlegende Ausgangspunkte der nachfolgenden Tugendethik: (a) die Ablehnung von dekontextualisierten Prinzipienethiken, also von Kantianismus und Utilitarismus, und (b) die Zurückweisung einer Fokussierung auf die metaethische Analyse der Moralsprache (,gut' und ,sollen'). Damit ist die moderne Tugendethik von vornherein kontextualistisch-gemeinschaftsbezogen, nicht universalistisch orientiert, auch wenn in den Entstehungskontext Aristoteles und Thomas von Aquin mit hinein gewirkt haben.

Die wichtigsten Unterschiede zwischen antiken und modernen Tugendethiken liegen zum einen darin, dass es in letzteren keine Fokussierung auf das Thema Glück (*eudaimonia*) gibt, und zum anderen darin, dass Tugendethiken keine Allianz mit einem Essentialismus oder Perfektionismus eingehen, wie er für die Antike so typisch ist. Sowohl der Glücksbegriff als auch die Ideen von Essentialismus und Perfektionismus werden in der Gegenwart gewöhnlich deswegen abgelehnt, weil sie im Verdacht stehen, mit der Moderne inkompatibel und anti-liberal zu sein. Der Glücksbegriff scheint nämlich eine Vereindeutigung gelingender Lebensführung vorauszusetzen, welche gegenwärtig – mit Blick auf den irreduziblen Pluralismus von Lebensformen – als problematisch erscheint. Essentialismus und Perfektionismus versuchen jedenfalls durch eine als inakzeptabel geltende Disambiguierung verständlich zu machen, welche Güter des Menschen mit Blick auf die eine ,Natur des Menschen' vorrangig sind. Für Perfektionisten besteht die normative Basis des Moralisch-Politischen darin, dass menschliche Individuen eine solche (mehr oder minder) stabile Natur besitzen, welche nach bestimmten Grundgütern verlangt und auf bestimmte Erfüllungszustände hin angelegt ist. Es soll sich dabei um notwendige, basale oder wenigstens um besonders relevante Güter handeln sowie um intrinsisch wertvolle Erfüllungszustände; diese Güter sind allerdings nicht zwangsläufig mit jenen ,objektiven Gütern' gleichzusetzen, welche etwa nach der aristotelischen Tradition konstitutiv für Glück oder Wohlergehen sind (vgl. die Unterscheidung eines *human nature perfectionism* und eines *objective goods perfectionism* bei Wall[2]). Deswegen könnte die ältere Tugendethik in einer bestimmten Lesart doch modernitätskompatibel sein.

Dennoch sieht man, dass die gegenwärtige Tugendethik einen weitgehend anderen Grundcharakter zeigt als die Tugendkonzeptionen des Alter-

---

[1] *G. Elizabeth M. Anscombe:* Modern Moral Philosophy, in: Philosophy 33, 1958, 1–19.
[2] *Steven Wall:* Liberalism, Perfectionism, and Restraint, Cambridge 1998, hier: Kap. 1.

tums. Noch eine andere Voraussetzung ist zu beachten, die ebenfalls auf einen prinzipiellen Unterschied zwischen antiker und moderner Moralphilosophie hinausläuft: Anders als in der Moderne erwartete man in der älteren europäischen Tradition Antworten auf Lebensprobleme nicht von der (damals gar nicht vorhandenen) Psychologie, ebenso wenig von den Religionen oder dem Commonsense. Vielmehr waren für Fragen nach dem Lebenssinn, nach der Stellung des Menschen im Kosmos, nach der richtigen Lebensführung und nach Lebenserfolg sowie nach Methoden und Praktiken zur Transformation der Persönlichkeit die professionellen Philosophen verantwortlich. Eben hierin lagen die wichtigsten Aufgaben dieses Berufsstands im Altertum, nicht im Führen eines akademischen Fachdiskurses. In der Philosophie der Antike wurde ein Modell der ‚Lebenskunst' (*technê tou biou, ars vivendi*) entwickelt, das sich zum Ziel setzte, die Lebensführung der Philosophierenden auf eine neue, vernünftige Grundlage zu stellen. Die dazu praktizierten Übungen sollten die Philosophenschüler anleiten, ihre Biographie bewusst und an den richtigen Zielen orientiert zu gestalten. In der Philosophie der Gegenwart hat dieses Modell erneut zahlreiche Anhänger gefunden. Wie man seit Pierre Hadot[3] und Michel Foucault, seit Martha Nussbaum[4], Alexander Nehamas[5] und vielen anderen Autoren weiß, war die antike Philosophie nicht primär ein theoretisch-distanznehmendes Gespräch unter spezialisierten Fachleuten, sondern wurde als praxistaugliche Lebenskunst betrieben. Der Typus von Philosophie, welcher zwischen Sokrates und den spätantiken Neuplatonikern, ja sogar bis ins 13. Jahrhundert hinein vorherrschte, war biographieorientiert und zielte auf eine Transformation der Einstellungen und existenziellen Haltungen seiner Adressaten.

Soweit einige allgemeine Grundlagen der antiken Ethik, die einen bestimmten Kognitivismus und Intellektualismus erläutern sollen. Wir müssen uns jetzt den grundlegenden Ideen der Tugendkonzeption sowie zwei zentralen Emotionstheorien zuwenden, um zu verstehen, wie die Resilienz von Individuen zum Thema der Moralphilosophie gemacht werden konnte.

---

[3] *Pierre Hadot:* Philosophie als Lebensform. Geistige Übungen in der Antike, Berlin 1991, frz. 1981, ²1987; *Ders:* Qu'est-ce que la philosophie antique?, Paris 1995; *Ders:* Die innere Burg. Anleitung zu einer Lektüre Marc Aurels, Frankfurt a.M. 1997, frz. 1992.

[4] *Martha C. Nussbaum:* The Therapy of Desire. Theory and Practice in Hellenistic Ethics, Princeton 1994.

[5] *Alexander Nehamas:* Die Kunst zu leben. Sokratische Reflexionen von Platon bis Foucault, Hamburg 2000, engl. 1998.

2. Die Grundideen der Tugendethik und der Begriff der Emotion

Unter Tugenden versteht man seit der Antike erworbene, aber dennoch stabile Charakterhaltungen menschlicher Individuen; diese Haltungen disponieren einen Akteur dazu, moralisch gute, werthaft positive, sozial erwünschte oder das Glück ihres Besitzers begünstigende Handlungen und Verhaltensweisen hervorbringen. Sie sind durch moralische Pädagogik (oder auch durch Selbsterziehung) so erworben, dass sie hernach habituell geworden sind und den Charakter der betreffenden Person ausmachen. Eine Tugend versetzt ihren Inhaber in die Lage, mehr als nur situativ richtig zu handeln; der Tugendhafte tut das Richtige stabil, d. h. gewohnheitsmäßig und zuverlässig. Wer beispielsweise über die Tugend der Tapferkeit verfügt, von dem sind in gefährlichen Situationen in konstanter Form mutige, furchtlose und unerschrockene Handlungen zu erwarten – vorausgesetzt, solche Handlungen sind überhaupt das, was situationsangemessen und zugleich wünschenswert ist. Der Tugendhafte handelt dabei ‚unmittelbar': In gewisser Weise führt etwa der Tapfere die mutige Handlung ‚automatisch' aus, d. h. derart, dass er über diese nicht erst nachdenken und sich zu dieser nicht erst motivieren muss. In einem anderen Sinn ist es aber durchaus der Fall, dass tugendhaftes Handeln eine reflektierte kognitive und motivationale Quelle besitzt; es ist also insofern nicht-automatisch, als Reflexion und Motivation stets im Hintergrund präsent sind.

Ein zusätzliches Kennzeichen der Tugendethik ist ihre Zurückweisung eines Generalismus zugunsten eines wahrnehmungsbasierten Partikularismus (im Sinn der aristotelischen *phronêsis* als einer situativen Urteilskraft oder als Gespür für die moralisch relevanten Merkmale eines gegebenen Handlungskontexts). Unter Partikularismus versteht man dabei die metaethische Auffassung, dass moralische Urteile sich stets nur in Bezug auf Einzelfälle formulieren lassen. Um adäquat zu sein, muss jedes moralische Urteil an den zahllosen Aspekten orientiert sein, welche für eine bestimmte Situation spezifisch kennzeichnend sind. Man beachte, dass der Partikularismus der Tugendethik etwas anderes ist als ein Relativismus oder ein Kontextualismus: Im Gegenteil, partikularistische Positionen können durchaus objektivistisch und universalistisch formuliert sein.

Den Hintergrund der antiken Tugendethik bildete in jedem Fall die existenzielle Grundfrage: Was für ein Mensch will ich sein? Unter welchen Umständen kann man sein Leben objektiv als gelungen und ‚blühendes Leben' (*eudaimonia* in der Bedeutung von *flourishing life*) betrachten? Was lässt ein menschliches Leben fehlgehen oder verarmen? Die Absicht aller Tugendethiken besteht darin, Aspekte der Theorie des gelingenden Lebens, der philosophischen Handlungstheorie und der rationalen Psychologie (besonders der Affekttheorie) nicht nur aus der Perspektive des jeweiligen sozialen, kulturellen und historischen Kontexts zu beantworten. Tugendethiken untersuchen zudem, welche menschlichen Haltungen (wie Empathie, Selbstbeherrschung oder Wohlwollen) moralisch relevant sind, in welchen Kontexten Auffassungen von richtigem und falschem Handeln erworben und wann sie auf welche Weise wirksam werden.[6] Damit sind sie fähig, individuelles und gemeinschaftliches Handeln direkt zueinander in Beziehung zu setzen. Eine Tugendethik kann Fragen angemessenen Verhaltens unter den Aspekten sozialer Charakterformung, moralischer und politischer Institutionen, geteilter traditioneller Auffassungen und gesellschaftlicher Üblichkeiten thematisieren.

Der Tugendbegriff ersetzt dabei nicht Begründungs- oder Anwendungsfragen. Er lässt sich aber ebenso wenig darauf reduzieren, dass er Moralität als dauerhafte Charaktereigenschaft behandelt. Sein Vorteil besteht vielmehr darin, die Bestandteile üblicher Moralphilosophien mit Fragen der Handlungstheorie, der rationalen Wahl, der Affekttheorie und mit Fragen des sozialen, kulturellen und historischen Kontexts in einen systematischen Zusammenhang zu bringen. Über Fragen des Typs, welche Handlungen aus welchem Grund richtig oder falsch, erstrebenswert, abzulehnen oder gleichgültig sind, geht eine Tugendethik erheblich hinaus. Sie kann zusätzlich untersuchen, welche nicht-aktiven Haltungen (wie Empathie, Selbstbeherrschung oder Widerständigkeit) moralisch relevant sind, in welchen Kontexten Auffassungen von richtigem und falschem Handeln erworben und wann sie auf welche Weise wirksam werden. Damit erlaubt sie, individuelles und gemeinschaftliches Handeln direkt zueinander in Beziehung zu setzen. Es scheint kein Zufall zu sein, dass bereits Platon und Aristoteles in ihrem Tugendbegriff Individual- und Polisethik jeweils direkt miteinander verknüpft haben. Eine solche Kontextsensitivität muss nicht bedeuten, dass bestehende Verhältnisse bestätigt, sondern nur, dass sie in die Überlegungen einbezogen werden. Eine Tugendethik kann Fragen angemessenen Verhaltens unter den Aspekten sozialer Charakterformung, moralischer und politischer Institutionen, geteilter traditioneller Auffassungen und gesellschaftlicher Üblichkeiten thematisieren. Wichtige Teilfragen sind etwa: Wie erwirbt man einen moralischen Habitus, und wie lässt sich die Einsicht in das Habituellwerden von Einzelhandlungen unter ethischem Aspekt nutzen? Welche Rolle spielt der Gemeinschaftsbezug beim Tugenderwerb, und welche Rolle soll er spielen? Wie verhalten sich persönliches und institutionelles Handeln zueinander?

Genauso wichtig wie der Aspekt der Kontextsensitivität dürfte somit der Vorteil sein, der sich aus Tugendethiken für Fragen der moralischen Motivation ergibt. Motivationsfragen erscheinen aus der Perspektive moderner Moralphilosophien oft als sekundär, wenn auch zu Unrecht. Denn moralische Handlungen zu bestimmen und diese Bestimmung argumentativ zu begrün-

---

[6] Vgl. besonders *Philippa Foot:* Tugenden und Laster, in: Ursula Wolf/Anton Leist (Hgg.): Philippa Foot. Die Wirklichkeit des Guten. Moralphilosophische Aufsätze, Frankfurt am Main 1997, 108–127.

den, ist keineswegs schon hinreichend für die Ausführung der betreffenden Handlung. Vielmehr können sich zwischen die Anerkennung der Richtigkeit einer Handlung und die Bereitschaft, sie auszuführen, zahlreiche Hindernisse schieben. Eine handlungsleitende Wirkung ergibt sich erst dann, wenn neben einem Auffindungsprinzip für moralisch Richtiges (*principium diiudicationis bonitatis*) auch ein wirksames Ausführungsprinzip (*principium executionis bonitatis*) besteht, ein Antriebsmoment oder eine Triebfeder. In Tugendethiken ergibt sich ein solches Handlungsmotiv aus den normativen Persönlichkeitsbildern; Tugendethiken orientieren sich an herausragenden Beispielen menschlicher Gerechtigkeit, Großzügigkeit, Überlegtheit oder souveräner Gelassenheit. Solche Persönlichkeitsbilder haben den Vorteil, moralisches Handeln in den Kontext eines insgesamt wünschenswerten oder gelungenen Lebens zu stellen.

Beispielsweise lässt sich das sokratische Ideal des ‚geprüften Lebens' auf die Idee einer philosophisch-aufgeklärten Lebensform hin erweitern, und ebenso ließe sich auch an ästhetisch-künstlerische, hedonistische, politische oder religiöse Lebensideale denken, durch die angemessenes Handeln ein starkes Antriebsmoment erhält. Für neuzeitliche Ethiken fallen Motivationsfragen hingegen oft in den Bereich eines privaten Ethos; damit kommt es zu einer Subjektivierung oder Bagatellisierung von Persönlichkeitsbildern. Besonders problematisch wirkt die Auffassung, eine Orientierung des Individuums am wohlverstandenen eigenen Nutzen löse das Motivationsproblem. Moralität und Eigennutz scheinen zumindest nicht vollständig kompatibel zu sein. Ohne eine Strafandrohung oder die Drohung mit sozialer Ächtung gäbe es dann nämlich kein Motiv für moralisches Handeln mehr. Entfallen Klugheitsmotive – wie dies bereits in Platons Gedankenexperiment vom ‚Ring des Gyges' vorgeführt wird (*Politeia* II 359d f.) –, dann scheint kein Grund mehr vorzuliegen, sich moralisch zu verhalten. Für einige moralische Probleme könnten auf dieser Grundlage niemals Motive formuliert werden, z. B. im Hinblick auf die Ansprüche künftiger Generationen. Zudem scheint eine Rechts- und Staatsordnung nicht ohne das uneigennützige Engagement ihrer Bürger und ihrer Politiker denkbar zu sein.

Damit sind wir nun beim Thema der Emotionen angelangt. Das Problem der *pathê* spielt in der antiken Ethik eine herausragende Rolle. Um mit einer Klassifikation der Phänomene einzusetzen: Emotionen gehören – zumindest aspektweise – zum Bereich der subrationalen psychischen Phänomene, vielleicht als Teilmenge, vielleicht nur in einigen ihrer Eigenschaften. Das Gesamtfeld des Subrationalen umfasst alle jene Zustände, Antriebe und Vermögen, welche übrigbleiben, wenn man die Eigenschaften und Fähigkeiten von Vernunft, Verstand und Urteilskraft abzieht. Das ist natürlich eine künstliche Scheidung; aber wenn man sich in Form eines Gedankenexperiments vorstellt, was an psychischen Akten und Strukturmerkmalen verbliebe, ließe man die im engeren Sinne kognitiven oder mentalen Aspekte weg, d. h. alles das, was ein Intelligenztest misst, also abzüglich des Vermögens zur Abstraktion und zum Begriffsgebrauch, ohne die Fähigkeit des Schlussfolgerns sowie der Zuordnung eines gegebenen Falls zu einer allgemeinen Regel, ohne Synthese- und Analysefähigkeit usw. Dann bleibt natürlich ein gewaltiges Feld übrig: Da sind zunächst die elementaren, leibnahen Empfindungen wie Wohlsein oder Unwohlsein, Lust und Schmerz, Anspannung, träges Behagen, apathisches Dahingleiten, helle Aufregung, kopflose Panik, Angst, Mut, Gelöstheit und Heiterkeit, Schaudern und Grauen, Erschrecken, quälende Unruhe, aggressive oder erotische Erregung usw. Diese haben mit unserer vegetativen und mit unserer animalischen Natur zu tun, also mit den Vorgängen des Stoffwechsels, des Wachsens, Reifens und Alterns, der Sexualität, dem Sozialverhalten und der Aggressivität, mit Gesundheit und Krankheit etc.

Daran schließen sich die komplexeren Emotionen wie Zorn, Furcht, Hoffnung, Neid, Freude, Sympathie und Antipathie, Liebe, Hass, Mitleid, Schadenfreude, Abscheu und Ekel an. Nur Letztere bilden das Thema der antiken Emotionstheorien. Komplexer sind diese Gemütsregungen deshalb, weil sie sich – wie bereits Aristoteles gesehen hat – aus elementaren Empfindungen zusammensetzen und zusätzlich einen intentionalen, einen propositionalen sowie einen kognitiven Aspekt aufweisen. Mit dem *intentionalen* Aspekt von Emotionen ist ihre Gegenstandsausrichtung gemeint: Angenommen, ich bin wütend, weil mir jemand einen soeben freigewordenen Parkplatz, auf den ich lange gewartet habe, direkt vor meiner Nase weggeschnappt hat; dann kann es sein, dass sich mein Zorn sofort auflöst, wenn dem Auto eine hochschwangere Frau entsteigt, die sich mühsam auf die Pforte der Entbindungsklinik zubewegt. Anders gesagt, meine Wut hat stets ein Objekt, und wenn dieser Gegenstand plötzlich entfällt, entfällt ebenso schlagartig auch die Wut (sie „verfliegt", wie man treffend sagt). Der *propositionale* Aspekt der Emotionen besteht darin, dass es sich bei ihnen stets bereits um sprachlich vorstrukturierte Phänomene handelt; so empfinde ich beispielsweise nicht einfach diffusen Ärger, vielmehr hat mein Ärger von vornherein die in der Feststellung ausdrückbare Form: ‚Ich bin ärgerlich auf dich, weil du meinen letzten Joghurt aus dem Kühlschrank genommen und vertilgt hast, ohne ihn zu ersetzen.' Mit dem *kognitiven* Charakter von Emotionen ist folgendes gemeint: Angenommen, ich hätte keinerlei Angst vor Löwen und würde mich deshalb auf einer Fotosafari durchs Innere Kenias einem besonders prächtigen Exemplar unbeschwert mit meiner Kamera nähern; dann könnte es sein, dass mir das wilde und aggressive Gebaren des Tieres gerade noch rechtzeitig eine lebensrettende Angst einjagt. Emotionen sind also kognitiv gehaltvoll, insofern sie uns etwas unmittelbar zu verstehen geben können. Zwar gilt dies auch schon für Empfindungen wie Lust- und Schmerzgefühle oder Begierden: wenn ich eine heiße Herdplatte berühre, ‚informiert' mich der Schmerz über die soeben eintretende Hautverletzung, ebenso setzt mich mein Hungergefühl über einen augenblicklichen körperlichen Bedarfszustand in Kenntnis. Aber das Spektrum dieser kognitiven Gehalte ist doch recht gering: Lust und Schmerz orientieren mich *in puncto* Zuträgliches und

Schädliches, und Begierden geben mir Kenntnis von Bedürfnissen und Wünschen. Doch während es in aller Regel leichtfällt, jene objektiven Gehalte, auf die sich elementare Empfindungen in einem intentional-kognitiven Verhältnis beziehen, herauszufinden, kann dies bei den komplexeren Emotionen schwierig und aufwändig sein: So fasst man mitunter Sympathien oder Antipathien zu Personen, die einen an irgendwelche älteren Bekannten erinnern (und zwar geschieht dies i. d. R. unbewusst), oder man beginnt (ebenfalls ohne es zu merken) abends grundlos einen Streit mit seinen Liebsten, weil man tagsüber beruflichen Ärger hatte, oder man empfindet Mitleid oder Schadenfreude über fremdes Unglück, je nachdem ob man den Betroffenen im Hintergrund als einen sympathischen Zeitgenossen oder als arrogant einschätzt. Das ist übrigens der Grund dafür, weswegen schon Aristoteles und die Stoiker feststellten, dass wir für bestimmte (nämlich für die komplexeren) Emotionen gelobt oder getadelt werden können; wären sie unverfügbar-naturwüchsig, so ergäbe dies keinen Sinn.

Die eine der beiden zentralen antiken Theorien der Emotionen stammt tatsächlich von Aristoteles. Er betrachtet in seiner ‚Komponententheorie' im Grunde Emotionen als Urteile verbunden mit starken Qualia-Aspekten. Was spricht dafür? Emotionen sind nach Aristoteles kognitiv und non-kognitiv gehaltvoll, denn:

(a) Emotionen drücken ein (mehr oder minder) starkes Involviertsein dessen aus, der sie hat.
(b) Emotionen sind Wichtigkeitsindikatoren.
(c) Emotionen sind ‚gerichtet', objekt- oder situationsbezogen.
(d) Emotionen enthalten Einschätzungen zu den vorliegenden Kontextbedingungen.
(e) Emotionen enthalten Werturteile und spiegeln Werthaltungen.
(f) Emotionen besitzen stets eine hedonische Komponente (Lust/Unlust).
(g) Emotionen besitzen oft desiderative Komponenten (Verlangen/Abscheu).
(h) Emotionen besitzen volitionale Komponenten (Streben/Meiden).
(i) Emotionen sind (mehr oder minder) starke Motivatoren.
(j) Emotionen besitzen eine grundlegende Bedeutung für eine gelingende Lebensführung.
(k) Emotionen sind moralisch bewertbar; sie können angemessen oder unangemessen, gut oder schlecht sein.
(l) Emotionen können/sollen einen Gegenstand der Moralpädagogik und der Selbsterziehung bilden.

Eine sehr aussagekräftige Textpassage, in der Aristoteles seine Emotionstheorie anhand des Phänomens der Furcht erläutert, findet sich in *Nikomachische Ethik* III.9, 1115a7–27:

> „Was wir aber fürchten, ist natürlich das Furchterregende, und dieses ist einfach gesagt ein Übel. Darum erklärt man auch die Furcht für die Erwartung eines Übels. Wir fürchten nun zwar alle Übel, wie Schande, Armut, Krankheit, Einsamkeit oder Tod. Doch scheint sich der Mut nicht auf sie alle zu beziehen. Bei

> einigen Übeln ist Furcht Pflicht und sittlich gut und das Gegenteil sittlich schlecht, z. B. bei der Schande. Wer sie fürchtet, ist ein anständiger und fein fühlender Mensch, und wer sie nicht fürchtet, ist ein Mensch ohne Schamgefühl, der freilich von manchen im uneigentlichen Sinne mutig genannt wird, weil er mit dem Mutigen insofern eine Ähnlichkeit besitzt, als dieser auch in gewisser Hinsicht keine Furcht hat. Armut aber und Krankheit und überhaupt was nicht von Schlechtigkeit herrührt, darf man vielleicht nicht fürchten, doch ist auch der nicht mutig, der gegenüber diesen Dingen keine Furcht hat. Indessen nennen wir auch ihn so wegen einer gewissen Ähnlichkeit, da manche, die in Gefahren des Krieges feig sind, freigebige Leute sind und sich aus Geldverlusten nichts machen. Auch ist der gewiss kein Feigling, der wegen Gewalttaten an Weib und Kindern oder wegen Neid oder sonst dergleichen in Furcht ist, noch ist der schon ein mutiger Mann, der gleichmütig bleibt, wenn er Schläge bekommen soll. Was für Schrecknisse wären es also, mit denen der Mutige es zu tun hat? Sollten es nicht die größten sein? Niemand ist ja mehr als er imstande das Schreckliche zu ertragen. Was aber am meisten Furcht erregt, ist der Tod. Er ist das Ende, und für den Toten scheint es nichts Gutes und Schlimmes mehr zu geben."[7]

Die Textpassage arbeitet die kognitive Seite und die Urteilsdimension jeder Emotion besonders pointiert heraus. Emotionale Urteile können durchaus zutreffend oder unzutreffend sein. Damit besitzen sie eine zentrale ethische Funktion. Besonders deutlich erläutert Aristoteles den Aspekt der Normativität in *Nikomachische Ethik* III.10, 1115b17–23:

> „Wer also erträgt und fürchtet was man soll und weswegen man es soll, und wie und wann, und wer in gleicher Weise Zuversicht hat, der ist mutig. Denn der mutige Mann leidet und handelt, wie es sich gebührt und die Vernunft vorschreibt. Das Ziel jedes Aktes aber ist ein dem Habitus Gemäßes. So ist es also der Mut, der dem mutigen Menschen als das sittlich Gute vorschwebt, und dieses Gute ist denn auch für ihn das Ziel, von dem ja jedes Ding seine Bestimmtheit erhält. Und so ist es des sittlich Guten wegen, dass der Mutige erträgt und tut was dem Mut gemäß ist."[8]

Eine intellektualistische Zuspitzung der aristotelischen Position liegt in der Emotionstheorie der Stoiker.[9] Diese behaupten:
(a) Emotionen sind ‚gerichtet', objekt- oder situationsbezogen.
(b) Emotionen sind starke Motivationsfaktoren.
(c) Emotionen sind Wichtigkeitsindikatoren.
(d) Emotionen sind verfehlte Urteile (propositionale Einstellungen) und nichts zusätzlich.
(e) Emotionen spiegeln falsche Werthaltungen (sie richten sich auf Güter außerhalb unseres Verfügungsbereichs).
(f) Besitz oder Nicht-Besitz von Emotionen entscheidet über eine gelingende Lebensführung.
(g) Emotionen sind irrational und bedeuten für den, der sie hat, Unglück.

---

[7] *Aristoteles:* Nikomachische Ethik, übers. v. Eugen Rolfes, hg. v. Günther Bien, Hamburg 1985.
[8] Ebd.
[9] *Anthony A. Long/David N. Sedley:* The Hellenistic Philosophers, Cambridge 1987.

Psychische Widerstandsfähigkeit ergibt sich der aristotelischen wie der stoischen Theorie zufolge daraus, dass man die Realität so einschätzt, dass sie für den angemessen Handelnden keine wirklich bedrohlichen Übel enthält. Wie man zu dieser theoretischen Einschätzung gelangen kann und wie man ihre Habitualisierung praktisch erreicht, soll nun der folgende Abschnitt erläutern.

3. Resilienz durch Lebenskunst und Übungswissen

Beginnend mit den Sophisten und Sokrates, also seit dem 5. Jahrhundert v. C., lag der antiken Philosophie die Idee zugrunde, man könne sich auf rationaler Basis und mit praktischen Übungen einer angemessenen, glücklichen, vorteilhaften oder ethisch wertvollen Lebensform annähern. In dieser Überzeugung trafen sich spekulative und skeptische, intellektualistische und lustorientierte, religiöse und diesseitsbezogene Lehrmeinungen bei allen ihren sonstigen Differenzen. Charakteristisch für eine solche philosophische Lebenskunst sind Begriffe aus dem Wortfeld von Übung, Training und Eingewöhnung (vgl. die zentralen griechischen Begriffe *askein*, *meletan* und *gymnazein*; wichtige lateinische Ausdrücke sind *exercitatio* oder *meditatio*). Eine besondere Rolle spielen Übungen innerhalb der Stoa, und zwar bereits beginnend mit der älteren Schule, also mit Zenon und Chrysipp. Auch die anderen Schulen – etwa die Platoniker, die Peripatetiker oder die Epikureer – verfügten über Übungspraktiken, doch in weniger detaillierter Form, als dies für die Stoiker galt. Zwar sind uns diese wegen der extrem ungünstigen Überlieferungslage nicht in größerem Umfang erhalten (wir besitzen von der älteren Stoa lediglich Fragmente und Testimonien, keine vollständigen Originalschriften). Aber die Bedeutung der Übungspraxis lässt sich doch indirekt erschließen. Stoische Schriften gibt es aus der späten Antike, besonders von Seneca, Musonius Rufus, Epiktet und Marc Aurel; mit diesen muss man sich primär befassen, um ermessen zu können, wie bedeutend die Funktion der Askese-Praxis bereits für die Schulgründer gewesen sein muss.

Im Zentrum des stoischen Lebenskunst- und Übungsmodells steht nun exakt das, was wir Resilienz nennen: die psychische Widerständigkeit und Unabhängigkeit eines Individuums. Die zugrunde liegende Idee ist dabei die der Immunisierung; das Individuum soll den Gütercharakter aller gewöhnlich für gut gehaltener Objekte (Geld, Lust, Gesundheit, Macht, Ansehen, Schönheit usw.) nicht anerkennen und dadurch gegen die Wechselfälle des Lebens immun werden. Dieser Gedanke wird schön greifbar in einer Passage aus Kaiser Marc Aurels Aufzeichnungen, in der er die stoische Normfigur beschreibt (*Meditationes*, III.4):

> „Ein solcher Mann, der nichts versäumt, um sich in der Tugend zu vervollkommnen, ist wie ein Priester und Diener der Götter, innig vertraut mit der Gottheit, die in ihm ihren Tempel hat, die ihn unbefleckt von Lüsten, unverletzbar von Schmerzen, ungebeugt von Krankheit erhält; sie macht ihn unempfindlich gegen jegliche Schlechtigkeit, macht ihn zum Helden im größten aller Kämpfe, über alle Leidenschaften zu siegen, tief durchdrungen von Gerechtigkeitsliebe, im Grunde seines Herzens alles willig hinnehmend, was ihm zustößt und zuteil wird."[10]

Marc Aurel verleiht hier seiner Überzeugung Ausdruck, dass uns eine Haltung psychischer Selbstimmunisierung gegen alle Widrigkeiten vermeintlicher Übel eine reiche innere Belohnung verschafft. Man muss sich zugleich klar machen, dass Marc Aurel die Unsterblichkeit der Seele ablehnt und daher Glück und Unglück des Menschen allein innerweltlich formulieren kann. Marc Aurel teilt die stoische Immunisierungsstrategie soweit, dass ihm die moralische Elementarwertung von gutem und schlechtem Verhalten aus den Händen zu gleiten droht. In *Meditationes* II.1 sagt Marc Aurel: „Keiner kann mir einen Schaden zufügen; denn ich lasse mich nicht zu einem Laster verführen".[11] Im Hintergrund steht hier die intellektualistische These, dass Widerständigkeit gleich Tugend und Tugend gleich Einsicht ist. Da die Stoiker zudem Tugend und Glück gleichsetzen, ergibt sich die Folgerung, dass die Einsicht für das Gelingen und die Autonomie des menschlichen Lebens ausreicht. Der wertvollste stoische Text, der Aufschluss über die Auffassung von der Unerschütterlichkeit des Weisen gibt, stammt vom Beginn von Epiktets *Encheiridion* (und einigen weiteren Passagen I,1, VIII, XXI):

> „Einige Dinge sind in unserer Gewalt, andere nicht. In unserer Gewalt sind: Meinung, Trieb, Begierde, Widerwille: kurz: Alles, was unser eigenes Werk ist. – Nicht in unserer Gewalt sind: Leib, Vermögen, Ansehen, Ämter, kurz: Alles, was nicht unser eigenes Werk ist." (I,1)
> „Verlange nicht, dass die Dinge gehen, wie du es wünschest, sondern wünsche sie so, wie sie gehen, und dein Leben wird ruhig dahin fließen." (VIII)
> „Tod und Verbannung und Alles, was als schrecklich erscheint, soll dir täglich vor Augen schweben, am meisten aber der Tod; so wirst du nie weder etwas Gemeines denken, noch allzu heftig begehren." (XXI)[12]

Ein hier formulierter Punkt, der für das Verständnis der stoischen Übungspraxis wichtig ist, betrifft die zentrale begriffliche Unterscheidung zwischen dem, was ‚in unserer Verfügung' (*eph' hêmin, in nostra potestate*) liegt und was nicht. Diese Unterscheidung stützt sich auf die Differenzierung des Zwecks (*telos, finis*) vom Zielobjekt (*skopos* oder *prokeimenon, propositum*) einer Handlung, eine Differenzierung, die sich *in nuce* bereits bei Aristoteles findet, allerdings bei ihm nicht einschlägig verwendet wird. Die Stoiker dif-

---

[10] *Marc Aurel:* Selbstbetrachtungen, übers. u. hg. v. Albert Wittstock, Leipzig 1986.
[11] Ebd.
[12] *Epiktet:* Handbüchlein der stoischen Moral, übers. v. Karl Philipp Conz, hg. v. Karl Maria Guth, Berlin 1916.

ferenzieren in moralphilosophischer Absicht zwischen ‚stochastischen' und ‚nicht-stochastischen' Kunstfertigkeiten (*technai*): Die Technik des Bogenschießens ist zielgerichtet, die Arithmetik nicht-zielgerichtet. Der Bogenschütze erfüllt zwar den *Zweck* seiner Kunst, indem er einen kompetenten Schuss abgibt, es besteht jedoch ein zusätzliches Interesse, das durch den Zielgegenstand dieser Kunst konstituiert wird, nämlich insofern, als der Schütze das anvisierte Ziel treffen oder nicht treffen kann; demgegenüber braucht der Arithmetiker über die Erfüllung des immanenten Zwecks seiner Kunst, das richtige Rechnen, nicht hinauszugehen. Anders ausgedrückt, der kunstgerecht agierende Bogenschütze ist – im Gegensatz zum kompetent vorgehenden Arithmetiker – zusätzlich von äußerem Handlungserfolg abhängig. Nun kann man sich einerseits einen Fall denken, bei dem man einen Bogenschützen wegen seiner kompetenten Schusstechnik auch dann lobt, wenn er sein Ziel verfehlt, und andererseits einen Fall, bei dem man einen Schützen, der das Ziel trifft, dennoch deshalb tadelt, weil er nicht sachgerecht geschossen hat. Exakt in diesem Sinn einer Erfolgsabhängigkeit lässt sich die Tugend nach stoischer Ansicht irrtümlich als stochastische Kompetenz auffassen: Auch dann, wenn jemand tugendhaft handelt und lebt, kann er nicht sicher sein, die *prôta kata physin*, die natürlichen, äußeren Vorteile, auf seiner Seite zu haben; denn die Tugend zielt zwar durchaus auch auf sie, sie ist aber bereits allein für sich wertvoll. Der Handlungserfolg ist aber irrelevant, wenn es zutrifft, dass man die Tugend allein um ihrer selbst willen wählt. Ist es ferner richtig, dass die Tugend allein für sich glückskonstitutiv ist, dann muss auch der Handlungserfolg glücksindifferent sein.

Warum genau brauchen wir den Stoikern zufolge Übungen? Genügt nicht die unmittelbare Einsicht? Die Antwort lautet: Um die *oikeiôsis*, den natürlichen Zueignungsprozess richtig zu Ende zu führen. Zwar vertreten die Stoiker einen sokratischen Intellektualismus, aber die richtige Einsicht kann doch nur als Teil einer vollständigen Charakteränderung auftreten. Ohne komplette Selbsttransformation ist richtige Einsicht nicht zu haben. Und nur eine solche vollständige Charakteränderung kann als moralisch angemessen und, wegen der Übereinstimmung mit dem Kosmos, auch als glückskonstitutiv gelten. Für die Idee der moralischen Entwicklung haben die Stoiker das Modell des Fortschreitenden (*prokoptôn, proficiens*) entwickelt. Auch wenn man ‚fortschreiten' kann, ist die Zielerreichung kein Ergebnis eines linearen Fortschritts, sondern – wie gesehen – eines radikalen, revolutionären Umschwungs. Musonius Rufus schreibt (frg. 6):

> „Aber auch wenn wir die Philosophie ernsthaft studiert haben und diese Grundlehren gehört und in uns aufgenommen haben, dass Mühsal, Tod und Armut überhaupt keine Übel sind wie alles andere, das nichts mit der Schlechtigkeit zu tun hat, und umgekehrt, dass weder der Reichtum noch das Leben oder die Lust ein Gut ist noch irgend etwas anderes von den Dingen, die nichts mit der Sittlichkeit zu tun haben, glauben wir infolge der uns gleich von Kindheit an widerfahrenen Vergiftung und der infolge dieser Vergiftung eingetretenen schlechten Gewohnheit, sobald uns Mühsal überkommt, doch, dass uns ein Übel trifft, und

> wenn die Lust an uns herantritt, meinen wir, dass uns etwas Gutes zuteil wird, und schaudern vor dem Tode als dem Gipfel des Unheils zurück, und preisen das Leben als das höchste Gut, und wenn wir Geld ausgeben, dann wurmt uns das, als ob wir einen schweren Schaden erlitten hätten, und wenn wir Geld bekommen, freuen wir uns, als ob wir wirklich Nutzen davon hätten, und ähnlich geht es uns auch in vielen anderen Situationen, dass wir nicht mit der richtigen Einstellung an die Dinge herangehen, sondern eher der schlechten Gewohnheit folgen."[13]

Wie kann man nun durch Übungen zu einer vollen rationalen Identität gelangen, wenn man doch nicht-weise ist? Was haben wir bereits jetzt in der Hand, anhand dessen wir den Fortschritt, der letztlich den Umschwung herbeiführt, vorantreiben können? Man muss sich zunächst klarmachen, dass es äußerst verschiedene Übungstypen gab. Geordnet nach den dabei verwendeten Methoden können wir z. B. (a) literarische, (b) dialogische, (c) monologische und (d) imaginative Praktiken voneinander unterscheiden. Ordnet man die Übungen nach pädagogischen Absichten, dann müsste man etwa zwischen (i) therapeutischen, (ii) sensibilisierenden, (iii) moralischen, (iv) intellektuellen und (v) spirituellen Praktiken unterscheiden. Beispiele sind etwa die Antizipation künftiger Übel (*praemeditatio futuri mali*), der Blick aus der Höhe, und Techniken kompensatorischer Lust.

Werfen wir abschließend einen Blick auf einen spätantiken Neuplatoniker, um auch noch eine nicht-stoische Perspektive auf die Meditation zur Etablierung angemessener Einstellungen kennen zu lernen. Bekanntlich lässt Boethius in seiner berühmten *Consolatio Philosophiae* die personifizierte Philosophie auftreten; die Philosophie erscheint, um Boethius in seiner Resilienz gegen das Unrecht seiner Inhaftierung mit den folgenden Worten zu stärken (*Consolatio* I):

> „Doch nicht zu klagen ist es jetzt an der Zeit, fuhr sie fort, sondern zu heilen! Und nun richtete sie den vollen Blick ihrer Augen auf mich und fragte: Bist du denn wirklich derselbe, der, mit meiner Milch gesäugt, mit meiner Kost aufgezogen, zur Vollkraft männlichen Geistes emporgestiegen ist? Und habe ich denn nicht wahrlich solche Waffen bereitet, die dich sicher in unbesiegter Festigkeit geschützt hätten, wenn du sie nicht selber vorschnell von dir geworfen hättest?! Erkennst du mich denn nicht? Warum schweigst du? Aus Scham oder aus ratloser Bestürzung? Ich wünschte wohl, aus Scham, aber ich sehe, es ist eine tiefe Bestürzung, die dich gebannt hält!"[14]

Auch im spätantiken Platonismus erscheint somit das Bild der Psyche als einer inneren Festung, von der man herabblickt auf die Feinde, die nur belanglose Pseudo-Güter plündern können. Im Anschluss daran sagt Boethius weiter:

> „Wer, ein fertiger Mann, mit heiterem Sinn / Achtet nicht des Geschickes rauer Willkür, /Wer ihm immer gefasst ins Auge blickt, / Unerschüttert, ob Glück es bringt, ob Unglück: / Den schreckt nimmer das wilde Drohen des Meeres, / Das

---

[13] *Epiktet, Teles, Musonius:* Ausgewählte Schriften, übers. und hg. v. Rainer Nickel, Zürich 1994.

[14] *Boethius:* Die Tröstungen der Philosophie, übers. v. Richard Scheven, Leipzig 1983.

bis tief in den Grund die Fluten aufregt, / Nicht der tückische Berg, der dampfend schleudert / Aus geborstener Esse Glutgeschosse, / Nicht die gezackte Bahn der hellen Blitze, / Sie, die größte Gefahr der stolzen Türme! / Weshalb fürchten so sehr die armen Menschen / Nichts vermögender Fürsten wildes Wüten? / Fürchte nichts und erhoffe nichts: Es steht dann / Vor dir waffen- und machtlos jede Drohung! / Doch wer zittert in Furcht, und wünscht begehrlich / Sich vergängliches Gut, das nicht ihm zukommt: / Der lässt fallen den Schild, dem Feinde weichend, / Schlägt sich selber in schwere Sklavenketten!"[15]

Resilienz ist, so lernen wir es aus dem antiken Kontext, eine reflektierte Haltung innerer Widerständigkeit, die den Gütercharakter weltlicher Verlockungen als zweifelhaft anzusehen gelernt hat. Was wirklich zählt, ist die reflektierte Einstellung selbst; und zu dieser verhilft uns einzig die Philosophie.

---

[15] Ebd.

„Ich glaube – hilf meinem Unglauben." Strukturen antithetischer Krisenbewältigung im Neuen Testament

Jochen Flebbe

Jochen Flebbe analyses structures of crisis-management in antique Christianity, namely in the New Testament and its core features of anxiety, powerlessness, illness and death. While the Gospel is often associated with Jesus performing miracles of healing, the New Testament narratives in fact tell another story: It is the act of belief in Jesus that opens for healing experiences, but – and this is of major importance for the notion of resilience – not in the sense of secure, unquestioning belief but rather of doubting belief. Flebbe illustrates this in three examples: In Mk 15,20b–39 the centurion acknowledges Jesus as Son of God not in the moment of glory but in facing his death at the cross. In Mk 9,14–29 the healing of the child is inaugurated by the father's cry "I believe – help my unbelief". In 2Cor 12,5–10 Paul realizes God's presence in his own suffering. It is such extreme life situations that the power of God shines forth through the communication of suffering (doubt, disbelief, crying out).

1. Einleitung

Gleich zu Beginn einer Untersuchung, deren Gegenstand es ist, eine Verbindung zwischen dem Thema ‚Resilienz' und dem Neuen Testament herzustellen, stellt sich die heikle Frage, ob aus neutestamentlicher Sicht überhaupt etwas zu der Resilienzfrage beigetragen werden kann. Das liegt ganz einfach darin begründet, dass ‚Resilienz' kein quellensprachlicher Begriff ist, sprich, dass es sich um ein Wort handelt, das es im Neuen Testament nicht gibt und das somit ein wissenschaftssprachlicher Begriff ist, der, grob gesprochen, 1900 Jahre nach der Entstehung der Texte des Neuen Testaments geprägt wurde. Etwas anders, aber letztlich genauso, verhält es sich auch mit dem Begriff ‚Krise', der zwar auf das griechische Wort κρίσις zurückgeht, das zwar auch ‚Zwiespalt' oder ‚Streit' bedeuten kann, im Neuen Testament aber in einer ganz anderen Bedeutung vorkommt – nämlich im Sinne von ‚Gericht', ‚Strafe', aber auch ‚Recht'.[1]

Es lässt sich aber durchaus etwas sagen zu den menschlichen Erfahrungen von Ohnmacht und Angst, von Schwachheit, Misshandlungen, Nöten,

---

[1] Vgl. nur Mt 5,21; – Joh 3,19; 5,29; – Mt 12,18; 23,23. Vgl. auch *Mathias Rissi:* Art. κρίνω, in: EWNT 2, 1981, 787–794, hier: 787.

Verfolgung, Bedrängnis (1Kor 12,10) – auch von Krankheit und Tod[2] im Neuen Testament und dem Umgang damit. Und dann ist am Ende zu entscheiden, ob und wieweit solche Beobachtungen mit der Resilienzfrage in Verbindung gebracht werden können.

Entsprechend versuchen wir nun im Folgenden anhand der Interpretation von Texten aus dem Markusevangelium und aus dem Zweiten Korintherbrief, verbunden mit einem kurzen Blick auf den Ersten Korintherbrief und den Philipperbrief, Elemente und Strukturen einer neutestamentlichen Rede von der Krise zu profilieren.

2. Markus

2.1. Mk 15,20b–39 und die Krise

Werfen wir zu Beginn einen Blick auf Mk 15,39. Hier ist eine Grundentscheidung für das Verständnis von Leiden und Tod erkennbar, die in ihrer Bedeutung kaum zu überschätzen ist, die durchaus für das ganze Neue Testament Geltung hat und die ein ebenso wesentliches wie gefährliches und missverständliches Signum des Christentums ist. Markus erzählt in Mk 15,20b–39 den Tod Jesu. Dabei lässt er die ganze Erzählung auf einen Höhepunkt zulaufen, nämlich auf die Figur des römischen Hauptmannes und dessen Kommentar (V. 39)[3]. Entsprechend lautet die Klimax[4] der markinischen Kreuzigungs- und Todeserzählung wie folgt:

> „Als aber der Centurio, der dabei stand – ihm (genau) gegenüber –, sah, dass er so (seinen Geist) aushauchte, sprach er: Wahrhaftig, dieser Mensch war Gottes Sohn!"

Der Hauptmann sieht Jesus sterben und sagt: „Das war Gottes Sohn". Beides hängt kausal miteinander zusammen: Die Erkenntnis, dass Jesus Gottes Sohn

---

[2] Ungeachtet der Problematisierung des Begriffs ‚Krise' aus neutestamentlicher Sicht benutzen wir im Folgenden der Einfachheit halber diesen Begriff im modernen Sinn als Chiffre für alle Erfahrungen von Ohnmacht, Angst usw. Angelegt ist eine solche Bedeutung des Wortes schon in seinem neuzeitlichen Gebrauch, wie er sich bei *Jacob Grimm/Wilhelm Grimm:* Deutsches Wörterbuch, Leipzig 1962, s. v. findet.

[3] V. 40 ist nach der abschließenden Akklamation in V. 39 (vgl. nur *Joachim Gnilka:* Das Evangelium nach Markus. 2. Teilband. Mk 8,27–16,20 (EKK II/2), Zürich/Neukirchen-Vluyn 1979, 325) und mit der Voranstellung des finiten Verbes und der Einführung neuen Personals deutlich als Neueinsatz erkennbar.

[4] Vgl. nur *Ludger Schenke:* Das Markusevangelium. Literarische Eigenart – Text und Kommentierung, Stuttgart 2005, 342 (Abb.); *Frank J. Matera:* Passion Narratives and Gospel Theologies. Interpreting the Synoptics through their Passion Stories (Theological Inquiries), New York u. a. 1986, 47 formuliert sogar: „This confession is the high point of the Gospel."

ist, bezieht der Hauptmann aus seiner Beobachtung des Sterbens Jesu. Dies wird auch dadurch deutlich, dass Mk den Hauptmann nicht nur dabei stehen lässt, sondern ihn genau gegenüber von Jesus aufstellt, um so mit der Position des besten und vollständigen Erkennens das Erkennen (des Todes) zur Grundlage der Erkenntnis (der Gottessohnschaft dieses Menschen) zu machen.[5] Damit lässt Markus das ganze Sterben Jesu auf diese Erkenntnis des Hauptmanns hinauslaufen, es bekommt seinen Sinn in der Reaktion des Hauptmanns. Aus Jesu Sterben also gewinnt der Hauptmann die Erkenntnis, dass Jesus Gottes Sohn ist. Nun kommt es – wie immer bei guter Literatur, so auch hier – auf jedes Wort an. In diesem Fall geht es um ein einzelnes kleines Wort, das die ganze Theologie der Szene enthält: οὕτως[6] – ‚so‘, ‚derart‘, ‚solchermaßen‘, ‚auf diese Weise‘.[7] Es kommt also nicht nur auf den Tod Jesu an,[8] vielmehr liefert gerade die Art und Weise seines Sterbens dem Hauptmann die Grundlage der Erkenntnis der Gottessohnschaft: als er *so, auf diese Weise* starb.[9] Markus betont damit die Art und Weise des Sterbens als entscheidend. Wie Jesus stirbt, ist der vorangehenden Schilderung (V. 22ff.)

---

[5] Die Bedeutung dieser sorgfältigen Positionierung der Figur durch den Autor wird von den (deutschsprachigen) Kommentatoren kaum gesehen, anders *Craig A. Evans:* Mark 8:27–16:20 (WBC 34b), Nashville 2001, 510, der aber dennoch οὕτως auf das Zerreißen des Tempelvorhanges und weitere göttliche Zeichen bezieht; *Howard M. Jackson:* The Death of Jesus in Mark and the Miracle from the Cross, in: NTS 33, 1987, 16–37, hier: 28; *Robert H. Gundry:* Mark. A Commentary on His Apology of the Cross, Grand Rapids 1993, 950f. Gerade der so implizierte Blick auf Jesus – und nicht auf den Tempel – macht deutlich, dass οὕτως sich nicht (in erster Linie und / oder ausschließlich) auf das Zerreißen des Tempelvorhanges, sondern (in erster Linie) auf die Todesart Jesu bezieht.

[6] *Wolfgang Fritzen:* Von Gott verlassen? Das Markusevangelium als Kommunikationsangebot für bedrängte Christen, Stuttgart 2008, 355 bezieht οὕτως auf das Zerreißen des Tempelvorhanges (vgl. dazu auch Anm. 5); anders *Johannes Schreiber:* Der Kreuzigungsbericht des Markusevangeliums. Mk15,20b–41. Eine traditionsgeschichtliche und methodenkritische Untersuchung nach William Wrede (1859–1906) (BZNW 49), Berlin/New York 1959, 74 mit Anm. 4; *Hartmut Gese:* Psalm 22 und das Neue Testament. Der älteste Bericht vom Tode Jesu und die Entstehung des Herrenmahls, in: ZThK 65, 1968, 1–22, hier: 19f.; *Rudolf Pesch:* Das Markusevangelium. Teil 2. Kommentar zu Kap. 8,27 – 16,20 (HThK), Freiburg 1977, 499f.; *Heikki Räisänen:* The „Messianic Secret" in Mark (SNTW), Edinburgh 1990, 236f.; *Klemens Stock:* Das Bekenntnis des Centurio. Mk 15,39 im Rahmen des Markusevangeliums, in: ZThK 100, 1978, 289–301, hier: 290; *Rainer Kampling:* Henker – Zeuge – Bekenner? Fragen zur Auslegung von Mk 15,39, in: Jörg Mertin u. a. (Hgg.): „Mit unserer Macht ist nichts getan ...". FS Dieter Schellong (Arnoldshainer Texte 80), Frankfurt am Main 1993, 175–191, hier: 179.

[7] Vgl. nur *Walter Bauer:* Griechisch-deutsches Wörterbuch zu den Schriften des Neuen Testaments und der frühchristlichen Literatur, Berlin/New York [6]1988, s. v.

[8] So etwa *Peter Dschulnigg:* Das Markusevangelium (ThK NT 2) Stuttgart 2007, 403.

[9] Vgl. *Gnilka,* MkEv 2, 324, der aber etwas missverständlich vom „Anlass" spricht; *Klaus Wengst:* Pax Romana. Anspruch und Wirklichkeit. Erfahrungen und Wahrnehmungen des Friedens bei Jesus und im Urchristentum, München 1986, 225, Anm. 16.

zu entnehmen: unter Verbrechern, verdurstend, beschimpft und verspottet, mit den Schreien des Gefolterten und von Gott verlassen. Gerade diese Art des Todes ist es, an der der Hauptmann erkennt, dass Jesus Gottes Sohn ist.[10] Diese Metapher der Gottessohnschaft sagt dabei nichts anderes aus, als dass Jesus in einer engen Verbindung mit Gott steht. Das bedeutet nun aber wiederum: Gerade also in einem furchtbaren Leiden und Sterben – ausgeschlossen von jeder menschlichen Gesellschaft und Beziehung (V. 29. 32b. 36b) – wird für den Hauptmann deutlich, dass hier Gott im Spiel ist. Erst hieran – und nicht an den Wundertaten Jesu – erkennt der Hauptmann Gottes Präsenz in Jesus.[11] Damit ist aber nichts anderes ausgesagt, als dass ein solches Leiden und Sterben, das schlimmste Leiden und Sterben,[12] etwas mit Gott zu tun hat. Wo jeder Mensch sich lieber fernhält, womit Menschen nichts zu tun haben wollen, worum die Menschen lieber einen weiten Bogen machen, gerade dort hält Gott sich nicht fern, da geht Gott hin, da ist er präsent, gerade das hat etwas mit Gott zu tun. Das ist die der markinischen Erzählung innewohnende Pointe. Nichts anderes bedeutet es, dass der Hauptmann Jesu Gottessohnschaft erst und gerade in dem Moment seines furchtbaren Leidens und Sterbens wahrnimmt – und nicht im Moment seiner Wundertaten oder seiner Lehre.

Das alles lässt sich noch schärfer konturieren, wenn man hinzuzieht, wer der sogenannte Hauptmann eigentlich ist, und d. h. wofür diese Figur der Erzählung steht. Es handelt sich um einen κεντυρίων, also um einen römischen Soldaten. Als solcher steht der Centurio für eine Kultur, die Tod und Leiden ganz anders, völlig gegensätzlich beurteilt als Markus es in seiner Erzählung tut.[13] Man kann diese Kultur zunächst ganz einfach mit *vae victis* – „wehe den Besiegten" umschreiben.[14] In Rom und Griechenland geht es um eine Siegerkultur und -mentalität, bei der Leiden und Tod, Schwäche und Niederlage geächtet und aus der Gesellschaft ausgegrenzt werden. Wer sich in einer solchen Situation befindet, ist aus der Gesellschaft ausgeschlossen, ist nur noch mit sich allein und steht im Gegensatz zu allem, was in der Gesellschaft gilt. Einen Wert, einen Sinn, eine Bedeutung, gesellschaftliche Akzeptanz kann in dieser Kultur allenfalls ein Heldentod haben, diesem aber steht Jesu Tod als Kreuzestod eines verachteten menschlichen Nichts diametral entge-

---

[10] Demgegenüber meint *Fritzen*, Gott, 355, dass Markus den Tod Jesu als einen übermenschlichen, göttlichen Tod gezeichnet habe, der gerade aufgrund dieser Elemente auf Gott verweise (so lässt Fritzen Jesu Schrei zu einem „übermenschlichen" Schrei werden und stellt auch das Ende der Finsternis in Jesu Tod in diesen Zusammenhang); ähnlich auch *Evans,* Mark 2, 512. Vgl. dagegen die in Anm. 6 genannten Autoren.

[11] Vgl. *Schenke,* Markusevangelium, 346.

[12] Zur Folter der Kreuzesstrafe vgl. *Martin Ebner:* Jesus von Nazareth. Was wir von ihm wissen können, Stuttgart ²2012, 162–168.

[13] Vgl. *Wilfried Eckey:* Das Markusevangelium. Orientierung am Weg Jesu. Ein Kommentar, Neukirchen-Vluyn ²1989, 509.

[14] Vgl. dazu auch *Wengst*, Pax, 23ff. Vgl. auch *Martin Ebner:* V. Das Markusevangelium, in: Ders./Stefan Schreiber (Hgg.): Einleitung in das Neue Testament (Kohlhammer Studienbücher Theologie 6), Stuttgart ²2013, 155–184, hier: 176ff.

gen. Profilieren lässt sich das Phänomen des Heldentodes leicht am Schicksal des Trojaners Hektor als einem der wichtigsten antiken Helden. Besonders gut sichtbar wird der Heldentod als solcher, wenn wir Hektor zunächst durch die Brille Friedrich Schillers betrachten. In Schillers Gedicht „Hektors Abschied" beschwört Hektors Frau Andromeda ihren Gatten, nicht in den Krieg zu ziehen, sondern sich stattdessen um die Erziehung seines Sohnes Pergamus zu kümmern und seinen zivilen Pflichten nachzukommen:

> „Will sich Hektor ewig von mir wenden
> [...]
> Wer wird künftig deinen Kleinen lehren,
> Speere werfen und die Götter ehren,
> Wenn der finstre Orkus dich verschlingt?"

Darauf antwortet Hektor:

> „Teures Weib, gebiete deinen Tränen,
> nach der Feldschlacht ist mein feurig Sehnen,
> diese Arme schützen Pergamus.
> Kämpfend für den heilgen Herd der Götter,
> Fall ich und des Vaterlandes Retter
> steig ich nieder zu dem styg'schen Fluss."

Die Differenz von Hektors Tod zu Jesu Tod ist deutlich. Hektor stirbt als Subjekt seines eigenen Todes einen begeisterten, freiwilligen, ehrenvollen Heldentod, mit dem er dem Vaterlande und seiner Familie dient. Als des Vaterlandes Retter steigt er in die Styx, schreitet als solcher aktiv in den Tod. Ein solcher Tod der Stärke ist gesellschaftlich anerkannt und verbindet Hektor mit der Gesellschaft. Allerdings ist auch dieser Tod, ein solcher Heldentod, – trotz seiner gesellschaftlichen Anerkennung – unausweichlich mit der Trennung von den Göttern verbunden. Gilt auch ein solcher Heldentod bei den Menschen etwas – die Götter möchten mit dem Tod und dem Toten nichts zu tun haben. Dies wird ersichtlich, wenn wir nun von Friedrich Schillers Gedicht zu einer antiken Quelle übergehen und entsprechend die Ilias zu Hektors Tod befragen: Im 22. Gesang wird erzählt, dass beim Kampf um Troja Zeus kurz überlegt, ob er Hektor vor dem diesem durch Achilleus drohenden Tode retten solle, und wie aber seine Tochter Athene ihn sogleich darauf hinweist, dass das in keinem Fall standesgemäß sei:

> „Da sagte wieder zu ihm [Zeus, d. Verf.] die Göttin, die helläugige Athene:
> ‚Vater, Hellblitzender! Schwarzwolkiger! wie hast Du gesprochen?
> Einen Mann, der sterblich ist und von jeher dem Schicksal verfallen, willst du wieder aus dem schlimmtosenden Tod erretten?'" (XXII, 278f.).[15]

Tatsächlich besinnt sich Zeus und handelt der Anweisung seiner Tochter entsprechend:

---

[15] In der Übersetzung von Wolfgang Schadewaldt. Alle weiteren Zitate aus der Ilias folgen dieser Übersetzung (*Homer*: Ilias. Neue Übertragung von Wolfgang Schadewaldt, Frankfurt am Main [17]2014).

> „Da nun spannte der Vater die goldenen Waagschalen auseinander,
> Und legte zwei Lose hinein des starkschmerzenden Todes,
> Eines für Achilleus und eines für Hektor, den Pferdebändiger,
> Faßte sie in der Mitte und zog sie hoch. Da senkte sich Hektors Schicksalstag
> Und kam hinab bis zum Hades; und da verließ ihn Phöbos Apollon"
> (XXII, 209–213).

Ganz deutlich ist, dass der Mensch und der Tod so miteinander verbunden sind, dass es für die Götter unschicklich wäre, etwas daran zu ändern. Darüber ist insbesondere der letzte Satz signifikant.[16] Aus ihm geht deutlich hervor, dass die Götter beim Tod eines Menschen nichts mehr mit einem Sterblichen zu tun haben wollen. Phöbus Apollon, der Hektor im Leben schützend beigestanden hatte, verlässt diesen, als er im Hades angekommen ist. Die Götter entziehen Hektor ihre Gunst, damit ist er dem Tod ausgeliefert – und mit diesem ist die Beziehung zu den Göttern an ihrem Ende angelangt. Tod bedeutet demnach in der griechisch-römischen Antike den Entzug der Gunst, das Ende der Beziehung, die Trennung von den Göttern, die Götter ziehen sich zurück und beenden ihre Verbindung mit dem Toten. Im 24. Gesang der Ilias wird darüber hinaus grundsätzlich und paradigmatisch formuliert, dass die Differenz zwischen Göttern und Menschen darin besteht, dass die Götter mit Tod und Leid als dem Signum der Menschen überhaupt nichts zu tun haben und dass gerade ihre absolute Distanz dazu ihre Göttlichkeit ausmacht:[17]

> „Denn so haben es zugesponnen die Götter den elenden Sterblichen,
> Daß sie leben in Kummer, selbst aber sind sie unbekümmert" (XXIV, 525f.).

Wir können somit eine Bilanz zu Mk 15,39 ziehen: Die markinische Todeserzählung spielt vor dem Hintergrund einer Gesellschaft und Kultur, in der Leiden und Tod aus der Mitte der Gesellschaft verdrängt werden, von der Gesellschaft dissozieren und einen Gegensatz zur Gesellschaft darstellen. Allenfalls als Heldentod kann der Tod gesellschaftliche Anerkennung finden und einen gesellschaftlichen Wert darstellen. Von den Göttern trennt der Tod aber allemal – er ist Folge des Entzuges der Gunst der Götter, die weder mit dem Tod noch mit dem Toten etwas zu tun haben wollen, so dass auch entsprechend umgekehrt der Tod die Abwendung der Götter zur Folge hat. Demgegenüber ist Jesu Tod im Markusevangelium kein Heldentod, sein Leiden und Sterben stellen eine echte Krise dar,[18] die nicht nur in dem Leiden und der Gewalterfahrung selbst besteht, sondern die vor allem in der Dissoziation von der Gesellschaft, in der Marginalisierung, Stigmatisierung und Isolation des Opfers als der schlimmsten Dimension der Krise erfahren wird.

---

[16] Vgl. auch *Barbara Patzek:* Homer und seine Zeit (Beck'sche Reihe 2302: C.H. Beck Wissen), München ²2009, 17.

[17] Vgl. zu diesem Diskurs und seinem biblischen Zusammenhang auch *Meik Gerhards:* Homer und die Bibel. Studien zur Interpretation der Ilias und ausgewählter alttestamentlicher Texte (WMANT 144), Neukirchen-Vluyn 2015, 82–121, bes. 101. 212.

[18] Vgl. *Schenke,* Markusevangelium, 346.

Anders aber als in der paganen antiken Kultur und Vorstellung ist nach dem Verständnis des Markus das nun gerade nicht das Ende der Beziehung zu Gott, die Trennung von Gott, die Isolation von Gott. Leiden, Tod, Gewalterfahrung bedeutet nicht zusätzlich und als schlimmste Dimension die Trennung von Gott. Vielmehr ist Gott gerade im Tod präsent. Im Unterschied zu den griechischen Göttern macht er sich sozusagen die Finger schmutzig, er ist gerade dort zu finden, wo sowohl Menschen als auch Götter sich fernhalten und lieber einen Bogen drum herum machen: bei den leidenden, kranken, sterbenden Opfern von Gewalt und Tod. Das ist die Klimax,[19] auf die Markus seine Passionserzählung zulaufen lässt, das ist die Lektion, die der römische Centurio lernt und die seiner kulturellen Prägung und Erfahrung diametral entgegensteht.[20] Entsprechend kann für das Neue Testament die These aufgestellt werden, dass hier eine Krise nicht etwas ist, das von Gott trennt oder die Trennung von Gott anzeigt, vielmehr ist die Krise hier als eine Situation verstanden, die gerade etwas mit Gott und seiner Präsenz zu tun hat.[21]

Diese markinische Narration hat eine ganz pragmatische Seite. Schon einmal war im Markusevangelium betont worden, dass zu der richtigen Erkenntnis Jesu auch sein Leiden – und die Leidensnachfolge gehört.[22] In Mk 8,27ff. attestiert Petrus zwar, dass Jesus der Messias ist, er hat aber nicht verstanden, dass Jesus kein glorreicher Messias im Sinne Achills ist. Messias ist Jesus nicht als Löwe, der als solcher den armen Hektor und zahllose andere ruhmreich im Kampf besiegte, Messias ist Jesus vielmehr als Lamm, das leidend und sterbend Gewalt erfährt. Als Petrus das zu negieren versucht und Jesus vom Leiden abhalten will, wird er von Jesus als ‚Satan' bezeichnet. Der Krise auszuweichen, sie um jeden Preis vermeiden zu wollen, wird also als ‚satanisch' – ‚widergöttlich' – qualifiziert. Das ist insofern schlüssig, als wenn die Krise ein Ort der Präsenz Gottes ist, Vermeidung und Verneinung der Krise Vermeidung und Verneinung der Präsenz Gottes – und damit satanisch – ist.

Diese Erzählsequenz des Petrusbekenntnisses bleibt hier nicht stehen, die Szene ist kein Dyptichon (Mk 8,27–30. 31–33), sondern ein Tryptichon, und es schließt sich etwas Drittes (Mk 8,34–38) an, das notwendig und unbedingt zur richtigen Erkenntnis von Jesus als Messias, und zwar als leidender Messias, gehört. Dieses Dritte ist die Nachfolge, genauer gesagt die Leidensnachfolge.[23] Darauf läuft die ganze Szene hinaus, und der Erzähler Markus macht seiner Gemeinde deutlich, dass nur, wenn auf die Frage nach Jesus mit der

---

[19] Vgl. *Adela Yarbro Collins:* Mark. A Commentary (Hermeneia), Minneapolis 2007, 764.
[20] Vgl. *Eckey,* Markusevangelium, 509; *Martin Ebner:* Das Markusevangelium. Neu übersetzt und kommentiert, Stuttgart ³2012, 165.
[21] Vgl. *Schenke,* Markusevangelium, 346.
[22] Vgl. *Henk Jan de Jonge:* Plight, Ethos, and Theology in Mark, in: Jochen Flebbe/Matthias Konradt (Hgg.): Ethos und Theologie im Neuen Testament. FS Michael Wolter, Neukirchen-Vluyn 2016, 59–81.
[23] *Schenke,* Markusevangelium, 203f. sieht zwar eine Vierteilung, attestiert aber auch, dass die Einheit auf die Nachfolge zuläuft.

Nachfolge, die auch Leiden mit einschließt, reagiert wird, Jesus richtig verstanden ist. Aus Texten wie Mk 13,9; 8,34f. 38 lässt sich schließen, dass das Bekenntnis der markinischen Gemeinde zu Jesus nicht nur mit der Konsequenz der Marginalisierung und Isolierung, sondern auch der aktiven Verfolgung einschließlich Körperstrafen und Todesfolge verbunden war.

Damit liegt also die Pragmatik der Erzählung von der Erkenntnis der Präsenz Gottes im leidenden und sterbenden Menschen Jesus durch den heidnischen Hauptmann darin, die heidenchristliche markinische Gemeinde zu versichern, dass ihre durch die Nachfolge Jesu ausgelöste Krise nicht ein Ort der Gottlosigkeit, der Niederlage und des Endes ist. Als von der kulturellen Matrix der griechisch-römischen Antike geprägte *Heiden*christen könnten die markinischen Christen meinen, ihre Verfolgung, ihre Krise sei das deutliche Zeichen, dass sich die Götter, sprich Gott, von ihnen abgewendet haben, dass ihre Entscheidung für Jesus Christus und den Gott Israels eine falsche Entscheidung war. Demgegenüber betont Markus im Anschluss an das kulturelle Wissen Israels, dass die Entscheidung richtig ist, insofern die Krise ein Zeichen nicht für die Abwendung, sondern für die Zuwendung des Gottes Israels ist. Die Leidensnachfolge ist kein heilloser Ort, sondern heilvolles Zeichen der Präsenz Gottes. Die markinische Gemeinde soll also der Krise nicht entfliehen, sie vermeiden, sondern sie soll die Krise annehmen, weil diese – entgegen der für die Gemeinde herkömmlichen kulturellen Syntax der Mehrheitsgesellschaft – gerade ein Zeichen für die und ein Ort der Präsenz Gottes ist.[24]

Allerdings sind noch zwei entscheidende und grundlegende Dinge hinzuzufügen: Erstens ist festzuhalten, dass die Krise und die Präsenz Gottes im Leiden weder Selbstzweck noch das Endziel von Gottes Handeln sind.[25] Auch das macht Markus in seiner Erzählung deutlich. Wenn er den Centurio in Mk 15,39 sagen lässt: „wahrhaftig, dieser *war* Gottes Sohn", so ist die Aussage in ihrer Erkenntnis der Erkenntnis und der Präsenz Gottes gerade auch im Leiden zwar richtig, aber noch nicht vollständig richtig und in einem Punkt korrekturbedürftig: Nicht gilt: „dieser Mensch *war* Gottes Sohn", sondern vielmehr: „er *ist* Gottes Sohn".[26] Das weiß der Leser aufgrund von Informationen, die der Hauptmann als Figur der Erzählung nicht hat. In Mk 1,11 spricht die Stimme aus dem Himmel über Jesus im Präsens: „Du *bist* mein geliebter Sohn", wie auch in Mk 9,7 die Stimme aus der Wolke im Präsens formuliert: „Dieser *ist* mein geliebter Sohn". Der Fehler des Hauptmanns ist also, die Sohnschaft in der Vergangenheit als etwas – mit dem Tod – Abgeschlossenes zu formulieren. Demgegenüber besteht die Sohnschaft prä-

---

[24] Vgl. *Eckey,* Markusevangelium, 292f.
[25] Dementsprechend greifen Interpretationen des Markusevangeliums, die alles auf das Kreuz und Jesus als den leidenden Messias hinauslaufen lassen und die Auferstehung nicht berücksichtigen, zu kurz. Vgl. etwa *Eduard Schweizer:* Das Evangelium nach Markus (NTD 2), Göttingen 1976, 8, der zusammenfasst, dass Markus „verkündet, indem er von Jesu Wirken und Sterben erzählt."
[26] Vgl. *Schenke,* Markusevangelium, 346.

sentisch fort, sie ist somit mit dem Tod Jesu nicht beendet, sondern dauert über den Tod hinaus. Die Präsenz Gottes ist also keineswegs auf die Krise beschränkt, sondern dauert über die Krise hinaus. Und sie zeigt sich in der Ostererzählung, in der erzählt wird, dass der Gekreuzigte nicht im Grab, nicht im Tod ist. Die Kreuzigung, Leiden und Tod, sind also nicht Ziel und Zweck der Präsenz Gottes, vielmehr ist mit dieser Präsenz die letztendliche Überwindung der Krise verbunden. Damit ist also die Ausblendung und Vermeidung der Krise ebenso heidnisch wie die Glorifizierung der Krise als End- und Selbstzweck.

Das Zweite ist noch etwas komplizierter. Bei unserer Darstellung der markinischen Beschreibung der Art und Weise des Sterbens Jesu, die die Erkenntnis der Gottessohnschaft auslöst, haben wir ein entscheidendes Moment unterschlagen. Jesus stirbt nicht nur unter physischer und psychischer Folter einen elenden und schändlichen Tod, er stirbt auch mit dem Schrei: „Mein Gott, mein Gott, wozu hast du mich verlassen?" (Mk 15,34). Ein wesentliches Moment der Art und Weise des Sterbens Jesu ist also die Gottverlassenheit – und diese Verlassenheit, die Abwesenheit Gottes, wird somit zu einem wesentlichen Signum der Krise. Damit stehen wir aber nun tatsächlich vor einem Paradox, einer gegenläufigen Aussage, einer antithetischen Struktur. In der Gottlosigkeit des Sterbens Jesu offenbart sich die Präsenz Gottes im Sterben Jesu. Wie ist das zu verstehen?

Diese Beschreibung des Todes Jesu als gott-los und Jesu Schrei der Gottverlassenheit halten zunächst fest, dass die Krise als Krise ernstgenommen wird. Die Rede von der Präsenz Gottes in der Krise meint also keinesfalls, dass die Krise nur halb so schlimm sei, sozusagen zu einer milden Pseudokrise verherrlicht wird, die durch ein religiöses Hochgefühl angenehm überstrahlt wird. Stattdessen hält Markus fest, dass es sich um eine echte Krise handelt, die durch nichts zu beschönigen ist – und die durch das Gefühl absoluter Hilflosigkeit und der Isolierung von allem, was trägt und hilft, bestimmt ist. Die Aussage von Gottes Präsenz *angesichts seiner Abwesenheit* nimmt also die Krise und den Menschen in der Krise ernst – und behauptet, dass Gott die Krise als eine *echte* Krise in *allen* ihren schlimmen Dimensionen ernst nimmt und zu seiner Sache macht.[27]

Zugleich und darüber hinausgehend hält nun das Postulat der Präsenz Gottes in der Abwesenheit Gottes fest,[28] dass in der Wirklichkeit Gottes immer zugleich auch die These mit der Antithese verbunden ist. Gott offenbart sich also gerade paradox, im Gegenteil. In der Hilflosigkeit und in der Isolation der Krise offenbart sich, woran es mangelt und wessen es in der Krise eigentlich am Meisten bedarf. Denn gerade in der Abwesenheit ist das Ab-

---

[27] Auch dies ist ein Grund des Dogmas vom wahren Menschen und wahren Gott. Es sichert hier, dass Gott sich wirklich die Krise zu eigen macht, ohne dabei die Krise zu einer Scheinkrise werden zu lassen. Gott seiend erfährt er das Gott-lose, Widergöttliche.

[28] Vgl. dazu *Eberhard Jüngel:* Gott als Geheimnis der Welt. Zur Begründung der Theologie des Gekreuzigten im Streit zwischen Theismus und Atheismus, Tübingen 1977, 478f.

wesende in besonderer Weise präsent. Nichts ist stärker präsent, als wenn es gerade abwesend ist,[29] und entsprechend ist die Krise mit ihrer Gottlosigkeit der Ort, wo Gott am präsentesten ist, weil seine Abwesenheit am stärksten deutlich wird. Kontrafaktische Präsenz ist gleichsam stärkste Präsenz.

Damit zusammen hängt eine weitere Bedeutung der Aussage der Gottverlassenheit, der Gottlosigkeit der Krise, die ebenfalls – analog zur Überwindung der Krise durch Gott und zur Gewichtung der Krise durch ihre Gottverlassenheit – vor der Glorifizierung der Krise schützt. Gottverlassen und gottlos ist die Krise insofern, als sie nicht der eigentliche Ort ist, wo Gott präsent sein will. Eine Krise ist gott-los, weil sie auch nach Gottes Willen eigentlich nicht sein soll. Zugleich ist sie ein Ort der Präsenz Gottes – und das wiederum aus mehreren Gründen: Zum einen, weil in der Gottwidrigkeit der Krise Gott insofern präsent ist, als dass er in seinem Einspruch gegen die Krise, also gleichsam kontradiktorisch präsent ist. Zugleich ist Gott aber auch präsent, weil er sich – wie vorher gesagt – gerade nicht wie der Mensch und die Gesellschaft gerne fernhält von der Krise, diese meidet, ausblendet und umgeht, sondern dementgegen seine Kreatur in der Krise nicht allein lässt und anders als die Götter Achills und Hektors vor der Krise nicht die Augen verschließt und sich vielmehr solidarisch mit den Leidenden, den Gefolterten, den Kranken, den Sterbenden in die Situation des Leidens, in die Isolation und Schwäche, Ohnmacht und Hilflosigkeit hinein begibt.[30] Anders als Mensch und Gesellschaft mit ihrem Rückzug und Ausblenden der Krise, ist Gott in der Krise kontrafaktisch und kontradiktorisch präsent.

2.2. Markus und die Lösung der Krise

Nachdem wir bis hierher anhand der markinischen Erzählung vom Tode Jesu eher ein Verständnis und eine Beschreibung der Krise gegeben haben, bleibt die Frage, ob und wie Markus in seiner Erzählung auch Lösungsmöglichkeiten präsentiert. Dass das Markusevangelium durchaus als eine Schrift bezeichnet werden kann, die Krisen narrativ bearbeitet, wurde schon daran ersichtlich, dass die Leidensnachfolge der markinischen Gemeinde implizit präsent ist. In dieser Linie lassen sich auch die zahlreichen Wundergeschich-

---

[29] Vgl. *Günter Bader:* Die Emergenz des Namens. Amnesie – Aphasie – Theologie (HUT 51), Tübingen 2006, 200, auch 44, 151–153, 171, 362ff. u. ö.; *Ders:* Psalterspiel. Skizze einer Theologie der Psalmen (HUT 54), Tübingen 2009, 162ff., 334 u. ö. – Eine vergleichbare Rede findet sich auch bei *Manfred Sommer:* Evidenz im Augenblick. Eine Phänomenologie der reinen Empfindung (stw 1291), Frankfurt am Main 1987, 11–13. 87–112, bes. 92. 111, auch 205 u. passim, der im Hinblick auf die Empfindung von Paradoxie spricht und auch umgekehrt formuliert: Je mehr etwas präsent ist, umso weniger greifbar, abwesender wird es in gewisser Hinsicht.

[30] Vgl. schon im Alten Testament Ex 2,24f.; 3,7f.; Hos 11,8 u. ö.

ten des Markusevangeliums als Krisenerzählungen verstehen.[31] Diese bearbeiten physische und psychische Krankheiten,[32] unter denen die Betroffenen leiden und die sie von der Gesellschaft isolieren. Werfen wir nun einen Blick auf Mk 9,14–29, die sogenannte Heilung eines besessenen Jungen.

Ein Junge ist von einem stummen und tauben Geist besessen, der ihn auch zu Boden wirft, mit Schaum vor dem Mund und Zähneknirschen. Es handelt sich deutlich um eine echte Krise, die auch die Umwelt des Jungen, d. h. hier: seinen Vater, in Mitleidenschaft zieht.[33] Die vom Vater gebetenen Jünger konnten nicht helfen, ihnen ist es nicht gelungen, den Geist auszutreiben und die Krise so zu lösen. Also wendet sich der Vater an Jesus und bittet: „Wenn du kannst – hilf uns!" Damit ist aber die entscheidende Frage gestellt:[34] Wer oder was kann die Krise lösen? Entsprechend wiederholt der markinische Jesus noch einmal die bestimmende Wendung „wenn Du kannst" (V. 23) und nimmt so in seiner Antwort die Frage betont auf, um ihr Gewicht anzuzeigen. Natürlich wäre Jesus nicht Jesus, wenn er nicht auch eine Antwort parat hätte: „dem Glaubenden ist alles möglich" (V. 23). Damit benennt der markinische Jesus den Glauben als das Instrument zur Lösung der Krise.[35] Wirft man einen Blick auf die anderen Krisenerzählungen des Markusevangeliums, bestätigt sich diese Einschätzung. Bemerkenswerterweise tritt in den sogenannten Wundergeschichten, von uns hier Krisenerzählungen genannt, nicht Jesus als Wundertäter auf. Es ist vielmehr der Glaube, der geheilt, geholfen, die Krise gelöst hat.[36] Dass für das Markusevangelium Jesus gar kein Wundertäter war, dass Markus gerade nicht Jesus als Wundertäter vorstellt, ist vielleicht in gewisser Weise eine überraschende und befremdende Erkenntnis. Die Feststellung, dass der Glaube als das Hilfsmittel in der Krise propagiert wird, kommt hingegen weit weniger überraschend, und sie ist wohl genau das, was jeder vom Christentum erwartet hätte.

Es könnte damit nun der Eindruck erweckt werden, als würde Markus mit dem Glauben eine ebenso einfache wie stereotype christliche Lösung anbieten, die unserer heutigen Lebenswirklichkeit und Krisenerfahrung widerspricht. Katapultiert sich damit der christliche Glaube – oder mindestens das

---

[31] Vgl. auch *Gudrun Guttenberger:* Die Gottesvorstellung im Markusevangelium (BZNW 123), Berlin/New York 2004, 285.

[32] Auch wenn diese Erzählungen mit ihrer übertragenen Bedeutung nicht auf die konkrete Krankheit zielen, geht es auch bei der übertragenen Bedeutung um die Bearbeitung von Defiziten und Krisen.

[33] Vgl. *Martin Leutzsch:* Vermögen und Vertrauen, Dämonie und Exorzismus (Die Erzählung vom besessenen Jungen). Mk 9,14–29, in: Ruben Zimmermann (Hg.): Kompendium der frühchristlichen Wundererzählungen. Bd. 1. Die Wunder Jesu, Gütersloh 2013, 350–358, hier: 354f.

[34] Vgl. a. a. O., 352.

[35] Vgl. *Schenke,* Markusevangelium, 222.

[36] Vgl. nur Mk 2,5; 4,40 (Kontrasterzählung); 5,34; 5,36; 6,5f.; 10,52; – auch bei den anderen Krisenerzählungen ist implizit der Glaube der entscheidende Faktor, etwa wenn von der Nachfolge des Geheilten erzählt wird (vgl. nur 5,18).

biblische Zeugnis des Markusevangeliums – aus der Diskussion um die Krise und ihre Bewältigung selbst heraus? Es scheint so, als seien wir bei der schon von Johann Wolfgang von Goethe in „Faust" benannten Sackgasse eines dem aufgeklärten Verstand unzugänglichen wundersamen Allheilmittels eines irrationalen Glaubens angelangt:

> „Die Botschaft hör' ich wohl, allein mir fehlt der Glaube;
> Das Wunder ist des Glaubens liebstes Kind." (I, Nacht, 765f.)'.

Diese Problemanzeige eines dem einigermaßen vernünftig denkenden Menschen schwer zugänglichen irrationalen Wunderglaubens hat aber Goethe im Grunde ebenso wenig selbst erfunden wie seinen Glaubens-Satz, wir finden alles cum grano salis schon im Markusevangelium selbst. Auf Jesu scheinbar billiges Lösungsangebot des Alles-Könnenden-Glaubens antwortet der Vater des besessenen Jungen mit einer bemerkenswerten Reaktion: „Ich glaube – hilf meinem Unglauben" (V. 24). Der Vater reagiert also mit einem Paradox.[37] Er nimmt das Lösungsangebot des Glaubens an – wie er es zugleich auch bestreitet. Damit wird deutlich, dass die Krisenerzählungen des Markusevangeliums keineswegs mit einem einfachen, an der menschlichen Wirklichkeit vorbeigehenden Lösungsangebot kommen oder bei einem solchen stehen bleiben. Vielmehr wird dem von Jesus kommenden ‚glatten' Lösungsangebot des Glaubens widersprochen – der Vater bezeichnet sich als vom Unglauben bestimmt. Damit wird auch hier erneut die Krise als Krise ernst genommen. Und auch hier haben wir eine paradoxe Aussage, eine antithetische Struktur. Es gibt keine einfache Lösung, die die Krise ‚wegzaubert'. Vielmehr ist im Ausspruch des Vaters enthalten, dass die Krise durch den Unglauben bestimmt ist, der als solcher dem als Lösung propagierten Glauben gerade entgegensteht[38] und die Krisenbewältigung entscheidend sabotiert. Krise wird so als etwas geschildert, das darin besteht, dass es gerade die mögliche Lösung eines Problems, Defizits unmöglich macht.[39] Dementsprechend wäre die Definition der Krise als Problem, das man lösen muss, als Chance, die man ergreifen muss, für Markus unzutreffend. Für Markus ist die Krise vielmehr ein unlösbares Dilemma.

In der markinischen Erzählung mündet nun dieses Paradox der Ausweglosigkeit in einen Schrei.[40] Und dieser Schrei des Vaters ist es, der die Agonie der gegenseitigen Blockade von These und Antithese aufhebt. Der Schrei (V. 24) bildet den Wendepunkt in der Erzählung, der zu der Heilung des Knaben führt, und er wird in der Tat auch später von Jesus als Heilmittel diagnostiziert. Am Ende der Geschichte bitten die Jünger Jesus noch einmal um

---

[37] Vgl. *Schenke,* Markusevangelium, 223.
[38] Vgl. *Leutzsch,* Vermögen, 353.
[39] Vgl. auch die Bestimmung des Leidens als „Verstelltsein der Möglichkeit der konstruktiven Selbsterzählung" bei *Jochen Schmidt*: Klage. Überlegungen zur Linderung reflexiven Leidens (RPT 58), Tübingen 2011, 164.
[40] Vgl. *Leutzsch,* Vermögen, 353.

eine Erklärung des Geschehens, um eine Erklärung, die sie als Figuren der Erzählung genauso nötig haben wie die Leser der Erzählung. Sie fragen zunächst nach der Unlösbarkeit der Krise als Signum der Krise. Warum konnten wir die Krise nicht lösen? Warum ist die Krise nicht lösbar, warum ist sie per se nicht lösbar? Und vor diesem Hintergrund schließt sich die nächste Frage gleich an: Und warum wurde der Junge am Ende doch geheilt? Wieso konnte die Krise doch gelöst werden? Die Antwort haben wir schon benannt: Sie liegt im Schrei. Und diese Antwort wird auch tatsächlich innerhalb der Erzählung von Jesus bestätigt: „Diese Art – sprich die Krise – kann durch nichts ausfahren als nur durch Gebet." (V. 29). Damit erklärt Jesus nachträglich, wieso der Schrei des Vaters der Wendepunkt in der Erzählung ist, der die Heilung des Jungen einleitet. Jesus bestimmt diesen Schrei als Gebet – und das Gebet ist die *einzige* Möglichkeit, aber eben auch die *Möglichkeit* zur Lösung der Krise. Der Schrei, der ein Gebet war, hat aus der Krise herausgeführt.[41]

Nun ist natürlich zu fragen, ob wir es nicht mit erzählerischen Inkonsistenzen im Markusevangelium zu tun haben. Haben wir zunächst festgehalten, für Markus sei der Glaube die Lösung der Krise, stellen wir nun fest, dass der markinische Jesus das Gebet als die Lösung der Krise hinstellt. Tatsächlich lässt sich aber diese Inkonsistenz nicht nur leicht auflösen, sie wird zudem auch vom Markusevangelium selbst thematisiert. Etwas später im Evangelium, in dem scheinbar so schwierigen Text vom Glauben, der Berge versetzen kann, findet sich der Kongruenzsatz: „Wer glaubt, dass, was er *sagt*, geschieht, dem wird es werden [...] alles, was ihr bittet und betet" (Mk 11,23f.). In Mk 11,23f. werden Glaube und Gebet so miteinander verbunden, dass das Gebet der Glaube und der Glaube das Gebet ist.[42] Das aber ist eine völlig andere Bestimmung des Glaubens, als Johann Wolfgang Goethe sie im „Faust" vornimmt, wo Glaube und supranaturales Wunder in eins gesetzt werden. Demgegenüber geht es bei Markus um Kommunikation. Der Glaube wird als Kommunikation mit einem Gegenüber bestimmt. Und diese Kommunikation mit einem Gegenüber ist es, die bei Markus das Paradox der Krise durchbrechen kann.[43]

Dabei macht Markus mit der Zusammenstellung von Gebet und Glaube deutlich – „alles, was ihr nun bittet, glaubt" (V. 24) –, dass bei dieser Kommunikation das der gelingenden Kommunikation gegenüberstehende Misstrauen durch die Kommunikation überwunden werden muss. Es geht also um einen Prozess, in dem sich entgegen dem Misstrauen in der Kommunikation Vertrauen aufbauen muss, in dem sich Kommunikation und Vertrauen gegenseitig generieren, verschränken, eins werden.

Wir können unsere Erkenntnisse zur markinischen Krisentheorie noch ausweiten und vertiefen, wenn wir noch weitere Züge der Erzählung der Hei-

---

[41] Zur Bestimmung des Schreis als „from noise to voice" vgl. *Schmidt,* Klage, 170 und 121–124.
[42] Vgl. *Schenke,* Markusevangelium, 224.
[43] Zur „Macht des Wortes" vgl. auch *Sommer,* Evidenz, 313 u. ö.

lung des besessenen Knaben berücksichtigen. Ein wichtiges Element von Mk 9,14–29 ist, dass eigentlich die Jünger die Krise lösen sollten und Jesus in diesem Zusammenhang deutlich macht, dass er nicht ewig bei den Jüngern, bei den Menschen ist, und ihre Krisen lösen kann (V. 19). Dieser Anzeige zu Beginn der Erzählung wird am Ende der Erzählung das Gebet als Mittel der Krisenbewältigung gegenübergestellt. Damit sagt aber die Geschichte für die Leser aus: Die Zeit des irdischen Jesus ist vorbei. Insofern kann die Gemeinde nicht mit einem supranaturalen Wundertäter rechnen,[44] der die Krise gleichsam einfach ‚wegzaubert'. Es geht also gerade nicht um den von Goethe beschworenen, der *ratio* widersprechenden Wunderglauben als christliche Krisenstrategie. Stattdessen bietet Markus über seinen markinischen Jesus mit dem Gebet die vertrauensbildende Kommunikation als das entscheidende Element der Krisenbewältigung an. Dieses Element wird nun in der Erzählung noch weiter profiliert, und zwar durch die nähere Beschreibung der Besessenheit des Knaben. Er ist von einem „*sprachlosen* und *tauben* Geist" (V. 25) vollkommen bestimmt. Die Krise wird also gerade als Unfähigkeit zur Kommunikation bestimmt, die sowohl durch die eigene Sprachunfähigkeit, also die Unfähigkeit zu artikulieren und senden, als auch die eigene Hörunfähigkeit, also die Unfähigkeit artikulieren zu lassen und zu empfangen, gekennzeichnet ist, und entsprechend wird die Krise als Separation und Isolierung erfahren. Bei einer solchen Definition der Krise helfen keine Selbstheilungskräfte, es gibt keine Lösung der Probleme aus eigener Kraft.[45] Alles, was nötig oder möglich wäre, um die Krise zu gestalten, wird von der Krise sabotiert. Entsprechend besteht der einzige Ausweg in der Krise in der Kommunikation mit einem Gegenüber, wobei aber eben dieser Ausweg zunächst auch von der Krise sabotiert wird.

Das meint dann aber letztlich, dass es der kommunikative Antrieb *des Gegenübers* ist, der den Teufelskreis der Krise durchbrechen kann, und dies, indem er sich die Paradoxie der Kommunikation zu Nutze macht:[46] Sobald der in der Krise befindliche Mensch mit einem Schrei die Auswegslosigkeit der Krise benennt und damit ganz krisengemäß die Kommunikation negieren will, befindet er sich mitten in der Kommunikation. So hat er, unfreiwillig, das Misstrauen Lügen gestraft und, eigentlich negierend, Vertrauen in die Kommunikation gesetzt.[47] Indem der Vater kommuniziert: „Ich glaube nicht", bedient er sich der rettenden Möglichkeit der Kommunikation und

---

[44] Vgl. *Schenke,* Markusevangelium, 224.
[45] Vgl. *Leutzsch,* Vermögen, 353. 357.
[46] Zur Paradoxie der Kommunikation vgl. auch Watzlawicks Diktum vom Nicht Nicht Kommunizieren Können (*Paul Watzlawick:* Man kann nicht nicht kommunizieren. Das Lesebuch, hg. v. Trude Trunk, Bern ²2016; vgl. auch *Ders./Janet H. Beavin/Don D. Jackson:* Menschliche Kommunikation. Formen, Paradoxien, Störungen, Bern ¹²2011).
[47] Vgl. auch *Schmidts* Beschreibung: „Wer klagt, findet in der Klage mehr, als er zu finden hoffte" (Klage, 170).

glaubt.⁴⁸ Es ist diese Hilfe des für die Kommunikation konstitutiven Gegenübers, die die Krise löst und dem Unglauben hilft.⁴⁹ Sobald ein Mensch kommuniziert, und sei es, um die Kommunikation zu negieren, setzt er unweigerlich einen Adressaten und schafft ungewollt und implizit ein Gegenüber⁵⁰ – und hat so in der Negation der Kommunikation mit der Setzung des Gegenübers die Kommunikation gerade aufgenommen.⁵¹

Damit sind wir aber wieder bei der Kreuzigungserzählung Mk 15,20b–39. Wir hatten benannt, dass gerade in der Benennung der Verlassenheit die Präsenz Gottes aufscheint. Indem Jesus Gott anklagt, abwesend zu sein, setzt er ihn zugleich unausweichlich als Gegenüber seiner Kommunikation. Und insofern ist auch in der Kreuzigungserzählung der Schrei als scheinbarer Endpunkt der Krise der Ausgangspunkt ihrer Lösung.⁵²

3. Paulus

3.1. 2Kor 12,5–10 und die Krise

Gehen wir nun noch einen Schritt weiter und wenden uns Paulus zu. Ein zentraler Text für die Frage nach dem Apostel und der Krise ist ohne Zweifel 2Kor 12,5–10. Wenn Paulus in V. 7 davon schreibt, dass ihm eine ‚Palisade'⁵³ ins Fleisch gegeben wurde und dass sie ihn schlage, so ist das – unabhängig davon, ob das konkret auf ein körperliches Leiden oder eher metaphorisch auf eine psychische Belastung hin zu verstehen ist⁵⁴ – ohne Weite-

---

[48] Zum konstruktiven Widerspruch von Klage und Kommunikation vgl. auch *Schmidt, Klage,* 171.
[49] Vgl. *Schenke,* Markusevangelium, 224, der von der „Kraft über die Dämonen [...] nur in der Ungesichertheit des Glaubens, des Hörens, und des Gebetes" spricht.
[50] Zu diesem Gegenüber als letztverantwortlicher Instanz vgl. *Schmidt, Klage,* 174.
[51] Vgl. auch *Bader,* Psalterspiel, 375ff. u. ö; vgl. *Bader,* Emergenz, 342. – Vgl. auch *Martin Buber:* Ich und Du, Heidelberg ¹¹1983, 10f.: Wenn Buber davon spricht, dass „Wer ein Grundwort spricht, tritt in das Wort ein und steht darin", dann gilt das auch, wenn das Grundwort mit einer Negation versehen wird – gesprochen ist es dennoch. – Vgl. auch Bubers Bestimmung des Hasses – den wir hier für die Negation setzen – als Beziehung (ebd. 24).
[52] *Schenke,* Markusevangelium, 345f. hebt zu Recht hervor, dass der Schrei Jesu zweimal erzählt wird. Damit wird ihm erzählerisch eine Schlüsselrolle zugewiesen.
[53] Vgl. *Margaret E. Thrall:* A Critical and Exegetical Commentary on the Second Epistle to the Corinthians. Vol. 2. Commentary on II Corinthians VIII–XIII (ICC), Edinburgh 2004, 807.
[54] Vgl. zur Diskussion *Erich Gräßer:* Der zweite Brief an die Korinther. Kapitel 8,1 – 13,13 (ÖTK 8/2), Gütersloh 2005, 198–200.

res als schwere Beeinträchtigung, als Krise zu diagnostizieren. Immerhin wird auch vom ‚Boten des Satans' gesprochen.[55]

Vieles ist bemerkenswert an diesem Text, und besonders beachtenswert ist zunächst einmal die paulinische Feststellung über die Herkunft der Krise. Wenn man in den Text blickt, fällt die Formulierung ἐδόθη μοι auf, und es wird ersichtlich, dass die Krise „gegeben wurde" und somit als eine Gabe bezeichnet wird. Dabei wird im Passiv formuliert – und wir haben es mit nichts anderem als mit einem *passivum divinum* zu tun.[56] Paulus ist der Überzeugung, dass seine Krise von Gott kommt. Krise ist hier als von Gott gegeben, als Gabe Gottes, verstanden. Bemerkenswert ist weiter, dass die Benennung von Gott als Urheber der Krise und die Bezeichnung der Krise als Gabe Gottes sogleich auch wieder antithetisch unterlaufen wird: Die ‚göttliche Gabe der Palisade im Fleisch' wird mit der Apposition ‚Bote des Satans' versehen. Die Krise wird also zugleich als von Gott und als von seinem Widersacher, dem Satan, kommend gesehen.[57] Insofern Paulus die Krise als einen Abgesandten Satans versteht, sagt er, dass hier der Satan am Werke sei und dass etwas geschehe, das eigentlich gegen Gott ist. Zugleich aber ist durch das *passivum divinum*, wie auch durch die anschließend geschilderte Bitte an Gott, doch die Krise abzuwenden, unmissverständlich deutlich, dass Gott der Urheber der Krise ist. Die Krise ist damit gleichzeitig als von Gott kommend wie auch gegen ihn seiend gekennzeichnet. Vielleicht könnte man hier tatsächlich mit Martin Luthers Bestimmungen von *opus alienum* und *opus proprium* hantieren.[58] Dass die Krise auch als Bote des Satans bezeichnet wird, zeigt an, dass die Krise nicht das ist, was Gott eigentlich mit dem Menschen vorhat. Insofern ist sie nicht sein eigenes Werk, sondern das des Satans. Dass die Krise aber als von Gott gegeben bezeichnet wird, zeigt an, dass sie Gottes Werk ist, wenn schon nicht ein ureigenes, dann ein fremdes, aber immer noch sein, Gottes, Werk. Ohne Zustimmung Gottes kann der Satan nichts tun, und ein konsequenter Monotheismus muss anerkennen, dass auch das Böse von Gott kommt, denn es gibt nur einen und nicht zwei Götter. Und dieser Eine ist nach der biblischen Überlieferung Herr über alles. Entsprechend heißt es in Am 3,6: „Geschieht etwa Böses in der Stadt und nicht JHWH hat es getan?"[59] Zugleich kann aber auch mit dem Agenten ‚Satan' festgehalten werden, dass das Unheil nicht das gleiche Gewicht und die

---

[55] Vgl. *Gräßer*, 2Kor, 197.
[56] Vgl. ebd.
[57] Vgl. *Thrall*, 2Cor, 808.
[58] Vgl. auch *Schmidt*, Klage, 175f., der mit den Begriffen *deus absconditus* und *deus revelatus* operiert.
[59] Vgl. auch Jes 45,7; auch 2Kön 6,33. – Vgl. auch *John Barton*: Evil and the Dark Side of God in the Old Testament, in: Paul Fiddes/Jochen Schmidt (Hgg.): Rhetorik des Bösen/Rhetoric of Evil (Studien des Bonner Zentrums für Religion und Gesellschaft 9), Würzburg 2013, 1–22, hier: 20.

gleiche Bedeutung im Handeln Gottes hat, wie das Heil.[60] Damit bleibt die Krise nach dem Verständnis des Paulus, und das ist durchaus kein singuläres biblisches Verständnis, in bleibender Dialektik obgleich Werk des Satans Geschenk Gottes, und sie muss entsprechend sowohl als göttlich wie auch als widergöttlich zugleich gekennzeichnet werden.

Diese antithetische Beschreibung der Krise setzt sich im Text unmittelbar fort. Obwohl Paulus die Krise als von Gott gegeben versteht (V. 7a), bittet er Gott, dass er die Krise von ihm wegnehme, beende (V. 8).[61] Die Qualifizierung der Krise als ‚Geschenk Gottes' hindert Paulus nicht daran, Gott um die Rücknahme dieses Geschenkes zu bitten. Dass also die Krise als von Gott gegeben und göttlich bezeichnet wird, heißt nicht, dass der Mensch sich dankbar und widerspruchslos in sie ergeben müsste. Vielmehr schließt das den Widerspruch nicht aus – und lässt das Moment, dass die Krise etwas ist, was für den Menschen unangenehm und kein Spaß, sondern verstörend ist, durchaus und in voller Gültigkeit bestehen.

An dem eben Geschilderten werden nun zugleich zwei Dinge ersichtlich. Das Erste ist, dass die von Paulus im Anschluss an das Alte Testament formulierte Überzeugung, dass die Krise von Gott – und von niemand anderem – kommt, den großen Vorteil bietet, dass die Krise – in einem gewissen Grad – das Unbestimmte und Unheimliche verliert, weil es einen klaren und bekannten, einen benennbaren Urheber gibt. Die Krise kommt nicht von irgendeiner unbekannten und geheimnisvollen Macht, von der der Mensch nicht weiß, was sie will, wie mächtig sie ist und was ihre Absichten sind, sondern die Krise kommt von dem Gott, der sich den Menschen offenbart hat – und von dem der Mensch aus dieser Offenbarung weiß, was er letztlich mit ihm vorhat. Und entsprechend hat der Mensch mit diesem Gott als benennbarem Urheber der Krise einen klaren Ansprechpartner in der Krise.[62] Bei ihm kann der Mensch sich über die Krise beschweren. Gott gegenüber kann der Mensch seine die Krise betreffenden Bedenken und Einwände formulieren, seinen Protest äußern, seinen Schrei hervorbringen. Damit bestätigt sich aber das, was wir schon an den Texten des Markusevangeliums gesehen hatten, dass nämlich aus der Sicht der biblischen Autoren Versprachlichung und Kommunikation die Elemente sind, die für den Menschen in der Krise zur Verfügung stehen. Wurde schon im Markusevangelium das Gebet mit Gott als Gegenüber als diese Kommunikation in der Krise gekennzeichnet, so rücken bei Paulus nun mit der Bestimmung Gottes als Urheber der Krise und als Gegenüber der Kommunikation Krise und Kommunikation als Element

---

[60] Vgl. auch Hi 1,6ff. // 42,10ff.
[61] Vgl. *Gräßer*, 2Kor, 200. Unabhängig davon, ob in κύριος (V. 9) Gott oder Jesus Christus (so a. a. O., 201; *Thrall*, 2Cor, 819) zu sehen ist, ist die Krise als göttliche Gabe und in der Konsequenz auch mit einem göttlichen Ansprechpartner zu verstehen, unabhängig ob dieser in Gott oder Jesus zu sehen ist. Es geht um die sprachliche Beziehung zu einem göttlichen Gegenüber.
[62] Vgl. *Jürgen Ebach*: Art. Hiob/Hiobbuch, in: TRE 15, 1986, 360–380, hier: 371.

für den Menschen in der Krise noch enger zusammen.[63] Folglich lässt sich in 2Kor 12,5–10 ein angesichts „einer Palisade im Fleisch" durchaus strukturierter und gefestigter Ton im Text ausmachen.[64] Kommunikation und Versprachlichung zeigen hier schon ihre Wirkung als dem Menschen in der Krise zur Verfügung stehende Elemente.

Aber damit nicht genug, die paulinische Bestimmung der Krise geht noch weiter. Und diese Bestimmung ergibt sich unmittelbar aus der Kommunikation des Gebetes. Der betende Paulus erhält vom erhöhten Herrn eine Antwort: „Meine Gnade genügt dir, meine Kraft vollendet sich nämlich in der Schwäche" (V. 9). Die Bitte des Paulus nach Beendigung der Krise wird abschlägig beschieden.[65] Dennoch wird Paulus etwas gegeben, nämlich der Hinweis auf die Kraft und die Gnade Gottes in ihrer spezifischen Lokalisierung im Ort der Krise. Dieser Hinweis wird noch mit dem Zusatz versehen, dass das ausreiche und es weiter nichts gebe. Entgegen der Lutherübersetzung, die in imperativischer Formulierung den Menschen – mit dem möglichen Missverständnis eines moralischen Untertons – zu einem Handeln auffordert: „Lass dir an meiner Gnade genügen!" und damit so etwas wie eine fromme Duldsamkeit impliziert,[66] ist im griechischen Text die von Gott als ‚genügend', ‚ausreichend' gesetzte Gnade, das aktive Subjekt, so dass es sich eher um einen Zuspruch an den Menschen handelt: „Meine Gnade genügt für dich." Damit haben wir aber erneut eine antithetische Struktur mit einem Paradox.[67] Die Gebetserhörung liegt in der Abweisung der Gebetsbitte durch den erhöhten Herrn. In dieser Abweisung bekommt der Beter zugleich das, was er in der Krise braucht.[68]

Damit wird einmal mehr deutlich, wie ‚modern' und auch im Rahmen eines modernen Weltbildes ‚realistisch' die angeblich ‚alten' Texte der Bibel sind. Weder Markus noch Paulus schildern das Gebet als ein magisches, apotropäisches Element, das die Krise verhindern oder sie ‚wegzaubern' kann.[69] Vielmehr führt nach 2Kor 12,8ff. das Gebet zu einer neuen Sicht auf die Kri-

---

[63] Vgl. dazu auch *Schmidt,* Klage, 175f.
[64] Vgl. *Josef Zmijewski:* Der Stil der paulinischen "Narrenrede". Analyse der Sprachgestaltung in 2 Kor 11,1–12,10 als Beitrag zur Methodik und Stiluntersuchung neutestamentlicher Texte (BBB 52), Bonn 1978, 396ff.
[65] Auch dadurch wird deutlich, dass es im Rahmen des christlichen Wirklichkeitsverständnisses nicht um wundersame, supranaturalistische Krisenbewältigung geht.
[66] Vgl. auch *Gräßer,* 2Kor, 200. 202.
[67] Vgl. auch *Gräßer,* 2Kor, 203f.
[68] Vgl. a. a. O., 200.
[69] Gegen *Oda Wischmeyer:* Ein Gebet des Paulus, in: Renate Egger-Wenzel/Jeremy Corley (Hgg.): Prayer from Tobit to Qumran. Deuterocanonical and Cognate Yearbook, Berlin/New York 2004, 467–479, hier: 476, die das Beten des Paulus hier als magisch bestimmt und damit an der Qualität biblischer Kommunikation mit Gott vorbeigeht. Vgl. dagegen *Ulrich Heckel:* Kraft in Schwachheit. Untersuchungen zu 2. Kor 10 – 13 (WUNT 2 56), Tübingen 1993, 284–288, der das Gebet Pauli in der Tradition der Psalmen verortet.

se. Damit wird aber zugleich auch der Begriff der Offenbarung von Paulus bestimmt. Denn in ihrem textlichen Kontext reagiert die paulinische Krisenbeschreibung gerade auf das zuvor geschilderte Phänomen eines Menschen, der für sich mit Auditionen und Visionen eine supranaturale Gotteserfahrung und -offenbarung beansprucht (V. 1–4). Dem stellt Paulus seine Krisenschilderung gegenüber, und gemäß dieser ist Offenbarung die Applikation des Gotteswortes auf die eigene irdische Lebenssituation und die sich im Gebet eröffnende Neudeutung der eigenen Existenz.

Dass Paulus das Wort Jesu von der genügenden Gnade und der Kraft in der Schwachheit, also die Abweisung seiner Bitte, tatsächlich als Gebetserhörung erkennt und würdigt, ergibt sich aus der Reaktion des Paulus: Die Bitte um Beendigung der Krise wiederholt sich nicht, sehr gerne will Paulus sich nun in seiner Schwachheit rühmen, damit die Kraft Christi in ihm einzeltete (V. 9bf.).

Die neue Sicht auf die Krise macht als entscheidend die Gnade und die Vollendung der Kraft Gottes in der Schwachheit geltend. Entscheidend ist, dass Gott in der Krise seine Solidarität – denn nichts anderes meint χάρις vor dem alttestamentlichen Hintergrund[70] – erfahren lässt und dass seine Kraft hier besonders wirksam ist. Damit ändern sich die Parameter zur Beurteilung der Krise. Die Alternative von ‚Krankheit und Gesundheit', ‚Notlage und Wohlergehen' wird umgemünzt in die Alternative: ‚Mit oder ohne Solidarität Gottes', ‚mit oder ohne Kraft Gottes'. Als entscheidend wird also geltend gemacht, ob Solidarität vorhanden ist oder nicht, ob es eine Erfahrung einer Kraft in der Krise gibt oder nicht. Erfahrung von Solidarität und Kraft ergeben sich aus dem Gebet, entstehen nach der paulinischen Krisenschilderung durch das Gebet und seine Antwort. Insofern sind also Solidarität und Kraft Gottes wiederum wesentlich durch das Vorhandensein eines Gegenübers, durch Beziehung und Kommunikation bestimmt. Aus der Sicht der paulinischen Krisenerzählung erhebt sich also die grundlegende Alternative: ‚allein oder mit einem Gegenüber', ‚Beziehungslosigkeit oder Beziehung', ‚Isolation oder Kommunikation' über die Alternative von ‚Krise oder Wohlergehen'.

Entsprechend argumentiert auch Phil 4,6. Dort wird in V. 6a zunächst Sorge / Kummer benannt, dann aber relativiert und negiert durch den entscheidenden Faktor der Kommunikation des Gebetes.[71] Diese Kommunikation ist es, die die Beurteilung von Sorge / Kummer so weit verändert, dass sie als nicht entscheidend, nachgeordnet angesehen werden können, weil eben die Kommunikation als das Bestimmende hingestellt ist. Die kommuni-

---

[70] Vgl. nur *Werner Urbanz*: Art. Treue (AT), in: wibilex, hier: https://www.bibelwissenschaften.de/stichwort/36166; vgl. Ex 3,21 u. ö.

[71] Vgl. *Nikolaus Walter/Eckart Reinmuth/Peter Lampe*: Die Briefe an die Philipper, Thessalonicher und an Philemon (NTD 8/2), Göttingen 1998, 93.

kative Versprachlichung ist es, die Sorge / Kummer in sich aufnimmt und so depotenziert, absorbiert.[72]

3.2. Paulus und die Bedeutung der Krise

Damit hebt sich nicht nur Markus, sondern auch Paulus und das von ihm Geschilderte deutlich vom Krisendiskurs seiner paganen Umwelt ab.[73] Es geht nicht um die wundersame Beendigung der Krise, wie wir sie in den Inschriften etwa des Asklepiostempels von Epidauros dokumentiert finden.[74] In diesen Texten wird die Bitte um Beendigung der Krise mit παρακαλέω mit demselben Begriff formuliert,[75] der auch in 2Kor 12,8 benutzt wird, es wird dann aber eine Erhörung der Bitte durch Wunderheilung attestiert.[76] Es geht bei Paulus auch nicht um einen stoischen Umgang mit der Krise.[77] Dieser liegt in der ἀταραξία, mit der die Krise unbewegt und gleichmütig hinzunehmen ist. Diese stoische ἀταραξία erlaubt der Krise keine Bewegung der eigenen Emotionen, der Mensch soll sich von der Krise unberührt erweisen – und so ist die ἀταραξία im Grunde als ein Ignorieren und ein Verdrängen der Krise zu bestimmen. Demgegenüber nimmt Paulus die Krise ernst und gesteht ihr ihren emotionalen Ausnahmezustand zu. ‚Gnade' (‚Solidarität') und ‚Kraft' Gottes wirken gerade in der vollständig akzeptierten Krise in der Gestaltung der Krise – und sind damit alles andere als ein stoisches Ausblenden der Krise. Insofern ‚Solidarität' und ‚Kraft' *Gottes* in der Krise wirken, geht es auch nicht um eine heroische Standhaftigkeit in der Krise, um eine heldische Selbstentäußerung in der Krise, um eine heldenhafte Überwindung der Krise mittels eigener Stärke oder besonderen Selbstheilungskräften.[78]

---

[72] Zur Absorption des Bösen vgl. *Günter Bader:* Absorption des Bösen?, in: Fiddes/Schmidt, Rhetorik des Bösen, 143–164.

[73] Vgl. S. Scott Bartchy: ‚When I'm Weak, I'm Strong'. A Pauline Paradox in Cultural Context, in: Christian Strecker (Hg.): Kontexte der Schrift. FS Wolfgang Stegemann. Bd. 2. Kultur, Politik, Religion, Sprache – Text, Stuttgart 2005, 49–60, hier: 60.

[74] Leicht zugänglich bei *Rudolf Herzog:* Die Wunderheilungen von Epidauros (Ph.S 22/3), Leipzig 1931 und *Gerhard Delling:* Antike Wundertexte (KlT 79), Berlin ²1960; vgl. auch *Jens Schröter/Jürgen Zangenberg:* Texte zur Umwelt des Neuen Testaments (UTB 3663), Tübingen ³2013. – Zur Differenz zwischen den Berichten aus Epidauros und den neutestamentlichen Wundergeschichten vgl. auch *Michael Wolter:* 4. Inschriftliche Heilungsberichte und neutestamentliche Wundererzählungen. Überlieferungs- und formgeschichtliche Beobachtungen, in: Ders.: Theologie und Ethos im frühen Christentums (WUNT 236), Tübingen 2009, 82–117.

[75] Vgl. *Thrall,* 2Cor, 820.

[76] Vgl. *Gräßer,* 2Kor, 206, der in 2Kor 12,1–10 in der Verweigerung der Heilung das Heilungswunder sieht.

[77] Vgl. a. a. O., 200.

[78] Vgl. a. a. O., 202f.

Nicht unerwähnt bleiben darf, dass Paulus demgegenüber der Krise sogar ein positives Gewicht beimisst. Tatsächlich nimmt die paulinische Krisenerzählung durch den Zuspruch Christi eine solche Wendung, dass Paulus sich seiner Schwachheit in der Krise rühmen kann und in der Krise ‚Wohlgefallen' hat, in der Krise ‚zufrieden' ist (2Kor 12,10). Paulus liefert auch eine Begründung für diese positive Bestimmung der Krise. Und diese Begründung ist erneut – wie könnte es anders sein – gegenläufig, antithetisch, paradox: „Wenn ich schwach bin, bin ich stark" (V. 10). Die Krise mit ihrer Schwachheit des Ichs ist insofern positiv bestimmt, als sie ein Ort der Stärke und Kraft Gottes ist, die in der Krise dem Ich als genügend zukommt. Das hat auch mit der Bestimmung der Kraft des κύριος zu tun, die eine Kraft nicht für die Starken ist, sondern eine Kraft, die gerade für die Schwachen in ihrer Schwäche konzipiert ist.[79]

Diese antithetische positive Bestimmung der Krise als bevorzugter Ort der Kraft Gottes ist durchaus als heikel zu betrachten, könnte sie auch als Glorifizierung und unkritische Prolongierung der Krise missverstanden werden. Zunächst einmal ist dabei aber festzuhalten, dass Paulus nicht die Krise rühmt oder die Misshandlungen und Verfolgungen und Ängste – sondern dass er seine Schwachheit rühmt und in Verfolgungen und Ängsten zufrieden ist (V. 9f.). Die Schwachheit, also Kraft- und Machtlosigkeit, kann aber insofern positiv bestimmt werden, weil sie die Möglichkeit der Kraft Gottes aufscheinen lässt. Sie profiliert, dass der Mensch seine Existenz nicht in sich selbst und nicht aus sich selbst finden kann, sondern nur durch eine Bewegung außerhalb seiner selbst findet. In dieser Sicht des Paulus ist der Mensch wesentlich durch seine Angewiesenheit auf andere, auf den Anderen bestimmt. Damit wird das Ich gerade durch das Gegenüber konstituiert und erfährt sich und seine Existenz in der Hilfe, in der Ansprache und in der Kommunikation des Gegenübers. Werden aber Konstituierung durch das Gegenüber und Verlagerung der Existenz aus dem Ich heraus in das Zwischen[80] der Kommunikation in besonders deutlicher Weise erfahren, kann sich das Ich seiner Schwachheit rühmen und in der Krise zufrieden sein. Wenn das Ich nicht durch sich selbst, sondern durch das Gegenüber konstituiert wird, dann ist der Moment der Schwäche und des Rückzugs des Ichs mit seinem vermeintlichen selbstkonstituierenden Potential die Eröffnung der Möglichkeit der Begegnung mit dem Gegenüber und der Konstituierung aus diesem Gegenüber heraus.[81]

Paulus schreibt dies alles vor dem Hintergrund, dass auch das Christusgeschehen selbst wesentlich durch die Krise mitbestimmt ist, insofern sich der christliche Glaube nicht nur auf die glorreiche Auferweckung Jesu, sondern auch auf die Krise seines Kreuzestodes bezieht. Entsprechend entspringt

---

[79] Vgl. nur 1Kor 1,18ff.
[80] Vgl. *Buber,* Ich, 141.
[81] Vgl. *Gräßer,* 2Kor, 206. Vgl. auch *Buber,* Ich, 37: „Der Mensch wird am Du zum Ich".

für Paulus diesem grundlegenden Ereignis nicht nur eine Deutung und Profilierung der Krise. Vielmehr wird die Krise des Kreuzestodes Ausgangspunkt für einen neuen Blick auf Mensch und Gesellschaft. Mensch und Welt werden nun nicht mehr vom Blickpunkt des Normalen, der Stärke und der Selbstoptimierung des Ichs aus betrachtet, vielmehr wird die Krise zum Schlüssel der Erkenntnis und zum Maßstab für Welt und Mensch.[82] Deutlich lässt Paulus dies im sogenannten Wort vom Kreuz (1Kor 1,18ff.) werden. Da es Gott gefallen hat, in der Krise des Kreuzes als dem Ort der Ohnmacht, der Schande, der Schwäche, des Ausschlusses aus der Gesellschaft zu handeln, kann dies nicht ohne Folgen für das Verständnis der Gesellschaft bleiben. Das Kreuz als Strafe für Aufständische und Sklaven steht für den tiefsten Punkt auf der Werteskala der Gesellschaft. Mit der Schande, Ohnmacht, Schwäche für die, die in der Gesellschaft als Sklaven ohnehin nichts gelten oder sich ihr als Aufständische entgegenstellen, steht das Kreuz somit im diametralen Gegensatz zu den in der Gesellschaft herrschenden Werten von ‚Macht', ‚Ehre', ‚Reichtum', ‚Anerkennung', ‚Erfolg', ‚Stärke'. Indem Gott sich nun gerade diesen oppositionellen Ort für sein Handeln ausgewählt hat, stellt er die geltenden gesellschaftlichen Werte und Orientierungen in Frage und lässt sein eigenes antithetisches Wertesystem erkennen.[83] Er orientiert sich an der Schwäche, der Ohnmacht, der Marginalisierung, der Schande. Gottes Handeln in und durch diese Größen ist dennoch stärker als alles menschliche Handeln aus Stärke, Überlegenheit, Kraft, Macht. Das ist für Paulus keine abstrakte Theorie, sondern lässt sich lebensweltlich verifizieren. Es bildet sich in der korinthischen Gemeinde ab, die wesentlich aus dem Abschaum der Gesellschaft, sozial Schwachen, Marginalisierten, Verachteten und sozial Geächteten besteht.[84]

Allerdings geht es auch hier wiederum nicht um eine Glorifizierung oder Prolongierung der Krise, da es ja um die Krise als Ort von Gottes *Heils*-handeln geht. Es geht aber darum, dass sich Gottes Heil vollständig anders als an den gesellschaftlichen Werten von ‚Erfolg', ‚Macht', ‚Ansehen', ‚Einfluss', ‚Reichtum', ‚Selbstoptimierung' orientiert verwirklicht.[85]

---

[82] Vgl. a. a. O., 203.
[83] Vgl. *Michael Wolter:* Paulus. Ein Grundriss seiner Theologie, Neukirchen-Vluyn 2011, 122f.
[84] Vgl. *Wolfgang Schrage:* Der erste Brief an die Korinther. Teilbd.1. 1Kor 1,1–6,11 (EKK 7/1), Zürich u. a. 2008, 208f.
[85] Vgl. a. a. O., 217f.

4. Fazit

Eine der Wirklichkeit Gottes entsprechende Hermeneutik ist für Paulus somit nicht eine Hermeneutik des Erfolgs, sondern eine Hermeneutik der Krise. Dass er damit in einer Antithese zum herrschenden gesellschaftlichen Konsens steht, ist Paulus nicht nur vollständig bewusst, sondern wird von ihm auch explizit formuliert und so als wesentliches Element der christlichen Rede von der Krise festgehalten. Erzählerisch implizit ist dies auch bei Markus der Fall. Weder die sogenannten markinischen Wundergeschichten noch Paulus Ausführungen lassen dabei erkennen, dass der Glaube und das christliche Wirklichkeitsverständnis mit Wundermitteln in, bei und gegen Krisen rechnen.[86] Damit stellt sich das christliche Wirklichkeitsverständnis gegen einen Resilienzdiskurs, in dem unkritisch und unreflektiert die Resilienz in einer Welle der Begeisterung gleichsam als ein modernes Wundermittel in Krisen geführt wird.[87] Stattdessen erfolgt die Rede von der ‚Krise' bei Paulus und bei Markus als zwei exemplarischen und herausgehobenen Vertretern der neutestamentlichen Literatur[88] nicht einlinig, sondern nüchtern, differenziert, und sie ist vor allem durch antithetische und paradoxe Elemente bestimmt. In dieser Rede wird der Krise sowohl ihr krisenhaftes Gewicht als sinnlos gegeben, wie gleichzeitig im Zusammenhang mit ihr auch Sinn entdeckt und generiert werden kann. Die Krise kann zugleich als von Gott kommend wie auch als widergöttlich bezeichnet werden. Dabei wird die Krise vor allem auch als durch Isolierung und Marginalisierung bestimmt gekennzeichnet, sie wird aber auch zu einem Ort der kontrafaktischen und kontradiktorischen Präsenz Gottes. Entgegen allen Selbstheilungskräften wird die Krise weiter wesentlich dadurch bestimmt, dass sie gerade alle Lösungen sabotiert, allenfalls den Schrei offen lassend. Lösung sehen Markus und Paulus von daher übereinstimmend in der kommunikativen Versprachlichung, die mit ihren Elementen des Gegenüber und der Beziehung, auch des Von-Außen und auch aufgrund ihrer paradoxen Elemente als das Antidoton profiliert wird.

---

[86] Die Profilierung dieses Gedankens verdanke ich der Diskussion meines Beitrages in der Ringvorlesung und dabei besonders auch der Debatte mit Cornelia Richter.

[87] Vgl. nur *Monika Friedrich:* Das Zauberwort heißt Resilienz. Eine Analyse zum Resilienzkonzept, in: Unsere Kinder 10/6, 2013, 4–8 und *Christine Mehl:* Gedeihen trotz widriger Umstände. Persönlicher Rückblick auf acht Jahre Beschäftigung mit dem Thema Resilienz, in: Unsere Kinder 10/6, 2013, 9: „Wundermittel".

[88] Vgl. *Gräßer,* 2Kor, 214.

Therapeutik der Affekte. Leibliche Resonanz und Gemeinschaftsgefühle als Bewältigungsstrategien

Hilge Landweer

Hilge Landweer demonstrates the fundamental importance of bodily (in the sense of the phenomenological term „leiblich") communication in the field of emotions. Drawing from David Hume's theory of emotions and his core notion of "sympathy" Landweer introduces affectivity as a therapeutic medium which is closely related to embodied resonance and shared emotions. She develops the insight that emotions should no longer be regarded as experienced simply by individuals, but can be shared with others – and are indeed more often shared than is usually assumed – by opening up bodily resonance. Different types of emotions – those that allow for bodily and mental openness versus those that foster bodily and mental closure or narrowing – may be intensified (e.g. in joy or anger) or relieved (e.g. in grief) by being shared.

Die Geschichte der Affektenlehren, d. h. die Geschichte der philosophischen Theorien über die Emotionen von der Antike bis weit ins 18. Jahrhundert, ist von vornherein eine Geschichte der Therapie der Affekte.[1] Dabei ist der Genitiv in einem doppelten Sinn gemeint: Einmal ist damit die Behandlung der Affekte im Sinne ihrer Kontrolle gemeint, wobei Affekte gewissermaßen ein passiver Gegenstand des Handelns sind. Andererseits wird damit aber auch eine Therapie *durch* die Affekte angesprochen, d. h. die Affekte selbst haben eine aktiv heilende Rolle inne. Der erste Sinn, die Gefühlskontrolle, ist der übliche, offen erklärte und in der Philosophiegeschichte bekannte Sinn der Therapie in Bezug auf die Affekte. Bei Aristoteles geht es z. B. darum, das richtige Maß der Gefühle zu entwickeln, sie sollen zu den Situationen passen, in denen sie entstehen, und zwar auch in ihrer Intensität. Es geht um eine Art ‚Orthopathie' des Fühlens, um das „richtige" Fühlen also.

Aber gibt es auch den anderen Sinn, den, wonach die Affekte selbst, gewissermaßen von sich aus, eine heilsame Wirkung entfalten? Menschen sind, so meine These, geradezu darauf angewiesen, Gefühle von anderen zu ver-

---

[1] Im Titel ist die Rede von „Affekten". Dabei folge ich dem Wortgebrauch in der Philosophiegeschichte, der heute nicht mehr üblich ist. „Affekt" bezeichnet in dieser Tradition das, was wir heute Emotionen nennen, also auf einen Gegenstand gerichtete Gefühle wie z. B. Freude an etwas, Ärger über etwas, Trauer wegen eines Verlustes von jemandem, Stolz auf etwas etc. Nicht gemeint sind besonders heftige Gefühle, wie der heutige Alltagssprachgebrauch „Affekte" versteht, und auch nicht unbestimmte, ungerichtete Gefühle wie in der neueren interdisziplinären Debatte. Ich verwende im Folgenden die Wörter „Affekt", „Gefühl" und „Emotion" synonym; es handelt sich in diesem Zusammenhang hier um ein und dieselbe Sache.

stehen, mitzufühlen und eigene Gefühle mit ihnen zu teilen. Sie geraten leichter in Krisen und können sie weniger gut bewältigen, wenn sie nicht die Möglichkeit dazu haben. Diesen Zusammenhang zu reflektieren ist der Beitrag, den die Gefühlstheorie zu einer kritisch verstandenen Resilienzforschung leisten kann, auch wenn diese Bezüge hier nicht ausgearbeitet, sondern lediglich angedeutet werden können.

In gängigen Ratgebern zum Thema „Resilienz" wird oft betont, wie wichtig „Offenheit" (für andere) und emotionale Bindungen für die Ausbildung von Resilienz seien.[2] „Offenheit" verstehe ich als eine affektive Haltung, die, wie eine genauere Analyse zeigt, durch episodische Affekte entsteht, vor allem dadurch, dass Gefühle anderer wahrgenommen, mitgefühlt und manche sogar geteilt werden. Diese Erfahrung kann durch Wiederholungen gefestigt, aber durch ein neues affektives Erleben auch modifiziert werden.[3] Entsprechendes gilt für emotionale Bindungen; auch sie sind ohne wiederholtes und ständig modifiziertes Mitfühlen und gemeinsame Gefühle kaum möglich. Wenn Gefühle menschliche Bindungen und Haltungen wie „Offenheit" fundieren, so scheint eine wichtige Voraussetzung klärungsbedürftig, nämlich was es heißt, Gefühle zu teilen. Das möchte ich im Folgenden mit Humes Konzeption der *sympathy* und mit einer phänomenologischen Analyse von leiblicher Resonanz und gemeinsamen Gefühlen zeigen.

Auch wenn es gute Gründe dafür gibt, dem Resilienzdiskurs kritisch gegenüber zu stehen,[4] so halte ich es dennoch prinzipiell für sinnvoll, der Frage nachzugehen, welche Arten von Schutz gegen Krisen möglich sind.[5] Im Folgenden soll es lediglich um einen Teilaspekt dieser umfassenden Frage nach der emotionalen Resilienz gehen, nämlich darum wie es überhaupt möglich ist, Gefühle anderer mitzufühlen oder gar Gefühle von vornherein gemeinsam zu erleben. Denn nichts anderes ist mit dem oft eher vagen Ausdruck der emotionalen Offenheit zumeist gemeint. *Je nachdem, wie sehr es gelingt,*

---

[2] Vgl. z.B. *Christina Berndt:* Resilienz. Das Geheimnis der psychischen Widerstandskraft. Was uns stark macht gegen Stress, Depressionen und Burn-Out, München 2015.

[3] Zum Begriff der Haltung vgl. *Frauke A. Kurbacher:* Was ist Haltung? Online-Veröffentlichung des Beitrages für die Deutsche Gesellschaft für Philosophie, 2008, in: DGPhil2008.de/programm/kurbacher.pdf [10.3.16]; *Philipp Wüschner:* Hexis und Euexia. Ein Konzept der Haltung im Anschluss an Aristoteles, Hamburg 2016; *Frauke A. Kurbacher/Philipp Wüschner [Hgg.]:* Was ist Haltung? Begriffsbestimmung, Positionen, Anschlüsse, Würzburg 2016; darin besonders: *Hilge Landweer/Philipp Wüschner:* Wie entsteht Gerechtigkeit? David Humes Affekttheorie als Propädeutik zu einer Theorie der Haltung, 63–88).

[4] Vgl. *Uta Pohl-Patalong/Cornelia Richter:* Editoral, in: PTh 2016/2, 67f., sowie *Cornelia Richter/Jennifer Blank:* Resilienz im Kontext von Kirche und Theologie, a. a. O., 69–74; *Thomas Gebauer*: Resilienz und neoliberale „Eigenverantwortung", 2015, in: https://www.medico.de/resilienz-neoliberale-eigenverantwortung-15984 [7.3.2016]; *Jan Slaby:* Kritik der Resilienz, in: Kurbacher/Wüschner (Hgg.), Haltung, 273–298.

[5] Eine ausgewogene Darstellung der beiden Seiten von Resilienz findet sich bei *Richter/Blank,* Resilienz.

Gefühle zu teilen, umso besser ist man vor Traumatisierungen geschützt bzw. umso eher lassen sich deren Auswirkungen da, wo sie bereits geschehen sind, emotional verarbeiten. Dies scheint der Grund dafür zu sein, warum in den meisten Religionen gemeinsame Rituale, überhaupt Gemeinschaft und Gemeinde so wichtig sind: Eben weil sie das Teilen von Gefühlen begünstigen, oft sogar gezielt inszenieren. Und wenn es zu einem Teilen von Gefühlen kommt, hat das, so meine These, in sich selbst eine heilende Wirkung.

1. Humes Begriff der *sympathy*

Für diese heilsame Wirkung ist David Humes Theorie der Gefühle besonders aufschlussreich. Hume möchte mit seiner Theorie vor allem erklären, warum wir welche Gefühle bei welchen Gelegenheiten haben. Er entwirft eine komplexe Struktur, die für die Frage nach der heilenden Wirkung von Affekten nicht in ihren einzelnen Facetten untersucht zu werden braucht. Hume macht aber zweierlei Thesen sehr plausibel, die für unsere Fragestellung von entscheidender Bedeutung sind: 1. Die Gefühle sind in einer bestimmten, beinahe als gesetzmäßig zu beschreibenden Struktur angeordnet; sie sind alles andere als zufällig, beliebig und, so könnte man über Hume hinausgehend sagen, noch nicht einmal ausschließlich subjektiv. Denn 2. sind unsere Gefühle in einem Maß von anderen abhängig, das wir uns selten eingestehen; sie sind durch und durch sozialer Natur. Dies sind die beiden Thesen Humes, die für die Frage, ob (bestimmte) Gefühle dazu beitragen können, Krisen besser zu bewältigen, einen wichtigen Ausgangspunkt darstellen.

Besondere Beachtung verlangt Humes Methode: Er beansprucht in quasi-naturwissenschaftlicher Art und Weise zu objektiven Urteilen zu kommen, die sich anhand der Erfahrung überprüfen lassen sollen. Hume beschreibt die Zusammenhänge der Gefühle deshalb ganz ohne normative Absichten; d. h. er fragt nicht, ob bestimmte Gefühle gut sind oder schlecht, sondern er konstatiert erst einmal, *dass* wir sie haben und von welchen äußeren Bedingungen sie abhängen. Seine Theorie ist gut geeignet, um Überlegungen daran anzuschließen, in welcher Weise Gefühle selbst therapeutischer Natur sein können, also eine heilende oder auch eine schützende Funktion haben können.

Ein zentraler Begriff in Humes Gefühlstheorie ist der des Mitgefühls, der „sympathy". Während „Mitgefühl" im Alltagssprachgebrauch oft ein eigenes Gefühl angesichts des Leids eines anderen meint, bezeichnet Hume mit *sympathy* keine bestimmte Emotion wie Mitleid, sondern eher ein allgemeines Prinzip des Reagierens auf die Gefühle anderer. Der Begriff erfüllt in Humes Philosophie eine doppelte Funktion: Das Mitfühlen ermöglicht den Zugang zu anderen, d. h. es ist die Grundlage für das Verstehen anderer, aber es erklärt auch, welche Gefühle Menschen in eigener Sache haben. Auf der

Grundlage von „*sympathy*" und einigen anderen Kategorien entwirft Hume eine Art Grammatik der Gefühle, die Emotionen als Ergebnis sozialer Prozesse begreift, genauer: als Bestandteil von Interaktionen, sogar als Bestandteil aller Interaktionen überhaupt.

Um dies zu verdeutlichen, unterscheidet Hume zwischen dem *Objekt* der Emotion, womit die Person gemeint ist, auf die das Gefühl gerichtet ist, und der *Ursache*, anlässlich derer sich diese Emotionen einstellen. Beim Stolz z. B. ist das Objekt stets die eigene Person,[6] d. h. man ist stolz auf etwas, das man selbst geleistet hat oder das man selbst besitzt, etwa wenn man auf den eigenen schönen Garten stolz ist. Die Ursache des Gefühls wäre in diesem Beispiel für Hume die Schönheit des üppigen Gartens. Alle positiv bewerteten Gegenstände oder Eigenschaften einer Person können zur Ursache von Stolz werden. Außer Ursachen und Objekten sind in Humes Theorie die Empfindungen, Lust und Unlust, konstitutiv für die jeweiligen Gefühle; beim Stolz ist es die Lust.

Nach der Grundunterscheidung zwischen Ursache und Objekt eines Gefühls differenziert Hume weiter die „direkte" Ursache einer Emotion von deren „sekundärer Ursache"[7]. Die sekundären Ursachen von Gefühlen sind sozialer Natur, es sind die Überzeugungen, Meinungen, aber auch die Gefühle anderer Menschen.[8] Durch diese sekundären Ursachen werden die Emotionen, die jemand hat, in einem nicht unerheblichen Ausmaß geformt,[9] indem die fremden Gefühle und Meinungen die eigenen verstärken, abschwächen, in Frage stellen oder sogar aufrufen können. So ist es Hume zufolge beispielsweise für unseren Stolz wichtig, dass auch andere Menschen die Güter und Eigenschaften, die uns zu Stolz veranlassen, schätzen und begehrenswert finden. Ist man stolz auf etwas, was von anderen nicht geschätzt oder begehrt wird, wird das Gefühl gemindert, unter Umständen wird es ganz aufhören.

---

[6] Stolz kann sich zwar manchmal auch auf Personen beziehen, die einem nahe stehen, aber das setzt dann eine besondere Verbindung zum eigenen Selbst, z. B. durch Verwandtschaft oder eine andere enge soziale Beziehung, voraus.

[7] Vgl. *David Hume:* A Treatise of Human Nature, London (1739/40), Reprint Penguin Books, Harmondsworth/Middlesex 1985, 366; im Folgenden zit. mit Angabe des Buchs und Abschnitts, hier: II.1.11, 366.

[8] „But beside these original causes of pride and humility, there is a secondary one in the opinions of others, which has an equal influence on the affections. Our reputation, our character, our name are considerations of vast weight and importance; and even the other cause of pride; virtue, beauty and riches; have little influence, when not seconded by the opinions and sentiments of others. In order to account for this phaenomenon, 'twill be necessary to take some compass, and first explain the nature of sympathy" (a. a. O., II.1.11; 366f.).

[9] „No quality of human nature is more remarkable, both in itself and in its consequences, than that propensity we have to sympathize with others, and to receive by communication their inclinations and sentiments, however different from, or even contrary to our own" (a. a. O., II.1.11., 367).

Mit der These, dass die Meinungen und Überzeugungen anderer unsere je eigenen Gefühle beeinflussen, siedelt Hume die Emotionen von vornherein in einem sozialen und intersubjektiven Raum an. Dabei stehen die Gefühle, die sich auf andere beziehen, notwendig in komplexen Relationen; ihr Auftreten und ihre Ausprägung hängen vom jeweiligen Netz von Begegnungen, von sozialen Beziehungen und Situationen ab. In der Bewertung von Eigenschaften wie Güte oder Schönheit folgen wir den Urteilen anderer, aber auch den Gefühlen, die sie diesen Eigenschaften entgegenbringen:

> „Now nothing is more natural than for us to embrace the opinions of others in this particular [in Bezug auf die Eigenschaften, aufgrund derer uns andere bewundern; HL]; both from *sympathy*, which renders all their sentiments intimately present to us; and from *reasoning*, which makes us regard their judgment, as a kind of argument for what they affirm. These two principles of authority and sympathy influence almost all our opinions."[10]

Die Behauptung, dass Meinungen von der Autorität anderer abhängen, mag kaum überraschend sein. Weniger selbstverständlich erscheint Humes These, auch die Gefühle anderer hätten direkten Einfluss auf unsere eigenen Gefühle. Wie ist dies möglich, wenn Hume Gefühle als Bewusstseinszustände konzipiert, die doch zunächst einmal jeder für sich hat, und die folglich anderen nicht zugänglich sind? Hume erklärt dies mit Hilfe von *sympathy* (Mitgefühl). Das Mitgefühl verbindet die Menschen miteinander und ist eng auf den Umstand bezogen, ein wechselseitiges Interesse aneinander zu nehmen und sich als einander ähnliche Wesen wahrzunehmen, die in vergleichbaren Situationen auf ähnliche Weise mit Gefühlen reagieren. *Sympathy* bereitet den Weg zum Verstehen der Gefühle anderer, indem man deren Ausdruck in Gesten, Mimik und Verhalten wahrnimmt und sich eine Vorstellung von ihnen macht. In einem weiteren Schritt kann die Vorstellung von der emotionalen Befindlichkeit des anderen in ein eigenes Gefühl verwandelt werden.[11] Dieser Übergang von einer Vorstellung zum eigenen Gefühl ist nach Hume möglich, wenn es sich um besonders lebhafte Vorstellungen handelt.[12]

> „When any affection is infus'd by sympathy, it is at first known only by its effects, and by those external signs in the contenance and conversation, which convey an idea of it. This idea is presently converted into an impression, and acquires such a degree of force and vivacity, as to become the very passion itself, and produce an equal emotion, as any original affection."[13]

So kann *sympathy* als ein Instrument der Kommunikation, beinahe eine Art von Mechanismus bezeichnet werden, mit Hilfe dessen Menschen sich ihre Gefühle wechselseitig zu erschließen vermögen. Der Umstand, dass man die

---

[10] A. a. O., II.I.11, 371, Hervorhebung im Original.
[11] Vgl. a. a. O., II.1.11, 370.
[12] A. a. O., T II.2.9, 433.
[13] A. a. O., II.1.11, 367f.

Emotionen anderer versteht, hat nun seinerseits einen starken Einfluss auf die je eigenen Gefühle:

> „In general we may remark, that the minds of men are mirrors to one another, not only because they reflect each others emotions, but also because those rays of passions, sentiments and opinions may be often reverberated, and may decay away by insensible degrees."[14]

Wir sind viel stärker unmittelbar durch unsere Emotionen verbunden, als uns in unserem alltäglichen Selbstverständnis klar ist. Hume beschreibt einen wechselseitigen Anpassungseffekt, denn es ist nicht nur so, dass die Gefühle anderer in den eigenen Emotionen ihr Echo finden, sondern zugleich wirkt das durch *sympathy* hervorgerufene Gefühl wie eine Art Verstärker auf den Urheber zurück, denn dieser sympathisiert seinerseits mit der bereits zurückgespiegelten, vormals eigenen Emotion. Dadurch erfolgt, so lässt sich Hume weiterdenken, in jeder sozialen Situation ein wechselseitiges Kalibrieren der Gefühle zu einer – aus der Perspektive der Beteiligten – „angemessenen" Emotion. Diese Anpassung führt aber nicht etwa zu einer allgemeinen Nivellierung im Sinne einer Affektarmut, vielmehr gleicht die *sympathy* die unterschiedlichen Qualitäten und Intensitäten der Gefühle der Beteiligten ab und tariert Graduierungen in Abhängigkeit von der jeweiligen Situation aus. Es handelt sich hier, so lässt sich Hume interpretieren, um eine Regulierung der Emotionen durch das Prinzip der *sympathy*, eine soziale Anpassung, die durch Verstärkung und deren Ausbleiben funktioniert, ohne bewusst gesteuert zu werden. Hätten wir alle unsere Emotionen lediglich für uns allein, in einem privaten Innenraum, so hätten sie keinerlei Macht über uns. Wir sind im Fühlen auf andere angewiesen:

> „We can form no wish, which has not a reference to society. [...] Every pleasure languishes when enjoy'd a-part from company, and every pain becomes more cruel and intolerable. Whatever other passion we may be actuated by; pride, ambition, avarice, curiosity, revenge or lust; the soul or animating principle of them all is sympathy; nor wou'd they have any force, were we to abstract entirely from the thoughts and sentiments of others."[15]

Hier wird sehr deutlich, dass Hume sich implizit gegen die Vorstellung wendet, dass Gefühle ausschließlich subjektive, anderen nicht zugängliche Zustände sind, die sich in einem mehr oder weniger verschlossenen privaten Innenraum abspielen. Und es wird deutlich, dass Menschen ein starkes Interesse daran haben, Gefühle zu teilen. Durch dieses Teilen – bei Hume durch das Prinzip der *sympathy* – verstärken sich die positiven Emotionen, während die negativen durch das Teilen abgeschwächt werden: „Every pleasure languishes when enjoy'd apart from company, and every pain becomes more cruel and intolerable."[16]

---

[14] A. a. O., II.2.5, 414.
[15] A. a. O., II.2.5, 412.
[16] Ebd.

Wie genau erfolgt das, was ich das „Kalibrieren" der Gefühle von verschiedenen Personen genannt habe, das wechselseitige Aneinander-Ausrichten der Emotionen? Und wie ist es möglich, dass nicht nur die Gefühle anderer auf uns ‚abfärben' und unsere eigenen Gefühle tönen können, sondern wir sogar manchmal gemeinsam Gefühle erleben können? Nach Hume machen wir uns eine bestimmte Vorstellung von den Gefühlen der anderen, die wir – aufgrund spezifischer Prozesse, die er in seinem Traktat genauer untersucht – zu einem eigenen Gefühl umwandeln können. Ich denke, dass Hume durchaus zutreffend die sozial grundlegende Rolle der *sympathy* herausgearbeitet hat, aber anders als er gehe ich davon aus, dass wir uns eher selten wirklich *Vorstellungen* von den Gefühlen anderer machen, wenn wir sie mitfühlen. Das gesteht er selbst durchaus zu, wenn er schreibt:

> „However instantaneous this change of the idea into an impression may be, it proceeds from certain views and reflections, which will not escape the strict scrutiny of a philosopher, tho' they may the person himself, who makes them."[17]

An dieser Stelle verlässt Hume das von ihm hoch gehaltene empirische Prinzip und schaltet ein spekulatives Prinzip ein: nämlich Überlegungen, die angeblich nur Philosophen rekonstruieren können, von denen die Person, die sie hat, aber nichts merkt. Diese Auffassung, wonach allem, was Menschen tun, rekonstruierbare Überlegungen zugrunde liegen müssen, ist eine kognitivistische und rationalistische Annahme, die der Dominanz der Bewusstseinsphilosophie geschuldet ist, aber sachlich nicht belegbar ist. Hume beschreibt sozial ungemein wichtige Phänomene, die er aber letztlich bewusstseinstheoretisch rekonstruiert. Ich möchte im Folgenden eine andere Interpretation dieser Phänomene vorschlagen.

Ich halte die Annahme, das Mitfühlen sei auf die Generierung von Vorstellungen über die Gefühle der anderen und dann noch auf deren Umwandlung in Eindrücke und eigene Gefühle angewiesen, für überflüssig.[18] Diese Annahme passt nicht zu Humes empirischer Voraussetzung, wonach jeder einfachen Vorstellungen grundsätzlich ein einfacher Eindruck vorhergehen müsse und die Vorstellung ein schwacher Abdruck dieses Eindrucks im Geiste sei. In der Konzeption von *sympathy*, die Vorstellungen (von den Gefühlen anderer) anscheinend in Eindrücke (das entsprechende eigene Gefühl) gewissermaßen zurückverwandeln soll, wird deshalb die für Humes Theorie grundlegende Unterscheidung von *impressions* und *ideas* aufgeweicht.

Gegen Hume möchte ich die These vertreten, dass das Mitfühlen auf einer viel grundlegenderen Schicht stattfindet, als es bewusste Vorstellungen sind – nämlich leiblich. Für diese leibliche Ebene hatte Hume noch kein sehr differenziertes Vokabular zur Verfügung; er spricht lediglich von den Em-

---

[17] A. a. O., II.1.11, 368.
[18] Letztlich handelt es sich bei Humes Theorie um eine Analogieschluss-Theorie der Gefühle, die in der Phänomenologie von Beginn an problematisiert worden ist, etwa von Edith Stein, Edmund Husserl und Max Scheler.

pfindungen „Lust" und „Unlust", von denen alle Gefühle begleitet seien. „Lust" und „Unlust" beziehen sich auf das leibliche Spüren; sie zielen auf das Erleben des Gefühls und sollen darauf hinweisen, dass manche Gefühle angenehm sind, andere unangenehm. Nun scheint ein solches Entweder-Oder nicht in allen Fällen möglich und der Vielfalt der gespürten Gefühle nicht gerecht zu werden. Wie genau sich ein bestimmtes Gefühl anfühlt, ist zweifellos nicht ganz leicht zu beschreiben. Erst im 20. Jahrhundert entsteht die Phänomenologie, die einen reichen Fundus solcher Beschreibungen auf der Basis ausgewiesener Methoden bereitstellt. Sie ermöglicht auch eine neue Rekonstruktion von Humes sympathy. Das kann in den folgenden Überlegungen aber lediglich angedeutet werden; mein Hauptschwerpunkt wird auf einem spezielleren Phänomen liegen als dem, das Humes Prinzip der sympathy beschreibt, nämlich auf gemeinsamen Gefühlen. Dazu werde ich aber zunächst mein Verständnis von Leiblichkeit erläutern.

2. Leibliche Resonanz

Der Ausdruck „Körper" bezeichnet in phänomenologischer Terminologie den objektivierten, vergegenständlichten Leib, der aus der Perspektive einer dritten Person wahrgenommen wird, während „Leib" das bezeichnet, was in der Perspektive der ersten Person in der Gegend des Körpers gespürt werden kann.[19] Um das leibliche Spüren zu beschreiben, sind „Engung" und „Weitung" zwei grundlegende Kategorien. Um es gleich am Beispiel zu erläutern: Wenn ich Angst habe, fühle ich leiblich eine gewisse Engung, halbmetaphorisch artikuliert in der Wendung „mir schnürt sich die Kehle zu"; wenn ich mich freue, so kann ich mich leicht und beschwingt fühlen oder auch ein Gefühl der Weitung spüren, ausgedrückt etwa in der Wendung „mir geht das Herz auf".[20]

Der einzelne Leib ist von der Enge in die Weite gerichtet und insofern räumlich, aber nicht im Sinne eines geometrisch beschreibbaren Abstands. So lässt sich beispielsweise die Länge eines Blicks nicht messen (wohl aber die Schärfe des Auges als körperliches Ding!), während die Blickrichtung

---

[19] Schmitz, an den ich hier anschließe, spricht bei seiner Begriffsbestimmung von der „Gegend" des Körpers, weil der Leib anders als der Körper nicht durch die Haut begrenzt ist: Der Blick z. B. geht in die Weite, und gespürte Regionen des Leibes, etwa Zahnschmerzen, sind nicht durch scharfe Ränder begrenzt (vgl. *Hermann Schmitz*, z. B.: Der unerschöpfliche Gegenstand, Bonn 1990, 115).

[20] Etwas als „gerichtetes Gefühl" oder „Emotion" zu bezeichnen, was leiblich nicht gespürt wird, ist in meiner Terminologie begrifflich nicht möglich; bei dem, was in der Psychoanalyse „unbewusste Gefühle" genannt wird (vgl. *Richard Wollheim*: Emotionen. Eine Philosophie der Gefühle, München 2001), handelt es sich in meiner Terminologie um Gefühlsdispositionen.

eindeutig bestimmt ist. Ebensowenig lässt sich die gespürte Engung in der Angst in Zentimetern angeben. Dennoch ist der Blick ebenso wie die Angst im leiblichen Raum antreffbar, ansonsten ließe sich nicht von Richtungen sprechen.

Die Struktur von Engung und Weitung findet sich nicht nur bei Gefühlen; sie ist grundlegend für unsere leibliche Dynamik überhaupt. Unser gesamtes leibliches Befinden oszilliert ständig zwischen Engungs- und Weitungstendenzen; es hat, so könnte man sagen, eine dialogische Struktur; Engung ‚antwortet' auf Weitung und umgekehrt.[21] Beim Einatmen etwa verspürt man zunächst eine Weitung, bis eine Engung einsetzt, die im Ausatmen gelöst wird, solange, bis diese zweite Weitung gewissermaßen wieder an eine Grenze und damit Enge anstößt und zur Umkehr in erneute Weitung beim Einatmen zwingt. Der Unterschied von Körper und Leib wird dabei deutlich erlebbar: der von außen beobachtbare Körper weitet sich beim Einatmen, während der Leib in einundderselben Bewegung eine Engung erfährt.

Dieses dialogische Prinzip, der Wechsel von Engung und Weitung, ist nicht auf das Atmen beschränkt, sondern bestimmt die gesamte leibliche Dynamik. Der Wechsel der leiblichen Richtungen, von Engung und Weitung, ermöglicht, dass der Leib von außen überhaupt affiziert werden kann, d. h. dass Einwirkungen auf ihn spürbar sind und er so im übertragenen Sinne ‚angesprochen' werden kann. Für diesen ‚Dialog' stehen bestimmte ‚Kanäle' des leiblichen Kontakts zur Verfügung, wie etwa der Blick oder auch die Aufnahme eines vorgegebenen Rhythmus.[22] Durch diese ‚Kanäle' können Menschen und höher entwickelte Tiere leiblich mit der sie umgebenden Welt kommunizieren. In der Wahrnehmung der Umgebung kommen ständig leibähnliche Gestaltverläufe[23] vor, die von den Wahrnehmenden leiblich aufgenommen werden können. So ist es möglich, auf die Bewegungen anderer, aber auch auf bloße Bewegungs*anmutungen* leiblich mit einer Änderung der

---

[21] Vgl. *Hermann Schmitz:* Der Leib (= System der Philosophie Bd. II.1), Bonn ²1982, 73–89; sowie *Ders.:* Der Leib, Berlin 2011, 2–4. – Fuchs/De Jaegher sprechen von „centering" und „decentering" (*Thomas Fuchs/Hanne De Jaegher:* Enactive Intersubjectivity. Participatory sense-making and mutual incorporation, in: Phenomenology and Cognitive Science 8, 2009, 465–486, hier: 476). – Engung und Weitung bleiben im Erleben eng aneinander gebunden. Nur in Extremfällen koppeln sich Engung und Weitung voneinander ganz ab: So kann in extremen Schmerzerfahrungen der Engungspol die Weitung so dominieren, dass diese nicht mehr möglich ist und die Person damit bewusstlos wird. Beim Einschlafen dagegen ist es die Weitung in der Entspannung, welche die Engung verdrängt und so das Einschlafen ermöglicht. In beiden Fällen setzt das wache Erleben aus.

[22] Rhythmus ist wohl einer der häufigsten Impulse leiblicher Interaktion, weil Rhythmus durch die Ähnlichkeit zu eigenleiblichen Rhythmen eine Brücke zum eigenen Leib bildet. Vgl. *Schmitz,* Leib 1982, 111–126; sowie *Schmitz,* Leib 2011, 47f.

[23] Dies ist im Sinne der Gestaltpsychologie zu verstehen, an die die Phänomenologie hier anschließt.

eigenen Tendenzen zu Engung und Weitung zu ‚antworten'.[24] Rhythmus z. B. ist als Schall selbst keine Bewegung (auch wenn er durch Bewegungen hervorgebracht wird), aber er fährt uns u. U. buchstäblich in die Beine, wird also oft unmittelbar leiblich beantwortet. Durch die leibliche Interaktion sind wir mit der uns umgebenden Welt verbunden. Dabei ist der leibliche Kontakt besonders leicht, wenn das Gegenüber selbst leiblich ist.[25] Genau genommen ist es nicht das Subjekt, das ‚kommuniziert', sondern es sind die leiblichen Richtungen von Engung und Weitung, die mit den entsprechenden Bewegungsrichtungen oder leiblichen Tendenzen des Gegenübers interagieren.[26]

Entscheidend für alle Kontakte ist, dass die leiblichen Richtungen, Engung und Weitung, wegen ihres dialogischen Charakters im Raum auf Pole ‚verteilt' sein können, ohne dass sie dabei ihre Struktur ändern würden, d. h. Engung und Weitung bleiben auch bei der ‚Aufteilung' auf zwei Pole im Raum aneinander gebunden und oszillieren. Wenn beispielsweise zwei Personen in einem engen Durchgang aneinander vorbeigehen müssen, so koordiniert jede dabei Blick und Bewegung. Zugleich aber beziehen sie sich aufeinander, und dabei dominiert unwillkürlich mal die eine, mal die andere Person in der Weitungstendenz, während die jeweils andere Person solange die Engungstendenz übernimmt, bis sie selbst wieder die Weitung vorgibt.

---

[24] Eberlein und Fuchs sprechen von „leiblicher Resonanz" (*Undine Eberlein:* Leibliche Resonanz. Phänomenologische und andere Annäherungen, in: Kerstin Andermann/ Undine Eberlein [Hgg.]: Gefühle als Atmosphären. Neue Phänomenologie und philosophische Emotionstheorie, Berlin 2011, 141–152; *Dies.:* Leiberfahrung in kulturellen Praktiken, in: Wolfgang Sohst [Hg.]: Die Globalisierung der Affekte, Berlin 2013, 89–110; *Thomas Fuchs:* Non-verbale Kommunikation: Phänomenologische, entwicklungspsychologische und therapeutische Aspekte, in: Zeitschrift für klinische Psychologie, Psychiatrie und Psychotherapie 51, 2003, 333–345, in: https://www.klinikum.uni-heidelberg.de/fileadmin/zpm/psychatrie/pdf/non_verbal.pdf [10.3.2016]).

[25] Der Sache nach scheinen Fuchs/De Jaegher eine ähnliche Auffassung von leiblicher Interaktion auch mit Dingen zu haben. Vgl. *Fuchs/De Jaegher,* Enactive Intersubjectivity, 475f.

[26] Schmitz spricht von „Bewegungssuggestionen", die von belebten oder unbelebten Gegenständen ausgehen. Dies kann hier nicht weiter ausgeführt werden. Vgl. *Schmitz,* Gegenstand, bes. 140–151 und 282–284. – Da es sich bei der „leiblichen Kommunikation" (ebd.) um das Sich-einspielen von Engung und Weitung handelt, mag es etwas missverständlich sein, den Begriff der Kommunikation zu verwenden, der starke personale Konnotationen besitzt (jemand kommuniziert mit jemand anderem) und zudem oft mit Absichtlichkeit verbunden wird (ich kommuniziere nur dann, wenn ich es auch will) – Aspekte, die bei Schmitz gerade nicht gemeint sind. Stattdessen geht es ihm um den oft unterhalb der Bewusstseinsschwelle ablaufenden Prozess, in dem die leiblichen Richtungen der Engung und Weitung im Kontakt mit etwas oder jemandem so modifiziert werden, dass sich daraus ein übergeordnetes Ganzes herstellt. Deshalb scheint es mir weniger missverständlich zu sein, von leiblichen *Interaktionen* zu sprechen. Dies trifft insbesondere auf die Kontakte mit unbelebten Gegenständen zu, die Schmitz wie skizziert ebenfalls als „leibliche Kommunikation" versteht.

Wenn hier von einem unwillkürlichen Wechsel der Dominanz die Rede ist, so handelt es sich dabei in den meisten Fällen nicht um ein Konkurrieren von Individuen, sondern lediglich um ein Erfordernis der Situation, das verlangt, dass die leiblichen Richtungen aufeinander abgestimmt werden müssen. Es muss gewissermaßen *leiblich* ‚ausgehandelt' werden, wer die Initiative übernimmt – nicht nur auf personaler Ebene, wer wem den Vortritt lässt.

In Prozessen dieser Art bilden sich aus dem leiblichen Dialog der Beteiligten spontan übergreifende quasi-leibliche Einheiten, die wie der Leib selbst strukturiert sind. Das lässt sich manchmal bei einer größeren Anzahl Beteiligter auch von außen beobachten, wenn für Momente so etwas wie ein Kollektivkörper entsteht, etwa durch perfekt abgestimmte Bewegungen einer Mannschaft bei einem sportlichen Wettkampf oder bei Ballett-Aufführungen. Diese neu entstehenden Einheiten haben wiederum Rückwirkungen auf die leibliche Dynamik der Einzelnen, die jetzt gewissermaßen zu einem ‚Glied' des Gesamtkörpers werden.

Aber nicht nur bei eigens inszenierten Ereignissen wie Sport oder Tanz kommt dem Sich-einspielen der leiblichen Interaktion eine wichtige Rolle zu; auch für unser Alltagsleben ist das leibliche Eingespieltsein fundamental und unverzichtbar. Ein Beispiel dafür ist das Sich-anblicken auch dann, wenn es ganz flüchtig ist, etwa bei Passanten, die selbst bei großer Dichte auf dem Gehsteig durch diese Blicke ihre Bewegungen ungeplant perfekt miteinander koordinieren. Dass Zusammenstöße in diesen Situationen selten sind, ist ein Ergebnis leiblicher Interaktion. Besonders gut beobachtbar, auch von außen, ist sie in gut eingespielter Kooperation bei gemeinsamer Handwerksarbeit (heute eher selten) oder bei gemeinsamem Musizieren.[27]

So trägt etwa gemeinsames Singen nicht nur zur Bildung von Gemeinschaft bei, sondern es gilt nicht umsonst auch als ein gesundheitsfördernder Faktor, der Resilienz befördert. Dies wird noch verstärkt, wenn es von koordinierten Bewegungen begleitet ist und durch die mehrfache Resonanz von Rhythmus, Melodie und Bewegung einen bestimmten Typus leiblicher Interaktion fördert, einübt und so buchstäblich einverleibt, nämlich den unipolaren, der im nächsten Abschnitt skizziert wird. Es ist eigentlich erstaunlich, dass gemeinsames Singen heute nur noch in Kitas, immer weniger in der

---

[27] Wehrle spricht im Anschluss an Husserl von „gemeinsame[n] Habitualitäten" (310) und „Gemeinschaftshabitualität" (308; 314), d. h. von Verhaltensstilen, die in Traditionen und den entsprechenden gemeinsam erlebten Situationen ausgebildet werden (*Maren Wehrle:* Konstitution des Sozialen oder Soziale Konstitution? Gemeinschaftshabitualität als Voraussetzung und Grenze sozialer Erfahrung, in: Dieter Lohmar/Dirk Fonfara [Hgg.]: Phänomenologische Forschungen. Soziale Erfahrungen, Hamburg 2013, 301–317). – Der Befund, dass professionelle Basketballspieler die motorischen Reaktionen der anderen Spieler an deren Körpern ablesen können, noch bevor der andere die Bewegung ausführt (312 sowie die dort angegebene Literatur), weist darauf hin, dass „gut eingespielte Kooperationen" (s. oben) eine leiblich lesbare Geschichte haben.

Schule und dann wieder im Altersheim als ein gemeinsames Ritual etabliert ist, so als sei es erwachsener Menschen nicht würdig.[28]

Die grundlegende Fähigkeit zu leiblicher Resonanz haben alle Menschen und die höherentwickelten Tiere, aber sie kann blockiert oder gestört sein. Im Folgenden möchte ich zeigen, dass leibliche Interaktion für das Erleben gemeinsamer Gefühle, das wiederum entscheidend ist für die Ausbildung von Resilienz, ein unverzichtbares Fundament darstellen.

3. Leibliche Interaktion bei gemeinsamen Gefühlen

Meine These ist nun, dass die leibliche Interaktion derjenige Prozess ist, der gemeinsame Gefühle ermöglicht. Gefühle ergreifen uns leiblich, d. h. sie greifen in die eigenleibliche Dynamik von Engung und Weitung ein und verändern sie. Ich spreche deshalb von der „Betroffenheit" von einem Gefühl. Damit meine ich nichts Sentimentalisches und auch nicht besonders heftige Erschütterungen, sondern das gesamte Spektrum des Fühlens bis hin zu leisen Nuancen des Befindens, sofern sie nur gespürt werden. Betroffenheit bezeichnet damit das Haben eines Gefühls, so wie man sagen kann, jemand sei von einem neuen Steuergesetz betroffen – weil es auf ihn anwendbar ist.

Die Betroffenheit ist nicht dasselbe wie das Gefühl – so wie das Steuergesetz nicht dasselbe ist wie die Tatsache, dass man darunterfällt; es gibt, so hoffe ich zu zeigen, gute Gründe, zwischen dem Gefühl und der Betroffenheit davon, dem Fühlen des Gefühls, zu unterscheiden. Das mag auf den ersten Blick kontraintuitiv erscheinen, vor allem deshalb, weil diese Unterscheidung uns auf dem Hintergrund unseres Sprachgebrauchs merkwürdig und überflüssig erscheint, denn Gefühle scheinen doch immer gefühlt zu werden; sie scheinen überhaupt nur als gefühlte vorzukommen, und dann läge bei der Unterscheidung eine eigenartige Dopplung vor. Doch selbst im Alltagsverständnis werden Gefühl und eigenes Fühlen des Gefühls manchmal unterschieden: Darauf weist die Möglichkeit hin, ein Gefühl bloß in der Distanz wahrzunehmen, ohne zugleich von ihm betroffen zu sein, etwa wenn man Gefühle anderer, die einem nicht nahe stehen, registriert, *ohne* sie mitzufühlen. Gleiches gilt für die Beobachtung von Gefühlen von Filmfiguren oder von landschaftlichen Atmosphären, die man ebenfalls wahrnehmen kann, ohne notwendig leiblich-affektiv ergriffen zu sein.

Die zweite Unterscheidung, die für die Beschreibung und Analyse von gemeinsamen Gefühlen von zentraler Bedeutung ist, differenziert zwei verschiedene Typen leiblicher Interaktion zwischen Personen: eine „bipolare"

---

[28] Es scheint für Erwachsene allenfalls als Kunstform (im Chor) oder in Ausnahmesituationen akzeptabel zu sein.

und eine „unipolare" Form.²⁹ Bei der *bipolaren* leiblichen Interaktion gibt es stets zwei Impulsgeber bzw. zwei Quellen, welche die leiblichen Richtungen vorgeben, etwa zwei leiblich aufeinander bezogene Individuen. Handelt es sich dabei um Bewegungen, so werden sie von den beiden Individuen zumeist unwillkürlich aufeinander abgestimmt und aneinander angepasst. Beispiele für die bipolare Form des leiblichen Kontakts sind der Händedruck, die schon erwähnten aneinander vorbei gehenden Passanten, die Berührungen vermeiden, Blickwechsel, ein Gespräch, ein Boxkampf oder auch das zärtliche Spiel zwischen Vater und Säugling. In all diesen *bipolaren* Fällen ist die Dynamik durch die Entgegensetzung geprägt, da sie von zwei Polen ausgeht, die *beide* Impulse geben. Dagegen lässt sich die *unipolare* Form als „gleichgerichtet" beschreiben,³⁰ da hier die Interaktion von nur einem Pol initiiert und geleitet wird. Dieser Pol kann eine Person, eine Sache oder ein Thema sein; er muss nur die leibliche Interaktion und damit die Bewegungen der Beteiligten bestimmen.³¹ Beispiele für diese Form leiblicher Prozesse sind die schon erwähnten sportlichen Wettkämpfe in Mannschaften und Paaren, Kooperationen bei gemeinsamer Handwerksarbeit und gemeinsames Musizieren, aber auch die Koordination flüchtender Herden oder Menschenmassen, die gemeinsam auf eine Gefahr oder etwas anderes, das ihnen einen Impuls gibt, bezogen sind.

Ich habe vor einiger Zeit die Merkmale unipolarer leiblicher Interaktion anhand eines Beispiels von Elias Canetti in „Masse und Macht" herausgearbeitet,³² nämlich anhand einer fliehenden Herde. Bei einer fliehenden Herde

---

[29] Diese Begriffe ersetzen das, was bei Schmitz „antagonistische Einleibung" (bipolare leibliche Interaktion) und „solidarische Einleibung" (unipolare leibliche Interaktion) heißt.

[30] Dies entspricht einem Vorschlag von Undine Eberlein, die Schmitz' sperrigen Begriff der „antagonistische[n] Einleibung" durch „entgegengesetzte Dynamik" ersetzen will und „solidarische Einleibung" durch „gleichgerichtete Dynamik", vgl. *Eberlein*, Leiberfahrung, 97.

[31] Die Unterscheidung von bipolarer und unipolarer Einleibung scheint auf den ersten Blick dem zu entsprechen, was Fuchs und De Jaegher in ihrer Analyse von „common intercorporality" als „coordination *to*" und „coordination *with*" bezeichnen. Bei genauerem Hinsehen zeigt sich aber, dass es sich dabei um zwei verschiedene Formen bipolarer leiblicher Interaktionen handelt. Denn „coordination *to*" bezieht sich auf eine Form einseitiger Koordination, bei der eines der beiden verkoppelten Systeme der Führung des anderen folgt, während „coordination *with*" „co-regulation" verlangt. Bei der ersten Form handelt es sich um Phänomene wie Faszination und Hypnose, die Hermann Schmitz als „einseitige antagonistische Einleibung" bezeichnet (in meiner Terminologie: einseitige bipolare leibliche Interaktion), während die zweite Form die „wechselseitige antagonistische Einleibung" meint – das entspricht der wechselseitigen bipolaren leiblichen Interaktion. Da es mir hier nur um die unipolare leibliche Interaktion geht, kann diese Unterscheidung im Folgenden vernachlässigt werden. Unipolare leibliche Interaktion wird von Fuchs/De Jaegher nicht behandelt, auch nicht unter einem anderen Titel, vgl. *Fuchs/De Jaegher*, Enactive Intersubjectivity, 470f.

[32] Vgl. *Hilge Landweer*: Leibliche Interaktionen und gemeinsame Absichten, in: Marta Ubiali/Maren Wehrle (Hgg.): Feeling and Value, Willing and Action. Essays in the

geht der leibliche Impuls von der Gefahr aus, die instinktiv als Angst erlebt wird. Da Elias Canetti sicherlich nicht im Verdacht steht, Phänomenologe zu sein, überrascht die Leibnähe seiner Beschreibungen. Er charakterisiert Fluchtmassen durch drei Merkmale
1. die Steigerung der Energie durch die Synchronisierung von Richtung und Bewegung,
2. die Reduktion der Angst durch die Verteilung auf viele,
3. das Zusammengehaltenwerden der Masse durch Richtung und Ziel.
Fügt man bei Canettis Merkmal der Steigerung der Energie durch die Synchronisierung von Richtung und Bewegung ein „leiblich" vor der Richtung ein, so hat man eine Beschreibung der unipolaren leiblichen Interaktion, denn Richtung und Bewegung können bei einer fliehenden Herde nur leiblich gleich ausgerichtet werden. Gleiches gilt für das Zusammengehaltenwerden der Masse durch Richtung und Ziel: Auch eine gleichgerichtete Betroffenheit von einer Emotion, d. h. auch hier wieder die Synchronisation der leiblichen Richtungen, hält die Masse zusammen, besonders dann, wenn die Emotionen Handlungstendenzen haben. So hat z. B. bei der Herde die Angst als Handlungsziel die Flucht vor der Gefahr. Anhand der Massenflucht wird besonders deutlich, was mit unipolarer leiblicher Interaktion gemeint ist. Im Folgenden möchte ich zeigen, warum unipolare leibliche Interaktion allen Arten des gemeinsamen *Fühlens* zugrundeliegt.

Wenn mindestens zwei Personen ein Gefühl *teilen*, also beide von demselben Gefühl betroffen sind, so greift dieses Gefühl in ihre leibliche Dynamik ein, und zwar bei beiden in derselben Weise. Dabei geht der Impuls vom Gefühl selbst aus – nicht primär von einer der beteiligten Personen. Das lässt sich so selbstverständlich nur sagen, wenn man sich von der Vorstellung, Gefühle seien ausschließlich private, für andere unzugängliche Zustände, konsequent verabschiedet. An dieser Stelle erweist es sich als eine gelungene Vereinfachung des Problems, dass wir das Gefühl von der leiblichen Betroffenheit unterschieden haben. Nur auf diesem Hintergrund lässt sich jetzt sagen, dass im Falle von gemeinsamen Gefühlen mindestens zwei Personen von ein und demselben Gefühl betroffen sind, denn das Gefühl ist nichts, was die Fühlenden jeweils privat für sich hätten; die Vorstellung, es handelte sich numerisch um zwei Gefühle, die beide in irgend einem Sinne gemeinsam „haben", würde also an der Sache vorbeigehen. „Für sich" haben sie lediglich ihre Betroffenheit, ihr *eigen*leibliches Fühlen – das „gibt es" zweimal, nicht aber das Gefühl. Das Fühlen ist aber aufgrund der dialogischen Struktur des Leibes nichts in sich Abgeschlossenes, sondern es ist affizierbar (durch das Gefühl) und resonanzfähig mit der leiblichen Dynamik anderer, sofern sie sich nur wechselseitig wahrnehmen.

Context of a Phenomenological Psychology (Phaenomenologica 216), Cham/Heidelberg/New York u. a. 2015, 263–291.

Wenn nun verschiedene Personen gemeinsam durch dasselbe Gefühl betroffen sind und diese gemeinsame Betroffenheit spüren, so muss es sich nach meiner These um unipolare leibliche Interaktion handeln, denn die leibliche Dynamik ist gleichgerichtet, weil es sich um ein einziges Gefühl handelt, das den Impuls gibt. Das (gemeinsame) Gefühl richtet die Leiber, die von ihm betroffen sind, leiblich gewissermaßen gleich aus; es ‚synchronisiert' sie, so könnte man sagen, leiblich im Fühlen. Wird diese *gleichgerichtete* Dynamik von den Beteiligten gespürt, so entsteht durch die Wechselseitigkeit dieser Wahrnehmung eine Gefühlsresonanz, die zu einer Steigerung und Intensivierung des Gefühls führt. In anderen Worten: Wenn ein Gefühl (mindestens) zwei Anwesende zugleich ergreift und sie das wechselseitig spüren, so kann es zu einem leiblichen Mitschwingen kommen, das eine wechselseitige Verstärkung des leiblichen Fühlens zur Folge hat. Dabei erfolgt die Synchronisierung des Fühlens durch einen von den Beteiligten unterschiedenen Impuls: eben durch das Gefühl.[33]

Damit Gefühle gemeinsam erlebt werden können, ist nicht unbedingt Bekanntschaft oder Vertrautheit erforderlich. Man denke etwa an die entlastende Situation, wenn man sich bei gewissen Ereignissen im öffentlichen Raum, seien es von einer selbst positiv oder negativ bewertete direkte Inszenierungen oder auch nur Störungen in öffentlichen Verkehrsmitteln, mit seinen Nachbarn ganz ohne Worte, nur durch Blicke verständigen kann und dabei feststellt, dass sie auf dieselbe Situation emotional genauso reagieren wie man selbst. Dass solche Akte gemeinsamen Fühlens auch unter einander ganz Fremden spontan entstehen können, weist darauf hin, dass sie für therapeutische Zwecke und Resilienz ohne großen Aufwand gezielt eingesetzt werden können, wenn entsprechende Anlässe bewusst hergestellt werden.

Ich möchte die leibliche Dynamik des gemeinsamen Fühlens durch eine Analogie verdeutlichen, und zwar anhand der unipolaren leiblichen Interaktion innerhalb eines Orchesters, die zu gemeinsamen Gefühlen führen kann, aber nicht muss. Mir geht es hier beim Orchester *nicht* um ein gemeinsames

---

[33] In seinen neueren Veröffentlichungen unterscheidet Schmitz die beiden Formen leiblicher Interaktion dadurch, dass das, was ich die „bipolare" Form genannt habe und was Schmitz als „antagonistisch" bezeichnet, mit „[...] Zuwendung zur anderen Seite [...] verbunden ist", während die unipolare Form (bei Schmitz: „solidarische Einleibung") „ohne Zuwendung zum Partner oder zu Partnern erfolgt" (*Schmitz,* Leib 2011, 29). Diese Begriffsbestimmung könnte in der Weise missverstanden werden, als komme es bei der unipolaren leiblichen Interaktion nicht darauf an, dass die Partner sich wechselseitig wahrnehmen und leiblich aufeinander abstimmen bzw. – im Falle von gezielten gemeinsamen Tätigkeiten – miteinander koordinieren. Ich verstehe den Ausdruck „Zuwendung" in Schmitz' Begriffsbestimmung im Sinne von tatsächlicher Bewegung, sodass die antagonistische Einleibung mit Undine Eberlein durch eine „entgegengesetzte" Dynamik und die solidarische durch eine „gleichgerichtete" Dynamik beschrieben werden kann. Erstere wäre mit körperlicher Zuwendung verbunden, während die gleichgerichtete Form meistens nicht mit körperlicher Zuwendung einhergeht (*Eberlein,* Leiberfahrung, 97).

Fühlen (auch wenn dies natürlich prinzipiell möglich ist), sondern zunächst *nur* um die leibliche Interaktion, die ich erst im zweiten Schritt mit der Interaktion mit Gefühlen vergleichen will.

Bei einer Orchesteraufführung nimmt die Dirigentin die leibliche Dynamik des Musikstücks auf, von dem der initiierende und dominante Impuls ausgeht, und von dieser Dynamik lassen sich alle Musiker_innen leiblich gemeinsam unipolar leiten.[34] Dem entspricht die räumliche Anordnung: Die Dirigentin steht dem Orchester gegenüber, damit ihre leiblichen Impulse von den Musikern aufgenommen werden können, während diese untereinander körperlich nur leicht einander zugeneigt und dennoch leiblich synchron verbunden sind, vor allem durch den gemeinsamen Rhythmus, gelegentlich durch synchronisierende Blicke oder Gesten. Mein Vorschlag ist nun, gemeinsame Gefühle nach diesem Muster des Orchesters zu verstehen, wobei dem Gefühl der entscheidende Impuls, also die Rolle des aufzuführenden Werks und die Dirigentenrolle, zukommt, während die gemeinsam Fühlenden wie die Musiker_innen in einem Orchester den Impuls aufnehmen und leiblich unipolar mit ihm mitschwingen.

Bei gemeinsamen Gefühlen – wie bei unipolarer leiblicher Interaktion überhaupt – ist es zwingend erforderlich, dass die Interagierenden sich wechselseitig leiblich ‚wahrnehmen', aber zumeist *ohne* dass sie sich einander *direkt* zuwenden. Die Bedingung der wechselseitigen Wahrnehmung ist unverzichtbar, denn es erscheint wenig sinnvoll, von „gemeinsamen" Gefühlen zu sprechen, ohne dass sie bemerkt und gemeinsam erlebt werden. Nur durch die leibliche Aufmerksamkeit *primär* gegenüber dem Impuls, dem Gefühl selbst, aber eben auch *sekundär* gegenüber den gleich Fühlenden ist es erklärlich, dass gemeinsame Gefühle intensiver erlebt werden als individuelle. Ohne eine Resonanz des Gefühls, die durch den gemeinsamen unipolaren leiblichen Prozess entsteht, scheint es mir nicht sinnvoll, überhaupt von gemeinsamen Gefühlen zu sprechen: Das Gefühl würde sich dann nicht von individuellem Fühlen unterscheiden; es handelte sich dann eher um ein Parallelfühlen oder allenfalls um ein bloßes Wissen, dass andere dieselben Gefühle erleben wie ich, aber noch nicht um eine unmittelbar geteilte Erfahrung. Die meisten gemeinsamen Gefühle zeichnen sich dadurch aus, dass sie stärker und intensiver erlebt werden, und diese Steigerung ist in der leiblichen Resonanz unter Anwesenden begründet. Gemeinsame Gefühle bedürfen keiner expliziten Bewusstheit, wohl aber wenigstens der peripheren wechselseitigen Aufmerksamkeit, des Sich-gegenseitig-wahrnehmens oder des Sich-gegenseitig-registrierens. In anderen Worten: Gemeinsame Gefühle setzen ein sich wechselseitig verstärkendes Echo der Gefühle durch die skizzierte „unipolare" Weise des leiblichen Kontakts voraus. Ohne diese leibliche Interaktion sind keine gemeinsamen Gefühle möglich. Durch die gleiche leibliche Ausrichtung kommt es zu einer Resonanz, welche gewissermaßen

---

[34] Vgl. *Schmitz,* Leib 2011, 48.

die Amplitude der leiblichen Erregung bei allen Beteiligten hoch treibt und damit das Gefühl steigert und intensiviert.

Warum positive Gefühle gesteigert werden können, habe ich mit dem Begriff der leiblichen Resonanz erklärt. Den Grund dafür, warum wir ebenso dazu neigen, negative Gefühle zu teilen, habe ich in Canettis Beispiel mit der ‚Verteilung' der Angst auf mehrere miteinander synchronisierte Pole angedeutet: Die Tatsache, dass die Angst reduziert statt gesteigert wird, wenn sie auf viele verteilt wird, ist in der leiblichen Dynamik der Angst begründet – darin, dass sie ein engendes Gefühl ist. So kann Angst ein wenig relativiert werden, wenn sie gemeinsam erlebt wird. Dabei darf Angst nicht mit Panik verwechselt werden, da diese die Angst wiederum steigert statt reduziert. Bei Panik setzt die unipolare leibliche Interaktion bezeichnenderweise aus. Wenn es sich etwa um eine fliehende Masse handelt, die nicht gemeinsam durch einen engenden Korridor fliehen kann und deshalb panisch wird, so ist plötzlich jeder nur noch für sich, es kommt zu gegenseitigem Stoßen oder sogar Schlimmerem.³⁵ Gemeinsame Angst etwa in einer Gefahrensituation ist prekär und kann in Panik umschlagen, da die leibliche Interaktion nur so lange die Angst reduziert, wie ein gemeinsamer Ausweg aus der Gefahr wahrgenommen wird und entsprechend die Beteiligten leiblich gleich ausgerichtet sind.

Meine These ist also, dass lediglich leiblich weitende Gefühle wie Freude, Begeisterung, Wut oder Empörung beim gemeinsamen Fühlen gesteigert werden, während leiblich engende oder drückende Gefühle wie Scham, Schuldgefühle, Traurigkeit und Trauer,³⁶ die eher belastend sind, durch gemeinsames Fühlen abgeschwächt oder – im Fall der Scham – vielleicht sogar ganz aufgehoben werden können.³⁷ Um diese These plausibel zu machen, be-

---

[35] „Die Energie der Flucht vervielfacht sich, solange jeder darin die anderen erkennt: er darf sie vorwärtsschieben, jedoch nicht beiseite stoßen. Im Augenblick aber, da er nur noch auf sich selbst bedacht ist und die Umstehenden bloß als Hindernis empfindet, ändert sich der Charakter der Massenflucht vollkommen und schlägt in ihr Gegenteil um: es wird eine Panik daraus, ein Kampf jedes einzelnen gegen alle anderen, die ihm im Wege sind. [...] Die Gefahr, die bis jetzt eine beschwingende und vereinigende Wirkung hatte, stellt *einen* als Feind gegen den *anderen* auf, und jeder versucht, sich selbst zu retten" *(Elias Canetti:* Masse und Macht, Frankfurt am Main 1994 [1960], 55 [Hervorhebung im Original]).

[36] Kollektivtrauer kann allerdings eine solche Suggestivkraft auf Außenstehende ausüben, dass bis dahin ganz neutral gestimmte Personen das Gefühl plötzlich teilen. Auch scheinen Trauerrituale oft – entgegen meiner allgemeinen Thesen – auf eine Steigerung des Gefühls ausgerichtet zu sein. Das könnte mit der spezifischen Verlaufsgestalt der Trauer zusammenhängen, die eines gewissen Höhepunkts bedarf, um abgeschlossen werden zu können. Hier zeigt sich, dass der Zusammenhang zwischen der Leiblichkeit, die für das jeweilige Gefühl typisch ist, und der Frage, ob sich das Teilen des Gefühls eher als eine Steigerung oder eher als eine Milderung auswirkt, weiterer Untersuchungen anhand von *bestimmten* Gefühlen bedarf und nicht ohne weiteres pauschal beantwortet werden kann.

[37] Ausführlicher habe ich mich dazu anderenorts geäußert, vgl. *Hilge Landweer:* Gemeinsame Gefühle und leibliche Resonanz, in: Undine Eberlein (Hg.): „In-

dürfte es allerdings weiterer phänomenologischer Studien. Der Vorzug der leibphänomenologischen Sicht dürfte deutlich geworden sein: Es ist nun nicht mehr nötig, erstens komplizierte Überlegungen über das intentionale Objekt des gemeinsamen Gefühls anzustellen[38] und zweitens nach einer Erklärung zu suchen, warum positives gemeinsames Fühlen zu einer Gefühlssteigerung führt. Zudem ist drittens unmittelbar einsichtig, warum das gemeinsame Fühlen einen eigenen Wert hat und sehr oft bewusst inszeniert wird.

Haben die Interaktionspartner dagegen nicht von vornherein dieselben Gefühle, sondern unterschiedliche oder gar gegensätzliche, so lassen sich die entsprechenden Prozesse mit Humes Prinzipien von *sympathy* und Vergleich erklären. Hier handelt es sich um den oben skizzierten bipolaren Typus leiblicher Interaktion, da in diesen Fällen wegen der Verschiedenheit der Gefühle Impulse von den fremden und zugleich von den eigenen Gefühlen ausgehen.

Die vorangegangenen Überlegungen ermöglichen es jetzt, einen neuen Blick auf die Gründe dafür zu werfen, warum emotionale Bindungen für die Ausbildung von Resilienz von so entscheidender Bedeutung sind. Emotionale Bindungen entstehen aufgrund von mindestens einer der vielen Varianten von Liebe, wie z. B. aufgrund von erotischer Liebe, Freundschaft oder Eltern- und Kindesliebe, als einem gemeinsamen Gefühl.[39] Liebe ist aber nicht nur ein episodisches Gefühl, sondern es führt im Falle des Erwidertwerdens zur Ausbildung von einer gemeinsamen Situation im weiten Sinne,[40] die wiederum prädestiniert ist für das Entstehen weiterer gemeinsamer Gefühle. Je mehr Situationen man aber gemeinsam erlebt, umso mehr Chancen gibt es auch, von gemeinsam erlebten Ereignissen emotional gemeinsam betroffen zu werden und so Gefühle zu teilen. Es ist diese Verbundenheit mit anderen, die neben dem Teilen von positiven Gefühlen auch die Möglichkeit zum Mitfühlen und Teilen der belastenden (z. B. Traurigkeit und Trauer) und engenden (Angst und affektiver Schmerz) Gefühle im Falle von Erschütterungen und Krisen enthält und dadurch deren Dämpfung ermöglicht. Dies ist der Grund, warum emotionale Bindungen zu Recht als Resilienzfaktor gelten. Entsprechendes lässt sich, wenn auch in abgeschwächter Form, für gelungene Kooperationsbeziehungen in gemeinsamen Projekten sagen, die durch

---

tercorporeity, Movement and Tacit Knowledge – Zwischenleiblichkeit und bewegtes Verstehen", Bielefeld 2016, 137–174.

[38] Das ist z. B. in der Debatte über kollektive Gefühle der Fall, die durch die Diskussion um kollektive Intentionalität motiviert ist, vgl. z. B. *Hans Bernhard Schmid:* Shared Feelings. Towards a Phenomenology of Collective Affective Intentionality, in: Ders./Katinka Schulte-Ostermann/Nikos Psarros (Hgg.): Concepts of Sharedness. Essays on Collective Intentionality, Heusenstamm 2008, 59–86; *Ders.:* Plural Action. Essays in Philosophy and Social Science, Cham/Heidelberg/New York u. a. 2009; und *Ders./David P. Schweikard (Hgg.):* Kollektive Intentionalität. Eine Debatte über die Grundlagen des Sozialen, Frankfurt am Main 2009.

[39] Vgl. *Christoph Demmerling/Hilge Landweer:* Philosophie der Gefühle. Von Achtung bis Zorn, Stuttgart 2007, 127–165 (Kap. über „Liebe").

[40] Vgl. *Hermann Schmitz:* Situationen und Konstellationen, z. B. 103–111.

das Teilen der Sorge um deren Gelingen, das heißt durch das gemeinsame Engagement, ebenfalls von starken gemeinsamen Gefühlen begleitet sein können und, falls sie hinreichend etabliert und stabil sind, auch zur Resilienz beitragen können.[41]

Abschließend sei noch die Frage aufgeworfen, ob das Bild, es gäbe einerseits gemeinsame Gefühle, andererseits individuelle Emotionen und außerdem noch Sympathiegefühle, vielleicht irreführend ist. Funktionieren nicht auch die individuellen Gefühle oft einerseits als habitualisierte gemeinsame Gefühle,[42] andererseits gemäß dem von Hume beschriebenen Resonanz- und Vergleichsprinzip[43], und wenn das so ist, ‚gehören' sie dann nicht nur in einem sehr eingeschränkten Sinne uns allein? Dies führt zur Frage der Abhängigkeit der Gefühle von sozialen Prozessen. Auf den Zusammenhang der Ausbildung individueller wie auch gemeinsamer Gefühle mit Gefühlskontrolle, die immer einer sozialen Normierung folgt, und den entsprechenden Diskursen, die oft ganz unbemerkt einen Konformitätsdruck beim Fühlen erzeugen, kann hier nicht eingegangen werden.[44] Weder individuelle Gefühle noch gemeinsame Gefühle lassen sich empirisch oder begrifflich sinnvoll von den gesellschaftlichen Normen für das Fühlen abtrennen. Nimmt man die normative Einbettung aller Gefühle als Theorem ernst, so muss man vielleicht soweit gehen, dass wir kaum ein Gefühl ausschließlich „für uns selbst" haben – entgegen der Auffassung der Privatheit der Gefühle.

Für die Frage nach der Resilienz gilt: Je mehr jemand gemeinsam mit anderen fühlt oder in Humes Sinne mit Hilfe der *sympathy* ihre Gefühle teilt, umso besser wird er oder sie im Falle von Krisen aufgefangen, umso weniger ist die Person isoliert. Aber dafür kann ihr nur sehr begrenzt Verantwortung zugeschrieben werden. Wenigstens kurz sei auf eine weitere normative Frage eingegangen: Ist es aus moralisch-politischer Perspektive immer gut, gemeinsam zu fühlen? Natürlich nicht. Vom Nürnberger Parteitag bis zu Pegida: Das politische Inszenieren gemeinsamer Gefühle birgt zweifellos Gefahren. Dennoch möchte ich die These verteidigen, dass im gemeinsamen Fühlen stets eine mindestens vordergründige Unterstützung des Einzelnen liegt

---

[41] Auf die Strukturähnlichkeiten von Sorge und Resilienz weisen *Richter/Blank* hin, Resilienz, 72.

[42] Vgl. *Wehrle,* Konstitution.

[43] Das Vergleichsprinzip bedarf der Erwähnung, weil mit seiner Hilfe erklärt werden kann, warum es nicht in allen Fällen zu Gefühlsresonanzen kommt, sondern oft auch entgegengesetzte Gefühle ausgebildet werden. Das führt hier aber zu weit, vgl. *Hume,* Treatise, II.2.8, und *Hilge Landweer:* David Humes ‚Grammatik' der Gefühle. Sympathy, Vergleich und Moral Sense, in: Birgit Neumann/Barbara Schmidt-Haberkamp (Hgg.): Emotion, Wissen, Aufklärung. Gefühlskulturen im Großbritannien des 18. Jahrhunderts (= Das 18. Jahrhundert 2/2015), Wolfenbüttel 2015, 160–175.

[44] Vgl. dazu die Einleitung und das Kap. 1 in *Judith Butler:* Raster des Krieges. Warum wir nicht jedes Leid beklagen, Frankfurt am Main 2009 (Original: Frames of War. When is Life Grievable?, London 2009) sowie *Athena Athanasiou/Dies.*: Die Macht der Enteigneten. Das Performative im Politischen, Zürich/Berlin 2014.

und dass dies der Grund ist, warum gemeinsame Gefühle angestrebt und oft institutionell arrangiert werden. Die moralisch-politische Bewertung von Gefühlen ist von deren Gehalten sowie von den Kontexten und Geschichten ihrer Entstehung abhängig. Ebenso verhält es sich auch mit der Resilienz. Auch da muss gefragt werden, in welche neoliberalen Diskurse der Begriff der „Resilienz" eingebunden ist und wer zu welchem Ziel und in welchem Kontext und auf dem Hintergrund welcher Geschichte Resilienz ausbilden kann – und soll.

Weisen von Verkörperung in der christlichen Schmerztradition und die Frage nach Resilienz

Thomas Wabel

Thomas Wabel's essay presents an analysis of Martin Luther's "Sermon on Reflection on the Holy Suffering of Christ" and "Sermon on Preparation for Dying" as well as of Bach's St Matthew Passion. Similar to Christoph Horn, he stresses the importance of being acquainted with religious traditions, texts and rites by constant practice. Similar to Jochen Flebbe, he highlights the importance of communicative religious interaction. And similar to Hilge Landweer, he gives attention to the dimension of embodiment. Luther and Bach both demonstrate the way that the Gospel's ability to empower individuals through the affective dynamics of embodiment is made especially clear in its presentation of pain and suffering. The image of Christ becomes accessible in these presentations in a way that can reverse our values of activity, autonomy and creative capacities towards modes of acceptance of passivity and limitation.

1. Schmerz und Resilienz

Jedes Kruzifix führt es dem Betrachter drastisch vor Augen: Im Zentrum der christlichen Religion steht die Offenbarung Gottes in einem Menschen, der unter großen Schmerzen stirbt. Das kann befremdlich, ja abstoßend wirken. Doch zugleich birgt gerade diese Identifikation Gottes mit dem körperlichen Leiden von Menschen seelsorgerliches Potential. Dem Menschen in Todesnot empfiehlt Luther, „auf Christus und sein Bild" zu schauen;[1] „je tiefer und fester du dir dies Bild [...] ansiehst, je mehr des Todes Bild [...] von selbst verschwindet, [...] und so hat dein Herz Frieden"[2]. Eine reiche Tradition christlicher Dichtung meditiert Christi Leiden mit dem Ziel, eine Hilfestellung zum Umgang mit eigenem körperlichen und seelischen Leid zu geben. Wie lässt sich die Wirkung solcher Frömmigkeitspraxis verständlich machen in einer Gegenwart und einer Gesellschaft, die nicht mehr in christlichen Traditionen verwurzelt ist? Können christlich-religiöse Artikulationsformen zur Bewältigung von physischem Schmerz verhelfen?

Ein gemeinsames Forschungsprojekt „Resilienzfaktoren in der Schmerzverarbeitung" der Universitäten Bamberg und Würzburg widmet sich dem

---

[1] Martin Luther: Sermon von der Bereitung zum Sterben, in: BoA I, 161–173, hier: 169,17. Luthers Text gleiche ich lexikalisch und orthographisch behutsam an den gegenwärtigen Sprachgebrauch an.

[2] A. a. O. 165,23–25.

Zusammenwirken körperlicher und mentaler Faktoren im Umgang mit dem Schmerz. In der Kooperation von Psychologie, Medizin und Evangelischer Theologie sollen kognitive und neurobiologische Resilienzfaktoren ermittelt werden, die die Entstehung chronischer Schmerzerkrankungen verhindern.[3] Schmerz wird dabei als multifaktorielles Phänomen verstanden, das von einer komplexen Wechselwirkung von körperlichem Empfinden und mentalen Verarbeitungsprozessen gekennzeichnet ist[4] und das nicht nur durch physiologische Vorgänge, sondern auch durch innere Erwartungshaltung, Pessimismus bzw. Optimismus oder die Deutung dessen, was geschieht, beeinflusst wird. Dem entspricht ein weit gefasstes Verständnis von Resilienz,[5] demzufolge die Fähigkeit zum Umgang mit Adversität etwa auch familiäre, soziale und spirituelle Ressourcen umgreift.

Um zu erkunden, in welcher Weise christliche Überlieferung für ein Verständnis schmerzbezogener Resilienz relevant sein kann, ist es nötig, körperliches und geistiges Ergehen im Umgang mit dem Schmerz in ein Verhältnis zueinander zu setzen. Es gilt, die Spezifika einer religiösen Perspektive im Umgang mit Schmerz auf eine Weise zu beschreiben, die anschlussfähig ist für naturwissenschaftlich-empirische Zugänge, aber gleichwohl den Eigensinn religiöser Phänomene wahrt und sich einer reinen Funktionalisierung der Religion widersetzt.[6]

Dabei ist freilich religiöse Deutung nicht so zu verstehen, als ginge es darum, dem Leiden „einen Sinn aufzureden". Gerade die biblische Tradition ist dadurch gekennzeichnet, dass das erlittene Leid sich einer Sinngebung widersetzt.[7] Im Extremfall wird Gott als der verstanden, der sich verbirgt.[8] Ebenso wäre es theologisch fragwürdig, körperliches Ergehen und religiöse Deutung auf einsinnige Weise einander zuzuordnen – sei es, dass Leid als

---

[3] Näheres s. unter http://www.dolo-res.de/ (zuletzt aufgerufen am 07.05.2017).
[4] *Birgit Haberland/Mareike Lachmann:* Leiden und Schmerz, in: PrTh 46, 2014, 17–21; *Traugott Roser:* Schmerz ausdrücken und behandeln in Ritualen, in: PrTh 49, 2014, 221–227.
[5] Vgl. die Definition bei *Gang Wu/Adriana Feder:* Understanding resilience, in: Frontiers in Behavioral Neuroscience 7, 2013, 1–15 und zur theologischen Rezeption *Cornelia Richter:* Das Selbst als Balanceakt von Physis und Psyche. Leiblichkeit, Ratio und Affektivität, in: Elisabeth Gräb-Schmidt (Hg.): Was heißt Natur? Philosophischer Ort und Begründungsfunktion des Naturbegriffs, Leipzig 2015, 157–173.
[6] Religionstheoretisch lässt sich dieser Eigensinn des Religiösen dadurch beschreiben, dass – religiöser Selbstdeutungsperspektive zufolge – im Praktizieren seiner Religion der Mensch sich auf ein Anderes seiner selbst richtet, dass also religiöse Praxis als Weise des Umgangs mit dem eigenen Ergehen nicht hinreichend verstanden ist.
[7] *Johannes Fischer:* Krankheit und Sinn. Zur religiösen Wahrnehmung von Krankheit und ihren ethischen Implikationen, in: Ethik in der Medizin 23, 2011, 53–61; *Henning Luther:* Die Lügen der Tröster. Das Beunruhigende des Glaubens als Herausforderung für die Seelsorge, in: PrTh 33, 1998, 163–176.
[8] Zu diesem christologischen Motiv s. *Thomas Wabel:* Verborgenheit und Entzogenheit Gottes, in: NZSTh 53, 2011, 45–70; *Cornelia Richter:* Luthers theologia crucis. Eine Erinnerung in systematischer Absicht, in: Luther 84, 2013, 81–90, hier: 86.

Strafe für Sünde verstanden wird, die Hoffnung auf das Heil sich ausschließlich an die erwartete Heilung knüpft oder der religiöse Umgang mit Schmerz und Leid im Horizont der Passionsfrömmigkeit zur Schmerzverherrlichung wird. Schließlich erscheint – ganz im Sinne der im Bonner Forschungsschwerpunkt „Resilienz und Spiritualität" getroffenen Voraussetzungen[9] – eine gewisse Vorsicht davor angebracht, Resilienz engzuführen auf eine (wie auch immer zu erlangende) „Kraft von Innen"[10]. Es könnte sein, dass der hier zu entwickelnde Charakter des Eigensinns christlich-religiöser Auseinandersetzung mit dem Schmerz im Gegensatz steht zu den eigentlich erstrebten Resilienzfaktoren – und dass sich gerade darin der spezifische Beitrag der christlichen Religion erweist.

2. Schmerz und Verkörperung

2.1. Verkörperung und Artikulation

Das Zusammenwirken somatischer und kognitiver Faktoren beim Phänomen Schmerz stellt eine erhebliche methodische Herausforderung dar. Unter den gegenwärtig diskutierten Ansätzen einer Philosophie der Verkörperung, die einen Dualismus zwischen Körper und Geist zu überwinden trachten, ist zur Bearbeitung dieses Zusammenwirkens insbesondere Matthias Jungs *Anthropologie der Artikulation* aussichtsreich.[11]

Leitend ist für Jung die Verschränkung von Körperlichem und Geistigem. Das Geistige ist essentiell verkörpert; der Mensch ist ein „verkörperter Symbolverwender"[12]. Dabei lassen sich die Aspekte *physischer, medialer* und *soziokultureller Verkörperung* unterscheiden:

---

[9] Näheres dazu s. unter http://www.ev-theol.uni-bonn.de/fakultaet/ST/lehrstuhl-richter/zur-aktuellen-forschung-1/resilienz/resilienz.

[10] *Clemens Sedmak:* Innerlichkeit und Kraft. Studie über epistemische Resilienz, Freiburg/Basel/Wien 2013.

[11] *Matthias Jung:* Der bewusste Ausdruck. Anthropologie der Artikulation, Berlin/New York 2009. Für einen instruktiven Überblick über verkörperungstheoretische Ansätze s. *Thiemo Breyer:* Philosophie der Verkörperung. Grundlagen und Konzepte, in: Gregor Etzelmüller/Annette Weissenrieder (Hgg.): Verkörperung als Paradigma theologischer Anthropologie, Berlin/New York 2016. – Im Folgenden greife ich z. T. zurück auf *Thomas Wabel:* Den Schmerz zur Sprache bringen. Wechselwirkungen von Geist und Körper in religiöser Artikulation und der Aufbau von Resilienz, in: PrTh 51, 2016, 88–94.

[12] *Jung,* Der bewusste Ausdruck, 272. 470.

- *Physisch* bzw. *somatisch verkörpert* ist menschliche Artikulation, sofern sprachliche Gliederung eine physische Gliederung von Bewegungen, Atmung usw. voraussetzt.[13]
- Artikulation ist *medial verkörpert*, weil sie sich stets in einer bestimmten Form materialisiert – in Schrift, Laut, Geste oder anderen Hervorbringungen.[14]
- Und schließlich greifen unser Sprechen, unsere Gestik oder Mimik aus auf den Raum intersubjektiver Verständigung – Artikulation ist *soziokulturell verkörpert*.[15]

Diese Aspekte von Verkörperung greifen vielfach ineinander[16] und erzeugen eine Wechselwirkung zwischen körperlichem und geistigem Erleben. Weil der Mensch ein verkörperter *Symbolverwender* ist, ist es ihm möglich, sich geistig von der Unmittelbarkeit seines Erlebens zu distanzieren. Diese Fähigkeit der *Dezentrierung* ist wiederum rückgekoppelt an das körperliche Empfinden: Innerlich in Distanz zu treten zu einer belastenden oder schmerzhaften Situation kann dazu führen, dass eine körperliche Anspannung sich löst und sich das Erleben dieser Situation verwandelt.[17] In dieser *Rezentrierung* wird der Mensch seiner selbst als eines *verkörperten* Symbolverwenders inne.[18] Aufgrund dieses Zusammenwirkens von Dezentrierung und Rezentrierung – das seinerseits in der Verkörperung menschlicher Wahrnehmung und Erkenntnis gründet – können Formen sprachlicher Äußerung eine transformierende Wirkung haben.

---

[13] A. a. O., 12f. 264ff.
[14] Den Begriff „mediale Verkörperung" verwendet Jung nicht; er ist aber in der Intersubjektivität, Kulturalität und Symbolizität (a. a. O., 14f. 273 u. ö.) der materiellen Verkörperung in Zeichen (a. a. O., 13. 22) angelegt.
[15] A. a. O., 224. 264ff.
[16] A. a. O., 262. 268. 270. 273 u. ö.
[17] Am Beispiel der Angst als Empfinden der „Engung" und „Spannung" wird die Wirkung von Gefühlen auf das physische Befinden deutlich. „Man ‚hat' sie (und entsprechend andere Gefühle) […] als […] an die Körperlichkeit gebundenes subjektives Erleben" (*Christoph Demmerling/Hilge Landweer:* Philosophie der Gefühle. Von ‚Achtung' bis ‚Zorn', Stuttgart 2007, 23). Mit einer sich wandelnden emotionalen Einfärbung geht eine Modifikation der leiblichen Selbstwahrnehmung einher (ebd.). Diese *phänomenologische* Beschreibung kann als Hinweis auf die Wechselwirkung zwischen somatischem und mentalem Erleben verstanden werden, die Jung *verkörperungstheoretisch* analysiert.
[18] Zur Terminologie von Dezentrierung und Rezentrierung im Anschluss an Helmuth Plessner s. *Jung*, Der bewusste Ausdruck, 456.

2.2. Schmerz und Artikulation

Doch ist die Überwältigung durch den Schmerz als „Hereinbrechen übergroßer Quantität"[19] nicht so groß, dass wir nicht mehr zum eigenen Ergehen in Distanz treten können? Dass die Intensität des Schmerzes die Distanzierungsfähigkeit, die den Menschen auszeichnet, zum Erliegen bringen kann,[20] scheint dafür zu sprechen, physischem Schmerz eine Sonderrolle innerhalb des Spektrums menschlichen Leids zuzuweisen.

Aber die vorgängige Vermitteltheit, in der sich der Mensch zu seinem Ergehen ins Verhältnis setzen kann, ist damit nicht grundsätzlich außer Kraft gesetzt. Schmerzäußerungen, selbst unartikuliertes Stöhnen und Seufzen[21] sind zwar einerseits unmittelbare Reaktionen auf ein körperliches Empfinden. Aber auch die unmittelbare Schmerzäußerung steht in einem „expressiven Kontinuum" mit artikulierten Sprachformen.[22] Das bedeutet einerseits, dass auch höherstufige sprachliche Expressionen rückgebunden sind an unmittelbares qualitatives Erleben. Umgekehrt eröffnen auch unmittelbare, wenig gegliederte Ausdrucksformen den Weg zur distanzierenden Artikulation des Ergehens.

Sozial ermöglicht die Artikulation des Schmerzes Empathie, indem sie ausgreift auf einen Kontext, in den andere einbezogen sind und der Betroffene nicht bei sich allein verbleibt.[23] In *medialer* Hinsicht ist der Eigenwert bestimmter Artikulationsformen zu berücksichtigen, der dem Erleben zum Ausdruck verhilft, eben dadurch aber auch dem Betroffenen als ein Anderes gegenübertritt und so Distanzierung ermöglicht. Daraus resultiert für den Aspekt *somatischer* Verkörperung eine *Doppelbewegung (auch: religiöser) Artikulation*: Die Leibgebundenheit menschlicher Intentionalität wird thematisiert – und die Artikulation des leidvollen Ergehens hat wiederum Rückwirkungen auf die Selbstwahrnehmung des Betroffenen.[24] Es gelingt dem Menschen als artikuliertem Wesen immer wieder, sich von der Unmittelbarkeit

---

[19] *Sigmund Freud:* Entwurf einer Psychologie (1895), zit. nach *Sigrid Weigel:* Homo dolens. Der Schmerz als bedeutungsgebendes Vermögen, in: Eugen Blume u. a. (Hgg.): Schmerz. Kunst und Wissenschaft, Köln 2007, 281–288, hier: 284.

[20] „Schmerz ist wehrloses Zurückgeworfensein auf den eigenen Körper, so zwar, daß kein Verhältnis mehr zu ihm gefunden wird. [...] Man besteht nur noch aus Zahn, Stirn, Magen" (*Helmuth Plessner:* „Lachen und Weinen" (1941), in: Ders.: Ges. Schriften VII, Frankfurt am Main 1982, 352).

[21] Vgl. Paulus zu den „unaussprechlichen Seufzern" der Kreatur (Röm 8,26).

[22] *Jung,* Der bewusste Ausdruck, 20. 193f.

[23] A. a. O., 177. Zu dieser Wirkung, die einer einengenden Tendenz entgegenwirkt, s. *Michael Klessmann:* Heilsamer Glaube?! Über den Zusammenhang von Religiosität, Seelsorge und Heilung, in: Christof Gestrich/Thomas Wabel (Hgg.): An Leib und Seele gesund. Dimensionen der Heilung, Berlin 2007, 130–148, hier: 140.

[24] Im „Vollzug expressiver Akte [...] setzt sich das artikulierende Selbst unvermeidlich in ein inneres Verhältnis zu physischen Strukturen seines Organismus [...] und der umgebenden Welt" (*Jung,* Der bewusste Ausdruck, 303).

des Sinneseindrucks zu lösen. In dieser Distanzierungsleistung gründet seine Freiheit. Die dabei verwendeten Formen medialer Verkörperung sind aber soziokulturell wie somatisch eingebettet und rückgekoppelt. Ihre Verwendung führt den Menschen daher immer wieder zurück zu sich selbst in seiner körperlichen Existenz – und zwar oft in veränderter und verändernder Form.[25] Die *transformierende Kraft*, die aus dieser Wechselwirkung erwächst, kann als Kennzeichen von Resilienz verstanden werden.

Für das Verständnis des Beitrags, den spirituelle Traditionen für den Aufbau von Resilienz leisten können, sind die vorgängige mediale und soziokulturelle Verkörperung religiöser Sprach- und Symbolformen entscheidend.[26] Beide zusammen stellen die unhintergehbaren Bedingungen menschlichen Weltverhaltens dar; beide Dimensionen interagieren auf vielfache Weise. Wenn nach dem Beitrag christlicher Traditionen für den Aufbau von Resilienz gefragt ist, dann ist auf die Weisen dieser Interaktion zu achten.

3. Das Christentum und der Schmerz

3.1. *Verkörperung des Leidens – Mitleiden mit Christus in der Tradition christlicher Spiritualität*

Über Jahrhunderte hinweg ist der gekreuzigte Christus gerade wegen der Vergegenwärtigung physischen Schmerzes als Deutungsreservoir für die Bewältigung eigenen Leids zentral. Religiöse Deutungsmuster stellen eine Sprache zur Verfügung, mittels derer ein Mensch sein Ergehen formulieren kann. Der leidende Mensch identifiziert sich mit dem leidenden Christus. Die Passionsbetrachtungen Bernhards von Clairvaux, der sich u. a. ausdrücklich auf Paulus' Predigt von dem gekreuzigten Christus bezieht,[27] werden prägend für die Herausbildung einer Schmerz- und Leidensmystik im Mittelalter. Nachfolge und Teilhabe an der Passion Christi zielen auf das Nachempfinden und die Intensivierung des Leides in Passionsmeditationen, wie sie in Stigmatisierungen ihren extremsten Ausdruck erfahren.[28]

---

[25] Solche „*Rückkoppelungsschleifen*" zwischen kulturell differenzierten Formen reflexiver Artikulation und direkter, unmittelbarer Erfahrung (a. a. O., 450) sind zentrales Implikat der These von einem Kontinuum soziokultureller und somatischer Verkörperung (a. a. O., 275).

[26] A. a. O., 221.

[27] *Ulrich Köpf*: Art. Passionsfrömmigkeit, in: TRE XXVII, Berlin/New York 1997, 722–764, hier: 725f.

[28] A. a. O., 726.

Selbst in der Tradition mittelalterlicher Passionsfrömmigkeit stehend, setzt sich Martin Luther mit dieser Tradition kritisch auseinander.[29] Seine sog. *Kreuzestheologie*, die er ebenfalls im Rückgriff auf Paulus entwickelt, zeugt von einer charakteristischen Umprägung spiritueller Selbstaufgabe, die die Demut nicht mehr als Tugend versteht, sondern als durch das Wort Gottes bewirkte Selbsterkenntnis.[30]

3.2. Den Schmerz auf Christus legen – Dezentrierung und Tausch der Eigenschaften bei Luther

Auf die paulinischen Wurzeln von Luthers Kreuzestheologie kann hier aus Platzgründen nur sehr summarisch eingegangen werden:[31]

– Bei Paulus tritt (etwa 2Kor 12,9) die Gegenläufigkeit einer christlich erworbenen Leidensbewältigung gegenüber eigenen Erwartungen hervor. Einer finalisierenden Betrachtung von Resilienz als einer Kraft, die aus der Aktivierung innerer Ressourcen entsteht, ist dies genau entgegengesetzt. Resilienz erscheint vielmehr als Krisenphänomen.[32]

– Diese Bewältigung ist charakterisiert durch eine Umbesetzung des Ich (Gal 2,20) und geht mit einer christologisch bestimmten Umwegigkeit der Selbstdeutung einher. Eine Veränderung im Erleben des quälenden Geschehens vollzieht sich, wenn sich der Mensch von sich weg führen lässt und sein Leben unter dem veränderten Vorzeichen betrachtet, „Christus gleichgestaltet" (2Kor 4,10) zu sein.

– Daraus resultiert eine paradoxe Souveränität, die im Aufgeben von Autonomie besteht. Eine grundlegende Passivität und Machtlosigkeit als eine Form von Abhängigkeit anzuerkennen, kann eine Stärke im Selbsterleben bewirken, die sich gerade aus dem Eingeständnis der Schwäche speist (2Kor 12,10).

Wie Luther diese Elemente aufgreift und fortbildet, lässt sich an seinen Sermones *Von der Betrachtung des heiligen Leidens Christi* und *Von der Bereitung zum Sterben* (1519)[33] zeigen.

---

[29] A. a. O., 750f.
[30] *Karl-Heinz zur Mühlen:* Art. Demut VI. Reformation, in: TRE VIII, Berlin/New York 1981, 474–478, hier: 475.
[31] Vgl. *Matthias Konradt:* Kreuzestheologie, in: Friedrich Wilhelm Horn (Hg.): Paulus Handbuch, Tübingen 2013, 314–321; *Sabine Bieberstein:* Der nicht geheilte Paulus. Oder: Wenn Gottes Kraft in der Schwachheit mächtig ist, in: BiKi 61, 2006, 83–87.
[32] *Richter*, Selbst als Balanceakt, 166f.
[33] *Martin Luther:* Sermon von der Betrachtung des heiligen Leidens Christi (1519), in: BoA I, 154–160; *Ders.:* Bereitung zum Sterben, 161–173. Auf welchen der beiden Sermone sich die nachfolgenden Belegstellen jeweils beziehen, erhellt aus der Seitenzahl der BoA.

An die Stelle des Mitleids mit dem gepeinigten Christus, der ausladenden Schilderung seiner und Mariens Schmerzen und der Wut auf die Verursacher dieses Leids rückt der Glaubende selbst in den Mittelpunkt: „Der Nutzen des Leidens Christi ist [...] daran gelegen, daß der Mensch zur Erkenntnis seiner selbst komme und vor sich selbst erschrecke und zerschlagen werde."[34] Diese *Blickumkehr* wird vom Betrachter als schmerzlich und beängstigend erlebt;[35] wie bei Paulus ist sie *gegenläufig* zu allen menschlichen Erwartungen, Christi Leiden könne gleichsam eine Schutzwirkung gegen eigenes Leid entfalten.[36] Nur indem der Mensch „dem Bild und Leiden Christi [...] gleichförmig" wird, ist dieses Leiden „fruchtbarlich" bedacht.[37]

Welche Veränderung diese Blickumkehr im Betrachter der Passion bewirkt, erläutert Luther in bildbezogener Metaphorik. Wie Christi Leiden durchsichtig wird auf den Betrachter, dessen Sünde dieses Leid verursacht hat, so wird das Bild der eigenen Sünde durchsichtig auf Christus, der die Sünde getragen hat.[38] In dieser *Umwegigkeit* über Christus kommt es zum *Umschlag* von schmerzlicher Selbsterkenntnis hin zur heilvollen Erfahrung Christi – theologisch beschreibbar im Zusammenwirken von Gesetz und Evangelium. Das dreimalige „sich einbilden" bzw. „in sich bilden"[39] beschreibt die Veränderung, die sich dabei im Menschen vollzieht. Der in der deutschen Mystik belegte Ausdruck[40] bedeutet „sich einprägen" und suggeriert damit über die Betrachtung hinaus das Umgeformt-Werden, die Transformation der Erfahrung. Luther verwendet die Metaphorik für Schrecken wie für Heil gleichermaßen.[41] Der Umschlag vollzieht sich in dem Menschen, der sich von dem Anblick des Leidens Christi umprägen lässt, Christi Leiden in sich selbst und das eigene Ergehen in Christus entdeckt. Die Umwandlung des Erlebens vollzieht sich, indem dem Menschen ein Anderes seiner selbst vor Augen gestellt wird,[42] er sich in dessen verändernder Betrachtung übt und sich so das Bild geradezu einverleibt.[43]

---

[34] BoA I, 155,14–22. 154,29–155,3. 157,10–12.
[35] A. a. O., 157,22f.
[36] A. a. O., 155,8–14.
[37] A. a. O., 157,31f. 36.
[38] Luther spricht vom „Durchsehen in ein anderes Bild" (a. a. O., 165,1). „Also mußt du die Sünde nicht ansehen [...] in deinem Gewissen [...], sondern abkehren deine Gedanken und die Sünde nicht denn in der Gnaden Bild ansehen und dasselbe Bild mit aller Kraft in dich bilden und vor Augen haben. Der Gnaden Bild ist nichts anderes denn Christus am Kreuz" (a. a. O., 165,35–166,2).
[39] A. a. O., 165,23; 165,39; 66,5f.
[40] *Jacob u. Wilhelm Grimm:* Deutsches Wörterbuch (1862), Bd.3, München 1984, 150.
[41] Schrecken: BoA I, 156,17; Heil: s. die vorangehenden Belege.
[42] A. a. O., 167,25; 171,34.
[43] „[I]n uns üben": a. a. O., 167,10; zum Umgang mit den Bildern: a. a. O., 163,30; 165,6; 166,5f. 29. 35f.; 168,28. Vom „Einleiben" in Bezug auf die Sakramente: a. a. O., 169,4; den durch diese bewirkten Austausch von Leben und Tod, Gehorsam und Sünde, Liebe und Hölle schildert Luther analog zur Verwandlung im Betrachten des Bildes (a. a. O., 169,2–4. 7–13. 16–18).

Anselm Steiger verweist auf die „geradezu szenische und theatralische Qualität" dieses Vorgangs.[44] Berücksichtigt man den körperbezogenen Aspekt der Metaphorik von „bilden" und „prägen", dann erschließt sich die verwandelnde Kraft dieser Inszenierung des Bildes Christi: Der Betrachter verbleibt nicht in der Zuschauerrolle, sondern erfährt die Blickumkehr am eigenen Leib. Der Gegenläufigkeit in der Betrachtung des Bildes entspricht der „fröhliche Wechsel", der wundersame Austausch (*communicatio idiomatum*) von Gnade und Sünde, Schrecken und Trost in der Verbindung von Christus und der glaubenden Seele.[45] Der Wandel von Verzweiflung an sich selbst zur hoffnungsfrohen Teilhabe an Christus erweist sich als eine grundsätzliche kommunikative Struktur zwischen Gott und Mensch,[46] die die christologische Denkfigur der *communicatio idiomatum* auf das Verhältnis von Gott und Mensch am Ort des Glaubenden bezieht.

Dieser spezifisch christlich-theologische Zusammenhang lässt sich religionstheoretisch anhand des Verkörperungsbegriffs erläutern: In jeder Religion, sofern diese „*Immanentes* unter dem Gesichtspunkt der Transzendenz betrachtet"[47], ist das, worauf sie sich richtet – auch der körperlose, ewige Gott –, „unhintergehbar verkörpert"[48]. Jede Religion rechnet zudem mit einer Rückwirkung dessen, was in ihr verkörpert ist, auf ihre Anhänger, deren Ethos, Lebensform, *praxis pietatis* und andere Weisen der Verkörperung religiösen Lebens.

Im Christentum wird nun diese unhintergehbare Verkörperung geistiger Gehalte in besonderer Weise thematisch. In der Inkarnation ist der Gottesgedanke selbst der Endlichkeit, der Kontingenz der menschlichen Geschichte, Leiden und Tod unterworfen. In der Rückwirkung auf die Anhänger der christlichen Religion wird Gottes Handeln von diesen – das ist die kreuzestheologische Pointe der Deutung des Todes Jesu bei Paulus und in dessen nachfolgender Rezeption – als *gegenläufig* zu menschlichen Vorstellungen von Erlösung erfahren. Der Blick auf den Gekreuzigten konfrontiert den Menschen auf drastische Weise mit der eigenen Körperlichkeit, aber auch mit der eigenen schuldhaften Verstrickung in Mechanismen von Machtausü-

---

[44] *Johann Anselm Steiger:* Die communicatio idiomatum als Achse und Motor der Theologie Luthers. Der fröhliche Wechsel als hermeneutischer Schlüssel zu Abendmahlslehre, Anthropologie, Seelsorge, Naturtheologie, Rhetorik und Humor, in: NZSTh 38, 1996, 1–28, hier: 10. „[D]er Glaubende inszeniert die [G]eschichte in seinem Herzen, setzt dabei das Wort in Szene und sein Herz ins Bild" (ebd.).

[45] *Martin Luther:* Von der Freiheit eines Christenmenschen (1520), in: BoA II, 11–27, hier: 15,28–16,14.

[46] *J. A. Steiger*, Die communicatio idiomatum, 14.

[47] *Niklas Luhmann:* Die Religion der Gesellschaft, hg. v. André Kieserling, Frankfurt am Main 2000, 77 – meine Hervorhebung.

[48] *Philipp Stoellger:* Theologie der Verkörperung. Die Bildlichkeit des Körpers und Körperlichkeit des Bildes als theologisches Problem, in: Horst Bredekamp/Marion Lauschke/Ales Arteaga (Hgg.): Bodies in Action and Symbolic Forms. Zwei Seiten der Verkörperung, Berlin 2012, 143–172, hier: 170.

bung und Gewalt. In Bezug auf die Dynamik von Dezentrierung und Rezentrierung formuliert: Die distanzierende Betrachtung des eigenen Ergehens, zu der der Mensch als verkörperter *Symbolverwender* fähig ist, führt ihn zurück zu sich als einem *verkörperten* Symbolverwender. Ob der Mensch diese Rückwendung des Blicks auf sich selbst als verwandelnd erlebt, hängt davon ab, ob er, statt bei sich stehenzubleiben, die begonnene Bewegung der Blickumkehr fortführen und „den Tod im Leben, die Sünde in der Gnade, die Hölle im Himmel ansehen" kann.[49] Reformatorisch wird diese spannungsvolle Erfahrung als Wirkung von Gesetz und Evangelium beschrieben.

Auf dieser Doppelbewegung beruht die paradoxe Wirkung des Blicks auf den Gekreuzigten: Erst indem sich der Mensch als ausgeliefert erlebt, erfährt er die heilvolle Wirkung des Todes Jesu Christi. *Aktivität, Autonomie* und *Gestaltungsfähigkeit*, die doch für ein befreiendes Selbsterleben auch im Leid zentral sind, realisieren sich hier als Innewerden einer grundsätzlichen *Passivität* und als Akzeptanz der *Einschränkung von Autonomie*.

In diesem zunächst widersprüchlich erscheinenden Zusammenhang liegt ein wichtiger Hinweis für das Verständnis von Resilienz in verkörperungstheoretischer Perspektive. Die Betrachtung von Formen medialer Verkörperung, in der der Mensch sich von der Unmittelbarkeit seines Erlebens zu distanzieren vermag, kann eine Rückwirkung entfalten, weil Produzent, wahrnehmender Rezipient und Wahrgenommenes (physisch und medial) verkörpert sind.[50] Aufgrund des Eigenwerts religiöser Formen der Verkörperung erfolgt die Rückbindung an die körperbezogene Erfahrung des Rezipienten aber nicht in einsinniger Weise. Die mediale Verkörperung geistiger Gehalte eröffnet ein (nicht beliebiges, doch) potentiell unabschließbares Feld sich einstellender Erfahrung. Im Extremfall kann die geistliche Lektüre sich gegen den Lesenden richten. Die Suche nach Konstellationen, die das Entstehen von Resilienz begünstigen, wird sich an dieser *konstitutiven Ambivalenz religiöser Erfahrung* orientieren müssen.

Wie diese spannungsvolle Auseinandersetzung auch da erfolgen kann, wo die Grundlagen reformatorischer Anthropologie nicht mehr selbstverständlich geteilt werden, soll an einem letzten Beispiel – Bachs Matthäuspassion – beleuchtet werden.

---

[49] BoA I, 165,7f.
[50] *Stoellger*, Theologie der Verkörperung, 170f. Meine Unterscheidung von physischer und medialer Verkörperung tritt bei Stoellger auf als Differenz von Verkörperung (1) im „wörtlichen Sinn: Der Wahrnehmende ist und hat Körper" und (2) „übertragen auf das Wahrgenommene […]: Das Wahrgenommene ist Körper" (a. a. O., 171).

3.3. Barocke Passionsfrömmigkeit und der moderne Passionshörer

Noch immer gehört die Aufführung einer der beiden großen Passionen Johann Sebastian Bachs zum bildungsbürgerlichen Kernprogramm während der Passionszeit. Dabei ist die Begegnung mit der Passion Jesu Christi von einer doppelten Fremdheit gekennzeichnet. Unvertraut ist zum einen der Gedanke des stellvertretenden Leidens. Befremdlich wirkt auf den modernen Hörer zum anderen die Intensität, mit der die Barocklyrik der Textvorlage den physischen Schmerz als Bestandteil der Gotteserfahrung geradezu auskostet. Nur unter Absehung vom Text und in der Konzentration auf die kunstvolle musikalische Gestaltung ist, so scheint es, die Begegnung mit dem „Haupt voll Blut und Wunden" erträglich.

Beide Irritationen sind Bestandteil dessen, was Hans Blumenberg die „unaufholbare Verspätung" des gegenwärtigen Hörers nennt, die nach zwei Jahrhunderten historischer Kritik „keine Chance läßt, den zu identifizieren, von dem da gesungen und mit dem da getröstet wird"[51]. Vielfach ist die biblische Bildwelt zwar in das kulturelle Gedächtnis der Gegenwart verwoben – ist damit aber zugleich abgeschwächt und geradezu musealisiert. Dass in der Aufführung meist die Kirche zum Konzertsaal wird, trägt dazu bei.

Trotzdem – so meine These – vermag die Aufführung der Passion auch dem gegenwärtigen Hörer etwas von der geistlichen Wirkung der Besinnung auf die Passion Christi erlebbar zu machen. Dies lässt sich – so der zweite Teil meiner These – über die Weisen der Verkörperung beschreiben, in denen die Vertonung musikalisch Gestalt gewinnt und für den Hörer (auch physisch) nachvollziehbar wird. Um dies zu erläutern, ist exemplarisch aufzuzeigen, in welchem Maß der *Text* der Passionsvertonung Elemente des theologischen Umgangs mit Todesnähe und Schmerz in Luthers Sermones aufgreift.[52] Parallel dazu soll der Blick auf den *musikalischen Umgang* mit dem *affektiven Gehalt* des Textes und die daraus resultierende Wirkung auf den Hörer gerichtet werden (3.3.1.). Die Ergebnisse dieser Betrachtung werden sodann anhand der Kategorien von Artikulation und Verkörperung bei Matthias Jung analysiert (3.3.2.).

---

[51] *Hans Blumenberg:* Matthäuspassion (1988), Frankfurt am Main ⁷2012, 8.
[52] Wie *Renate Steiger* (Affektdarstellung und Allegorese in Johann Sebastian Bachs Passionen, in: Johann Anselm Steiger [Hg.], Passion, Affekt und Leidenschaft in der frühen Neuzeit Bd. 1, Wiesbaden 2005, 39–108, hier: 39–45) zeigt, lässt sich über die 1725 erschienenen *Betrachtungen über das ganze Leiden Christi* von Johann Jacob Rambach eine indirekte Beeinflussung Bachs durch Luthers *Sermon über die Betrachtung des heiligen Leidens Christi* plausibel machen.

3.3.1. Theologische und musikalische Analyse

Schon der Eingangschor weist einen direkten Anklang an Luthers Text auf. Statt einer ausladenden Schilderung der Schmerzen empfiehlt Luther den Betrachtern, den Blick auf sich selbst zu kehren und folgt dabei Jesu Aufforderung an die klagenden „Töchter Jerusalems", über sich selbst zu klagen (Lk 23,27).[53] Diese Töchter Jerusalems fordert der Chor stellvertretend für die gläubigen Hörer der Passion auf: „Kommt ihr Töchter, helft mir klagen"[54]. Auf gleichsam erhöhter Bühnenebene deuten beide Gruppen das Geschehen und eignen es sich affektiv an.[55]

Dass das leidvolle und erschreckende Geschehen für diejenigen, die es sich glaubend aneignen, Heil birgt, verdeutlicht der Chorsatz auf eindrucksvolle Weise musikalisch. Simultan mit der Aufforderung, in die Klage einzustimmen, in der Grundtonart e-moll, erklingt ab T. 30 die Liedstrophe „O Lamm Gottes, unschuldig" – und zwar in der parallelen Dur-Tonart G-Dur. Die theologisch voraussetzungsvolle Deutung des Todes Jesu als heilvoll[56] wird so hörbar gemacht und affektiv erschlossen. Renate Steiger sieht hierin „eine musikalische Allegorie als Mittel der theologischen Deutung": Die Musik „tut […], wozu der Intellekt vom Libretto aufgerufen ist: in Jesu Leiden und Traurigkeit den Grund unserer Freude, im Tod den Sieg des Lebens […] anzuschauen".[57] So, wie Luther in seiner Rhetorik „die communicatio idiomatum selbst versprachlich[en]" konnte,[58] so lässt sich die Gleichzeitigkeit von Dur- und moll-Passagen geradezu als eine musikalische Umsetzung der *communicatio idiomatum* betrachten, kraft derer die heilvolle Aneignung geschieht. Dem christologisch zu beschreibenden Ineinander von Gott und Mensch entspricht soteriologisch das Ineinander von Entsetzen und freudigem Innewerden des Heils, das musikalisch durch die Gleichzeitigkeit von Dur und moll zur Darstellung kommt. Auch wer die Passion nicht analytisch hört, erlebt die besondere Wirkung dieser Gleichzeitigkeit zweier Tonarten.

Noch deutlicher zeigen sich die in der Analyse zu Luthers Sermones herausgestellten Momente von *Gegenläufigkeit* und *Umschlag* in ihrem affektiven Gehalt in der Abfolge von *Altrezitativ und Altarie „Erbarm es Gott" (Nr. 51)* – *„Können Tränen meiner Wangen" (Nr. 52)*. Der Eindruck, den das Rezitativ beim Hören auslöst, ist ein schmerzliches, immer intensiveres Drängen nach außen, das in dem Wunsch gipfelt einzugreifen, dem Schmerz der Geißelung ein Ende zu setzen – textlich identifizierbar durch das zweimalige „Haltet ein!". Unmittelbar daran anschließend aber löst sich die so

---

[53] BoA I, 155,14–22.
[54] R. Steiger, Affektdarstellung und Allegorese, 46–48.
[55] A. a. O., 48. 52.
[56] „All Sünd hast Du getragen, / sonst müßten wir verzagen" (EG 190.1).
[57] R. Steiger, Affektdarstellung und Allegorese, 51.
[58] J. A. Steiger, Die communicatio idiomatum, 26.

aufgebaute Spannung, die Melodik beginnt zu fließen, eine nach innen gerichtete, gesammelte Ruhe breitet sich aus. Das Fließen ist im Text durch „Tränen", „fluten", „bluten" vorgebildet; die Umkehr von außen nach innen kommt prägnant in dem Gegensatz zwischen dem Herz der Henker und dem Herz der gläubigen Seele zum Ausdruck. Dieser Stimmungsumschwung entspricht dem von Luther beschriebenen: Verständlich ist, dass das Miterleben der Passion Wut auf die Henker und Mitleid mit dem gepeinigten Jesus auslöst. Doch gilt es in der geistlichen Betrachtung, diesen Affekt zu ersetzen durch eine Besinnung auf die eigene Rolle in diesem Geschehen.

Bachs musikalische Gestaltung leitet dazu an, die natürlichen Affekte von Zorn und Mitleid in die geistlichen Affekte des Erschreckens vor der Sünde und der Dankbarkeit für die Gnade zu transformieren und so das eigene Ich in das Geschehen hineinzunehmen.[59] Der punktierte Rhythmus der Begleitung, der die beiden Sätze zusammenschließt, wandelt sich von erregt schlagenden Sechzehntel-Punktierungen in der Continuo-Gruppe des Rezitativs zum ruhigen Fließen der punktierten Achtel in einem Dreiertakt in den Violinen. Noch drastischer ist das harmonische Geschehen: Das Rezitativ steigert sich in Modulationen durch den Quintenzirkel bis zur enharmonischen Verwechslung dis-es (Takt 11), die den Umschlag des Affekts markiert. Jetzt ist die Zieltonart g-moll erreicht, in der die Arie das gleiche Geschehen in umgekehrter Blickrichtung, nämlich als heilvoll betrachtet. Auch hier wird die theologische Deutung in musikalische Allegorie umgesetzt: In dem auskomponierten Umschlag des Affekts sind die beiden Bewegungen enthalten, die wir vorhin im Anschluss an Luther identifiziert haben: die soteriologische Gegenläufigkeit und die Umkehrung der Blickrichtung, die nötig ist, um das Geschehen als heilvoll zu erfahren. Dabei lässt der Text in der Formulierung „milde [d. h.: reichlich] bluten" erkennen, dass dieser Umschlag christologisch qualifiziert ist: Was geschieht, geschieht *für mich*, auf dass ich mir das Heil aneigne.[60]

3.3.2. Formen der Verkörperung

Die Analyse lässt sich im Blick auf den gegenwärtigen Hörer fortsetzen, indem Elemente des oben vorgestellten verkörperungstheoretischen Ansatzes herangezogen werden. Auch die Wirkung von Bachs Musik lässt sich mittels des *expressiven Kontinuums* menschlicher Artikulationsformen analysieren. Innerhalb von Bachs hochkomplexer Komposition sind musikalische Ausdrucksmittel so eingesetzt, dass sie den expressiven Gehalt des vertonten Textes nachzeichnen. Freilich sind die Seufzer- bzw. Tränenketten der Arie

---

[59] R. *Steiger* spricht in ihrer Analyse der Stelle von einer „Schule der Affekte" (Affektdarstellung und Allegorese, 74ff.). Zum „geistlichen Affekt" vgl. unten Anm. 67.

[60] Das Herz wird zur „Opferschale", das vergossene Blut aufzufangen (vgl. a. a. O., 78).

oder die musikalisch dargestellte Erschütterung im Rezitativ keine unmittelbaren Äußerungen qualitativen Erlebens, sondern planvoll eingesetzte, kunstvoll gestaltete und konventionalisierte barocke Stilmittel. Doch weil sich nicht nur der Produzent, sondern auch der Rezipient von Ausdrucksformen auf dem expressiven Kontinuum bewegt, kann die gestaltete Kunstform auch beim musikwissenschaftlichen Laien das qualitative Erleben auslösen, das basaleren Weisen des Schmerzausdrucks zugrundeliegt – und dieses Erleben dann in die Betrachtung des Geschehens als heilvoll transformieren.[61]

Hier birgt die von Blumenberg beschriebene Situation „unaufholbarer Verspätung" ein Problem. Wo die Passion – wie meist – als Konzert aufgeführt wird, fehlt der liturgische Rahmen, der die Blickumkehr hin auf den glaubenden Betrachter befördert.[62] Dennoch kann auch für die Ungleichzeitigen die Umkehr der Blickrichtung erfahrbar werden – wenn etwa die Passionsaufführung durch szenische Elemente gesteigerte Prägnanz erhält. Ein eindrucksvolles Beispiel dafür ist eine Inszenierung der Matthäuspassion durch Peter Sellars.[63] Im gerade betrachteten Altrezitativ (Nr. 51) wird in der szenisch angedeuteten Geißelung des Evangelisten nicht nur das äußere Geschehen erfahrbar. Die Gestik der Altistin, die auf die Zuhörer und den Chor deutet, bringt darüber hinaus den Kerngedanken der Passionsbetrachtung bei Luther und bei Bach zum Ausdruck: Der Hörer erfährt sich als schuldhaft in das Geschehen verstrickt. Die musikalische Verkörperung dessen, wovon im Text die Rede ist, wird szenisch nachvollziehbar. Über den ausgelösten Affekt wird die „Verspätung" aufgeholt. Auch da, wo der Text heute fremd und abständig erscheinen muss, wird der Hörer erschüttert und bewegt.[64]

Noch deutlicher als Luthers Sermon macht die Musik beides erfahrbar: die Umkehr der Blickrichtung auf den Betrachter hin („Ihr habt ein Herz...") und den beruhigenden Umschlag hin zu heilvoller Vergegenwärtigung des

---

[61] „Dem [...] hörenden Verstehen der Schrift eignet eine Doppelbewegung, in der unsere Affekte verwandelt und in der entgegengesetzten Richtung durch die in der Schrift sich aussprechenden Affekte diese für uns lebendig [...] wird [sic]" (a. a. O., 55).

[62] Ohne diese Rahmung „besteht [...] die Gefahr eines falschen, nur natürlich und moralisch affizierten Hörens" (a. a. O., 63).

[63] 2010 bei den Salzburger Osterfestspielen und in der Berliner Philharmonie sowie 2015 beim Lucerne Festival. Unter http://trailers.digitalconcerthall.com/trailers/0910/ 20100411_0_rattle_h264_1280x720_2100kbps_320aac.mp4 (aufgerufen am 08.01.2016), 1'44'' bis 3:00' ist der nachfolgend besprochene Ausschnitt zu sehen. Sellars nennt das Unternehmen bezeichnenderweise eine „Ritualisierung" (1'51'').

[64] Die Idee einer Inszenierung ist dabei Bachs Anliegen nicht fremd. Mit ihren Rezitativen, Arien und Chören enthalten Bachs Passionen die zentralen Bestandteile eines Bühnenwerks. Mancher Zeitgenosse empfand die Stücke als (zu) opernhaft, wie der Bericht des sächsischen Pfarrers Christian Gerber von 1732 über eine Aufführung der Matthäus-Passion belegt: „Als nun diese theatralische Music angieng, so geriethen alle [...] in die größte Verwunderung, sahen einander an und sagten: ‚Was soll daraus werden?' Eine alte Adeliche Witwe sagte: ‚Behüte Gott, ihr Kinder! Ist es doch, als ob man in einer Opera comödie wäre'" (http://www.cineman.ch/movie/2013/BerlinerPhilharmonikerSirSimon/review.html, aufgerufen am 8.2.2016).

Geschehens („nehmt mein Herz hinein"). Was geschieht – auf der Ebene der Passionserzählung und im eigenen Leben –, kann als schmerzhaft und heilvoll zugleich erlebt werden, weil sich hier Gottes Geschichte vollzieht.[65] Der Eigenwert der Musik erschließt die theologische Dimension der Komposition auf erlebbare Weise. Insofern lässt sich das Hören der Passionen durchaus als eine gegenwärtige Variante des „Christus-in-sich-Bildens" verstehen.

In der Analyse mittels der *körperlichen* Rückbindung von *geistigen* Gehalten aufgrund *verkörperter* Formen der Artikulation tritt die Rückkopplung sinnbasierter Deutungsarbeit an somatische Prozesse hervor, mit denen die Affekte des Erschreckens oder der Beruhigung verbunden sind.[66] Der Hörer wird körperbezogen affiziert und empfindet Erschütterung. Weil jedoch der musikalischen Umsetzung nicht die begriffliche Eindeutigkeit der theologisch reflektierten Terminologie des Textes eignet, bleibt diese Erschütterung so lange ungerichtet, wie sie nicht semantisch vereindeutigt und in einen „geistlichen Affekt"[67] transformiert wird. Zugleich aber bietet die Vertonung einen erheblichen Gewinn: Dem musikalischen Ausdruck eignet ein „spezifische[s] Beieinander von Bestimmtheit und Offenheit", dank dessen „am Phänomen aufscheinen" kann,[68] was sich sonst nur auf vereindeutigende, zugleich aber verengende Weise sagen ließe. Die besondere Wirkung von Bachs Passionsvertonung besteht darin, dass die Gegenläufigkeit in der Erfahrung des Hörers gerade nicht textlich vereindeutigt oder in eine Handlungsanweisung gefasst wird. Geschähe dies, so würde die Kreuzestheologie zur programmatischen Anforderung.[69] Darin ist die Verbindung von Bestimmtheit und Unbestimmtheit, die der Musik eignet, unvergleichlich. Nicht ein theologischer Sachverhalt wird zum Hörer transportiert, sondern die musikalische Vergegenwärtigung des Textes macht diesen für das eigene Ergehen des Hörers transparent. Auch die unzeitgemäß erscheinenden Formulierungen der Barocklyrik stehen dann der inneren Aufnahme nicht im Wege.

---

[65] *R. Steiger*, Affektdarstellung und Allegorese, 53. 57ff. u. ö.

[66] *Affekte* sind hier verstanden als Komplexe „psychischer und physiologischer Reaktionen […], welche unwillkürlich […] und mit großer Intensität auftreten und vom Handelnden nicht oder kaum kontrolliert werden können" (*Sonja Rinofner-Kreidl*: Scham und Schuld. Zur Phänomenologie selbstbezüglicher Gefühle, in: PhäFo 2009, 137–173, hier: 140). Sie lassen sich als Verkörperungsphänomen betrachten, sofern es sich um Reaktionen handelt, die mit leiblichem Empfinden verbunden sind, aber durch ein in geistigen Kategorien beschreibbares Erleben ausgelöst werden und nachfolgend wiederum in distanzierender Vergegenwärtigung als *Gefühle* moduliert werden können (*Thiemo Breyer*: Verkörperte Intersubjektivität und Empathie. Philosophisch-anthropologische Untersuchungen, Frankfurt am Main 2015, 203, im Anschluss an *Rinofner-Kreidl*, Scham und Schuld, 141).

[67] *R. Steiger*, Affektdarstellung und Allegorese, 40. Gemäß Breyers Terminologie handelt es sich bei den geistlichen Affekten um *Gefühle*, denn sie sind „mit Reflexion und Selbsterkenntnis verbunden" (a. a. O., 40, vgl. 55).

[68] A. a. O., 51.

[69] Dass auch die theologische Analyse vor dieser Gefahr nicht gefeit ist, zeigt überzeugend *Richter*, Luthers theologia crucis, 82–85.

Dass es in geglückten Konstellationen möglich ist, die transformierende Kraft religiöser Traditionsbestände auch da zu erfahren, wo eine bruchlose Kette von Überlieferung und Praxis nicht mehr besteht, beruht demnach nicht zuletzt auf dem künstlerischen Eigenwert von medialen Verkörperungen christlicher Theologie. Das Theologumenon vom gekreuzigten und auferstandenen Christus stellt die Möglichkeit einer Identifikation bereit, die das menschliche Leben in seiner Fragilität, Begrenztheit und Fragwürdigkeit ernstnimmt und zugleich in einer Betrachtung aufhebt, die verwandelnde Kraft entfalten kann.

4. Ertrag

Folgt man der hier theologisch und musikwissenschaftlich beschriebenen Eigenlogik der betrachteten Texte, so ist Resilienz weniger als ein Beharrungs-, sondern vielmehr als Transformationsvermögen zu begreifen. Dabei ist der Transformationsvorgang, der sich einstellen kann, wenn ein Mensch sich dieser Eigenlogik des Religiösen anvertraut, nur in sehr eingeschränkter Weise der Autonomie des einzelnen zugänglich. Die erstrebte innere Ruhe und Sammlung stellt sich ein, indem der Mensch alle Selbstbehauptung gegenüber adversem Geschehen aufgibt und das leidvolle Geschehen in einer (christologisch qualifizierten) Passivität hinnimmt.

Wie die Analyse exemplarisch zeigt, beruht die transformierende Wirkung der Passionsvertonung darauf, dass der Mensch als verkörperter Symbolverwender affizierbar ist durch Formen der Verkörperung in Dichtung und Musik, die ihm erlauben, sich von seinem unmittelbaren Ergehen zu distanzieren. Diese Distanzierung – hier *musikwissenschaftlich* als Transformation der Affekte beschrieben – ist *theologisch* mit der Etablierung einer christologisch bestimmten Umwegigkeit verbunden. Die kontrafaktisch entlastende Wirkung der Distanznahme beruht auf der Blickumkehr, in der sich der Mensch von sich selbst abkehrt und sich hinwendet zu Christus, in dem sich Gott als Mensch verkörpert.

Ohnmacht und Klage. Selbstermächtigung in Ausweglosigkeit

Jochen Schmidt

Jochen Schmidt argues that powerlessness and lamentation can even be modes of self-empowerment. He does not imply any glorification of suffering which has unfortunately more often than not dominated Christian belief. He does, however, stress the importance of communicative expression and articulation in beginning the process of regaining one's power. Schmidt then draws a difference between the sheer cry, on the one hand, and lamentation, on the other hand, as different levels of articulation between the experience of a loss of meaning and a productive interpretation of experience. In both cases, however, they contribute to the construction of resilience.

1. „Wo bleibt das Negative?" – Klage und krisenhafte Lebensereignisse

„Wo bleibt das Negative?"[1] Diese Frage ließe sich kritisch an Resilienz-Diskurse richten. Resilienz ist die Fähigkeit, in einer konstruktiven Weise mit Ereignissen umzugehen, die potentiell negative Auswirkungen auf das Wohlbefinden und die Gesundheit von Personen haben. Kurz: Resilienz ist die Fähigkeit zur Bewältigung potentiell negativer Ereignisse.[2] Diese Bewältigung vollzieht sich im Modus der Aktivierung innerer und äußerer Ressourcen, etwa im Modus der Wahrnehmung (im doppelten Sinne von Erkennen und Verwirklichen) von Möglichkeiten der Selbstwirksamkeit im Dialog mit Bezugspersonen. Dabei liegt der Fokus auf der Reduzierung des Negativen, der Einhegung der Risiken für Gesundheit und Wohlbefinden der Betroffenen, die mit kritischen Lebensereignissen einhergehen. Zu fragen wäre, ob sich Modi des Umgangs mit kritischen Erfahrungen beschreiben ließen, die nicht zu bewältigendem und insofern bleibend Negativem mehr Raum geben, als es in Diskursen zur Resilienz meist der Fall ist. Im Folgenden wird die Auffassung entwickelt, dass die Klage sich als ein solcher Modus des Umgangs mit kritischen Erfahrungen beschreiben lässt. Dem Negativen Raum zu geben ist allerdings, dies sei vorweg festgehalten, von jeglicher Glorifizierung

---

[1] Vgl. *Erich Kästner:* Und wo bleibt das Positive, Herr Kästner?, in: Ders.: Gedichte, hg. v. Peter Rühmkorf, Frankfurt am Main 2004, 172f.
[2] Vgl. *David Fletcher/Mustafa Sarkar:* Psychological Resilience, in: European Psychologist 18, 2013, 12–23, hier: 14f.

des Negativen zu unterscheiden. Glorifiziert bzw. mythisiert werden krisenhafte Lebensereignisse dort, wo suggeriert wird, die tiefste Tiefe des Leidens sei ein Scheitelpunkt, der durchschritten werden müsse, damit der Mensch sich zu neuen Höhen des Menschseins aufschwingen könne. Nach dieser Logik sind etwa Erich Fromm zufolge die Klagepsalmen strukturiert. Fromm meint in seiner Meditation der Klage in den Psalmen eine Dialektik zu beobachten, die darin bestehe, dass Verzweiflung erst dann überwunden werden könne, wenn man sie in ihrer ganzen Tiefe erlebt habe. Den sogenannten Stimmungsumschwung, also die Wendung der Klage in das Lob, die in Klagepsalmen meist zu beobachten ist, erklärt Fromm sich dann so, dass der Psalmist „in einem einzigen Augenblick den Sprung aus der Verzweiflung in die Gewißheit getan" habe.[3] Diese Grammatik des Leidens und der Verzweiflung hat eine lange Tradition. Um nur einige wenige Beispiele zu nennen: So wie Jona drei Tage im Bauch des Wals war, muss der Mensch mit Christus gekreuzigt werden und leiden, mit Christus in der Hölle sein, meint der frühe Luther,[4] und: Wer wirklich in die Hölle geht, der bleibt nicht außerhalb Gottes – und geht so durch die Hölle hindurch aus dieser wieder heraus.[5] Søren Kierkegaard ist von der Überzeugung geleitet, dass die in jedem Menschen brodelnde Verzweiflung zum Ausbruch kommen müsse, damit Menschen geheilt werden könnten.[6] Max Scheler bezeichnet Leiden als „barmherzige Hammerschläge, durch die der göttliche Bildhauer die Form eines idealen Selbst aus dem Material einer anfänglich in die Verworrenheit des Sinnlichen verlorenen Existenz heraushaue",[7] Karl Barth sieht das „Würgen der Gnade"[8] als Gut, dessen es bedarf, damit ein Umschlag von Gottes Nein zu Gottes Ja sich vollziehe, Simone Weil spricht vom Unglück als einem „Wunder der göttlichen Technik", gegen das der Mensch sich sträubt „wie ein Schmetterling, den man lebendig in ein Album aufspießt"[9]. Bei Robert Spaemann ist zu lesen, dass im Leiden „das Böse sozusagen sein eigenes

---

[3] Vgl. *Erich Fromm:* Ihr werdet sein wie Gott. Eine radikale Interpretation des Alten Testaments und seiner Tradition, in: Ders.: Gesammelte Werke, Bd. 6. Religion, hg. v. Rainer Funk, München 1989, 83–226, hier: 209f.

[4] Vgl. *Martin Luther:* Erste Psalmenvorlesung 1513–1516, WA 3, 433,2–4.

[5] Vgl. *Ders.:* Vorlesung über den Römerbrief 1515–1516, WA 56, 391,12–14. Vgl. *Jochen Schmidt:* Klage. Überlegungen zur Linderung reflexiven Leidens (RPT 58), Tübingen 2011, 84ff.

[6] Vgl. *Søren Kierkegaard:* Die Krankheit zum Tode. Eine christlich-psychologische Entwicklung zur Erbauung und Erweckung von Anti-Climacus, übers. v. Hans Rochol, Hamburg 1995.

[7] *Max Scheler:* Vom Sinn des Leidens, in: Ders.: Schriften zur Soziologie und Weltanschauungslehre (Gesammelte Werke), hg. v. Manfred S. Frings, Bonn [4]2008, 36–72, hier: 102.

[8] *Karl Barth:* Gesamtausgabe Akademische Werke, Bd. 13: Der Römerbrief (Zweite Fassung), hg. v. Cornelis van der Kooi und Hans-Anton Drewes, Zürich 2010, 189.

[9] *Simone Weil:* Die Gottesliebe und das Unglück, in: Dies.: Das Unglück und die Gottesliebe, München [2]1962, 110–134, hier: 133.

Gegengift" produziert.¹⁰ Besonders in dem letzten Zitat wird das mythische Erbe dieser Konzeption greifbar, hier erkennbar am Mythologem des *venenum veneni*, des Giftes des Giftes, oder des Speeres des Achill, dessen Rost die Wunde heilt, die es dem Telephos geschlagen hat (τρώσας ἰάσεται).¹¹ Solche dialektischen Erfahrungen gibt es zweifellos, aber es gibt keinen Automatismus und keine innere Notwendigkeit, die die Tiefe des Leidens gleichsam aus sich selbst heraus und zu etwas Höherem führen würde.

Dass negative Lebensereignisse aus eigener Kraft ihr Gegenteil produzieren würden, ist daher keine befriedigende Erklärung für das bereits erwähnte Phänomen des Stimmungsumschwungs. Daher gilt es hier weiterzudenken, denn wenn Klage mit Resilienz zu tun hat, dann wäre zu fragen, inwiefern der Stimmungsumschwung auf ihn ermöglichende Resilienzfaktoren verweist. Werfen wir zunächst einen Blick auf einen Erklärungsversuch des Stimmungsumschwungs aus der neueren Forschung. Dem Alttestamentler Bernd Janowski zufolge wird der Stimmungsumschwung durch einen „proleptischen Sprechakt" ermöglicht, der ein „antizipierendes Faktum" schafft. Dieses kommt, so Janowski, dadurch zustande, dass durch das Aussprechen der Klage vor Gott die Wende von der Klage zum Lob „vorwegnehmend realisiert" wird. Janowski beschreibt die Klage folglich als einen Sprechakt, der einen proleptischen Sinnhorizont entstehen lasse.¹² Im Hintergrund steht offenkundig Michael Theunissens Aufsatz über den ‚Gebetsglauben Jesu'. Theunissen deutet hier die Worte Jesu „wer bittet, dem wird gegeben" (Mt 7,7) als Beschreibung eines Vorgangs, in dessen Vollzug der Bittende erhält, um was er bittet, weil er die Erhörung seines Gebets dadurch vorwegnimmt, dass er sich vertrauensvoll an Gott wendet.¹³ Dadurch, dass der Beter sich Gott anvertraut, werde das Heil bei Gott vorwegnehmend realisiert. Der Akt des Klagens wird bei Janowski also als ein performativer Akt gesehen, im Zuge dessen sich der Betende in seiner Ohnmachtserfahrung an den allmächtigen Gott bindet und dadurch die Überwindung des Leidens wenn nicht bewirkt, so doch zumindest gleichsam einleitet. Diese Beschreibung hat einen nicht zu leugnenden theologisch-hermeneutischen Charme. Phänome-

---

10 Vgl. *Robert Spaemann:* Die christliche Sicht des Leidens, in: Willi Oelmüller/Hans Michael Baumgartner (Hgg.): Leiden (Kolloquien zur Gegenwartsphilosophie), Paderborn 1986, 104–118, 109.

11 Vgl. *Theodor W. Adorno:* Negative Dialektik, in: Ders.: Gesammelte Schriften, Bd. 6. Negative Dialektik. Jargon der Eigentlichkeit, hg. v. Rolf Tiedemann, Frankfurt am Main 1973, 7–409, hier: 62; zur Traditionsgeschichte der Sage vom Speer des Telephos, dessen Rost die Wunde heilt, die er geschlagen hat, vgl. Euripides Tel. fr. 35 P.

12 Vgl. *Bernd Janowski:* Das verborgene Angesicht Gottes, in: JBTh 16, 2001, 25–53, hier: 49 (mit Bezug auf Ps 22). Ähnlich *Rainer Albertz:* Art. Gebet II. Altes Testament, in: TRE XII, 1984, 34–42, hier: 35.

13 Vgl. *Michael Theunissen:* ho aiton lambanei. Der Gebetsglaube Jesu und die Zeitlichkeit des Christseins, in: Ders.: Negative Theologie der Zeit, Frankfurt am Main 1991, 321–377, v. a. 337f.

nologie und historisch-kritische Exegese werden fruchtbar miteinander ins Gespräch gebracht. Zugleich sind die theologisch-hermeneutischen Implikationen dieser Lesart nicht unproblematisch. Die Prolepse ist letztlich ein Überspringen der je aktualen Ohnmachtserfahrung durch die Vorwegnahme einer anderen Zeit als der je gegenwärtigen. In gewisser Weise wird der Teufel mit dem Beelzebub ausgetrieben. Denn gerade die Unmöglichkeit, sich konstruktiv zum eigenen zeitlichen, zwischen Vergangenheits- und Zukunftsbezug aufgespannten Dasein zu verhalten, wurde etwa von Ludwig Binswanger eindrucksvoll als Grundstruktur seelischer Krisenzustände beschrieben.[14] Wenn aber die Störung eines konstruktiven Bezugs zur eigenen Zeitlichkeit gerade Ausdruck einer kritischen Verfassung des Selbst ist, wird die Prolepse der Zukunft kaum als Lösung dieser Krise gelten können.

Über Klage, so will ich zeigen, ist mehr zu sagen, als dass sie dem ohnmächtig Leidenden eine Flucht vor dem Gegenwärtigen in das Zukünftige ermöglicht. Möglicherweise führt bereits die im Ausdruck „Stimmungsumschwung" enthaltene Implikation eines plötzlichen Ereignisses insofern in die Irre, als der Eindruck entsteht, die Wendung der Klage in das Lob sei als Ereignis zu beschreiben, während es sich wohl eher um einen Prozess handelt. Klagepsalmen sind keine biographischen Zeugnisse, die das Erlebte in ‚Echtzeit' abbilden, sondern zeitlich geraffte Inszenierungen eines Prozesses, den die Klagepsalmen im Einzelnen nicht beschreiben.[15] Verfasst sind die Psalmen aus der Perspektive des Rückblicks auf diesen Prozess. Insofern sieht die literarkritische These zum Stimmungsumschwung, derzufolge die Klagepsalmen aus verschiedenen Texten komponiert seien, durchaus etwas bleibend Richtiges.[16] In den Klagepsalmen des Einzelnen werden Sprechakte des Lobes und Sprechakte der Klage in eine Komposition zusammengefügt, die eine Zusammengehörigkeit von Klage und Lob suggeriert, ohne dabei zu verschleiern, wie heterogen diese Sprechakte sind. Was von der Klage zum Lob führt, lassen diese Kompositionen offen. Die detaillierte Ausarbeitung, ja das regelrechte Zelebrieren der Klage gibt Anlass zu der Vermutung, dass der Akt der Klage selbst irgendeinen Beitrag zum Übergang von der Klage zum Lob leistet. Der Akt der Klage, so meine Hypothese, leistet etwas in diesem Prozess, der Klage zu Lob werden lässt, aber diese Leistung würde ich nicht als proleptischen Sprechakt beschreiben, sondern als die Herstellung von Distanz zum Leid durch Artikulation. Sprachlosigkeit ist ohnmächtiges Gebanntsein im Leid, das keine Artikulation zulässt, Klage ist Selbstermächtigung durch Selbstdistanzierung vom Leid, die durch die Sprache möglich

---

[14] *Ludwig Binswanger:* Melancholie und Manie. Phänomenologische Studien, Stuttgart 1960.
[15] So auch Janowski selbst, vgl. *Bernd Janowski:* Konfliktgespräche mit Gott. Eine Anthropologie der Psalmen, Neukirchen-Vluyn ³2009, 83.
[16] Vgl. *Hans Schmidt:* Die Psalmen (HAT 1/15), Tübingen 1934; *Uwe Rechberger:* Von der Klage zum Lob. Studien zum „Stimmungsumschwung" in den Psalmen (WMANT 133), Neukirchen-Vluyn 2012, 37ff.

wird.[17] Diese Leistung erbringt Klage nicht als proleptischer Akt und nicht als dialektisches Eindringen in den Kern der Verzweiflung, sondern als ästhetische Praxis, die es dem Klagenden ermöglicht, reflexiven Abstand zum kritischen Lebensereignis zu finden, auf das die Klage reagiert.

2. Klage als ästhetische Praxis

Klage „bringt Leiden und Trauer in ritueller, dichter und informeller Form zum Ausdruck."[18] Religionsgeschichtlich lozierbar ist Klage weit über die Grenzen der christlichen und der jüdischen Tradition hinaus.[19] Bemerkenswert dabei ist, dass bereits frühe Zeugnisse von Klage ein hohes Maß an Reflexion über die Klage als sprachlichen Akt enthalten. So beklagt Chacheperreseneneb die Unmöglichkeit, der Einzigartigkeit seines Leidens in konventioneller Sprache Ausdruck zu verleihen, begleitet von der Beschreibung der leiblichen Notwendigkeit, die innere Not in Klage zu artikulieren.[20] Unter den biblischen Schriften sind wie bereits angedeutet die Psalmen der Ort, an dem Klage den größten Raum einnimmt, wenngleich Klage sich auch in vielfältigen Formen an anderen Stellen finden.[21] Hier wie dort ist Klage grundsätzlich triangulär: Sie ist ein Geschehen zwischen dem Klagenden, Gott und den „Feinden", wobei die Feinde eher Anlass denn Adressat sind. Nicht von ihnen, sondern von Gott wird die Lösung des beklagten Zustands erwartet.[22] Dabei ist allerdings bemerkenswert, dass Gottes Eingreifen jedenfalls in den Klagepsalmen nicht eigens geschildert wird: Es wird (in den meisten Psalmen) gesagt, dass Gott den Klagenden erhört, aber nicht, worin sich dies äußert. Auch wenn also in den Psalmen die Klage als dialogisches Geschehen zwischen Klagendem und Gott beschrieben wird, gibt doch die Abwesenheit einer Intervention Gottes in den Psalmen zumindest Anlass dazu, im Prozess der Klage selbst nach Ansätzen dafür zu suchen, was den Fortschritt in der Bearbeitung des kritischen Lebensereignisses fördert.

Werfen wir auf der Suche nach einer Beschreibung der ästhetischen Produktivität der Klage einen Blick auf Phänomene der Klage außerhalb der biblischen Schriften. Literarische bzw. poetische Formen von der Klage, die sich keine dogmatische Gottesrede zu eigen machen, können den Eindruck

---

[17] Vgl. Schmidt, Klage.
[18] *Gregory D. Alles:* Art. Klage, in: RGG⁴ 4, 2001, 1389f.
[19] Vgl. *Ann Suter (Hg.):* Lament. Studies in the ancient Mediterranean and beyond, New York 2008.
[20] Vgl. Chacheperreseneneb klagt, in: *Erik Hornung (Hg.): Gesänge vom Nil. Dichtung am Hofe der Pharaonen*, ausgewählt, übers. u. erl. v. Erik Hornung, Zürich 1990, 101–104.
[21] Vgl. *Claus Westermann:* Lob und Klage in den Psalmen, Göttingen ⁶1983, v. a. 125ff.
[22] Vgl. a. a. O., 163ff.

erhärten, dass die Klage selbst als ästhetischer Akt zu verstehen ist, der zwar religiöse Konnotationen enthält, sich aber nicht darin erschöpft, dass Gott angeredet und eine Antwort von Gott vernommen wird. So ist die Celan'sche Inversion psalmischen Gotteslobes („Gelobt seist Du, Niemand. ...") Klage über den Verlust des Adressaten der Klage und doch auch noch Klage an diesen verlorenen Adressanten zugleich.[23] Und wenn Thomas Bernhard schreibt „... verbrennt mein Wort, in Traurigkeit für Dich"[24], so steht das literarische Subjekt dieses Wortopfers im Vordergrund, während ein wenn auch diffus bleibender Adressat angesprochen wird. Dass Klage Sprechen an der Grenze des Sagbaren ist, lässt sich an einer Vielzahl von Gestalten der Klage beobachten.[25] Diese Beobachtung suggeriert Verbindungen zwischen ästhetischen Diskursen über das Reden von Unsagbarem und Unsäglichem. Während also Klage aus theologischer Perspektive unter Absehung ihres Gottesbezugs kaum denkbar ist, lässt sie sich zugleich aus phänomenologischer Perspektive als ästhetische Praxis auffassen. Klage als ästhetische Praxis ist eine Arbeit an kritischen Lebensereignissen, in der Sprache nicht oder jedenfalls nicht nur Instrument zur Aktivierung sozialer Ressourcen, sondern Medium ist, das Erfahrungen (neuerlich) ermöglicht.[26]

Sehen wir uns daher etwas näher an, wie Klage als ästhetische Praxis zu einer Linderung von Leid führen kann. Eine erste Orientierung bietet der Kontrast von Klage und Schrei. Klage ist das, was möglich wird, wenn mehr möglich geworden ist als ein bloßer Schrei. Der Schrei ist anders als die Klage eine Äußerung distanzloser Betroffenheit:

> „Der Schrei sagt nichts, er ist nicht beredt. Im Schrei fährt die Stimme aus dem Leib heraus, der Kopf ist in den Nacken zurückgeworfen, damit sie ohne Umweg aus dem Inneren herauskann. Aber diese Gebärde ist keine Geste, kein Zeichen, sie ist Teil des schmerzenden Leibes. Im Gegensatz zu anderen inneren Zuständen fehlt dem Schmerz die Intentionalität."[27]

Schrei ist, in Helmuth Plessners Worten, „direkte Ausstrahlung aus der Erregungsmitte an die Peripherie der Leibesoberfläche"[28], also Transport des in-

---

[23] Vgl. *Paul Celan:* Psalm, in: Ders.: Die Gedichte. Kommentierte Gesamtausgabe in einem Band, hg. v. Paul Celan, Frankfurt am Main 2005, 132f.

[24] *Thomas Bernhard:* Ich weiß keine Straße mehr die hinausführt, in: Ders.: Werke in 22 Bänden, Bd. 21. Gedichte, 167f.

[25] Vgl. etwa *Miriam Fischer:* „Die Welt ist fort, ich muss dich tragen" (Celan). Zum sprachlichen Umgang mit Grenz- (Nicht-)Erfahrungen, in: Emil Angehrn/Joachim Küchenhoff (Hgg.): Macht und Ohnmacht der Sprache. Philosophische und psychoanalytische Perspektiven, Weilerswist 2012, 137–160.

[26] Vgl. zur Unterscheidung von instrumenteller und medialer Sprache *Johannes Anderegg:* Sprache und Verwandlung. Zur literarischen Ästhetik, Göttingen 1985.

[27] *Wolfgang Sofsky:* Traktat über die Gewalt, Frankfurt am Main 2005, 79.

[28] *Helmuth Plessner:* Lachen und Weinen. Eine Untersuchung nach den Grenzen menschlichen Verhaltens, in: Ders.: Gesammelte Schriften, Bd. 7. Ausdruck und menschliche Natur, hg. v. Günter Dux, Frankfurt am Main 2003, 201–387, hier: 249.

neren Erlebens nach außen. Als „,Abdruck' des Inneren im Äußeren"[29] ist der Schrei noch (keine) *Versprachlichung*, sondern bloß *Verlautung* des Leidens.[30] Der Schrei geht durch das Subjekt hindurch, ohne dass dieses als Ausdruckssubjekt an dem Geschehen aktiv Anteil hätte. Der Schrei kann Klage werden, wenn der gestaltlose Fluss des Schreis sich zu einer Klage artikulieren lässt, deren Wortgestalt eine eigene Wirklichkeit darstellt: Laute werden zu Morphemen, der reflexartige, unartikulierte Erregungslaut zu Reflexion, Schall zu Ton,[31] „noise to voice", Chaos zu Kosmos. Der Schreiende, im Gegensatz zum Klagenden, kennt nur die blendende Präsenz seines Leids, der er aber auch gar nichts, und also auch keine Worte entgegenzusetzen weiß. Schrei ist eine vollkommen spontane Reaktion, Klage hingegen ist Ausdruck. Ausdruck in dem Sinn, in dem der Begriff im Folgenden verwendet werden soll, bezeichnet einen Vorgang, der über die bloße Sichtbarmachung hinaus einen Akt bewusster, gestaltender Darstellung beinhaltet, der zu einer Neuschöpfung von Sinn führt. Möglich wird dies, wenn das Ausdrucksmaterial durch seine Eigendynamik einen Widerstand aus sich entlässt, der die automatischen Denk- und Wahrnehmungsroutinen des leidenden Subjekts unterbricht. Es kommt zu einer kreativen Verbindung von Neuem und Alten. John Dewey beschreibt diesen Vorgang sehr treffend: Das abgelagerte Sprachmaterial wird im gelungenen Ausdruck regelrecht wiederbelebt, „Überbleibsel aus vergangener Erfahrung, die durch Routine stumpf oder durch mangelnden Gebrauch kraftlos wurden, werden in neuen Abenteuern zu mitwirkenden Kräften und hüllen sich in das Gewand einer neuen Bedeutung."[32] Klage als Ausdruck zu verstehen bedeutet, die Klage als einen Prozess zu beschreiben, in dem das Klagematerial, also die Wörter, die der Klagende ausstößt, einen Widerstand darstellt, so dass im Akt des Ausdrucks neue Bedeutung entsteht. Wer einen Ausdruck findet, mit dem er sich auf einen Gegenstand beziehen kann, hat sich, so Merleau-Ponty, von dem totalen Bann, den dieser Gegenstand ausüben kann, bereits befreit: Klage ist insofern Selbstermächtigung, als sie es erlaubt, durch Artikulation des Leidens Abstand zum Erlittenen zu gewinnen.[33]

Wir müssen aber noch genauer betrachten, wie diese Gewinnung von Abstand vonstattengeht. Wer sich ausdrückt, sagt immer mehr, als er sagen

---

[29] *Ernst Cassirer:* Philosophie der symbolischen Formen, hg. v. Claus Rosenkranz, Hamburg 2010, 127.

[30] Vgl. *Matthias Jung:* Der bewusste Ausdruck. Anthropologie der Artikulation (Human-projekt 4), Berlin 2009, 459.

[31] Vgl. *Cassirer*, Philosophie der symbolischen Formen, 133f. mit einer Anspielung an *Johann Wolfgang von Goethe:* Goethes Werke, Bd. I/6: West-Östlicher Divan, hg. v. Mechthild Raabe, Weimar 1888, 23,1–4: „Worauf kommt es überall an, // Daß der Mensch gesundet? // Jeder höret gern den Schall an // Der zum Ton sich rundet."

[32] *John Dewey:* Kunst als Erfahrung, übers. v. Gerhard vom Hofe, Dieter Sulzer und Christa Velten, Frankfurt am Main 1988, 74.

[33] Vgl. *Maurice Merleau-Ponty:* Phänomenologie der Wahrnehmung, übers. v. Rudolf Boehm, Berlin ⁶2008, 209.

wollte, denn die Bedeutungspotentiale eines sprachlichen Ausdrucks übersteigen die Intention des Sprechenden. Dieser Überschuss des Ausdrucks versetzt den Klagenden in die Lage, seines eigenen Ausdrucks zu gewahren, und dies eben nicht im Sinne einer bloßen Selbstbegaffung, also nicht als Betrachtung einer redundanten äußeren Repräsentation des inneren reflexartigen Handelns, sondern so, dass sich neue Perspektiven auf das leidende Selbst erschließen. Im Vernehmen seines eigenen Ausdrucks gewahrt das Subjekt die Differenz zwischen seiner Intention und dem ästhetischen Ausdrucksprodukt, in welchem sich seine Intention realisiert, aber eben auch gewandelt hat. Selbstausdruck besteht also nicht darin, dass der Mensch ein sprachliches Instrument aus einem Werkzeugkasten holt, mit dessen Funktion er bereits vollständig vertraut wäre. Zwar wählt der sich Ausdrückende ein bestimmtes Wort, weil ihm gegenwärtig ist, dass es zu den möglichen Ausdrucksmitteln angesichts eines bestimmten Widerfahrnisses gehört. Wie ein Mensch, den etwas schmerzt, intuitiv an die betroffene Stelle seines Leibes fasst, greift der seelisch Leidende nach einem Wort, von dem er intuitiv ahnt, dass es dem Leiden Ausdruck verleihen kann.[34] In diesem vorausgehenden Wissen um die Funktion eines bestimmten Wortes erschöpft sich jedoch nicht dessen Bedeutungspotential, welches sich erst im Wechselspiel zwischen Wort und zum Ausdruck drängender Intention voll entfaltet.[35] Vom inneren Druck des Erlebens trennt sich der Ausdruck durch seine Bedeutungsüberschüssigkeit und eröffnet einen Spalt zwischen dem Ich in seinem Selbsterleben und dem Ich, das seiner Selbst in seinem Ausdruck gewahrt. Die Klage tritt dem Klagenden gegenüber, so dass eine Klagearbeit einsetzen kann. Klagearbeit ist Selbstermächtigung, insofern das Arbeiten mit Zeichen bereits einen Widerstand gegen die sinnzerstörende Dynamik abgrundtiefen Leidens setzt. Ohnmacht ist völlige Verklumpung von Sinn, totale Abweisung von Sinn durch die sinnzerstörende Dynamik des Leidens. Klagearbeit erhält Einzug, wenn der Klagende seinen Klageausdruck als Ausdruck, also als gegenüber seiner Intention überschüssige Rede zu hören beginnt.

Sich selbst reden zu hören ist gerade keine Reduplizierung der ursprünglichen Einsamkeit, zu der reflexives Leiden führen kann. Im Gegenteil: Wer sich selbst reden hört, ist, wie zu zeigen sein wird, zugleich er selbst und ein anderer. Das hat direkte Konsequenzen für den Umgang mit der Klage anderer: Lässt sich die ästhetische Arbeit der Klage in diesem Sinn als Erfahrung mit der eigenen Rede verstehen, dann ist der Klagende gerade nicht aufzufordern, Maß zu halten, etwa mit Worten wie: „Du solltest Dich mal reden hören." Nicht, dass hierin nicht eine tiefe Wahrheit ausgesprochen wäre. Wenn der Klagende sich selbst reden hören würde, wäre ein erster Schritt aus dem vollkommenen Gebanntsein im reflexiven Leiden getan, der Mensch würde sich als Leidender selbst ansichtig und könnte beginnen, sich mit diesem Lei-

---

[34] Vgl. *Merleau-Ponty:* Phänomenologie der Wahrnehmung, 214.
[35] Vgl. ebd.

den als mit einem Ereignis, das *ihm* widerfährt und in dem er doch nicht vollständig aufgeht, auseinanderzusetzen, es könnte eine Arbeit am Leiden einsetzen. Die Suggestion des Satzes „Du solltest Dich mal reden hören" ist hingegen: „Du würdest dich deiner Übertreibungen schämen und das Klagen einstellen, wenn dir bewusst werden würde, wie selbstsüchtig und undankbar etc. deine Rede doch ist." Nicht jedoch die Unterbindung der Klage, sondern die Freisetzung der produktiven Kräfte derselben kann einen Prozess initiieren, in dessen Verlauf Leiden gelindert wird. Das paradoxale Moment des Ausrufs: „Du solltest Dich mal reden hören" besteht darin, dass der Klagende eben dieses im Akt des Klagens lernen sollte: sich selbst reden hören, denn wenn er dies vermag,[36] kann er seiner eigenen Klage gegenübertreten, anstatt sich nur wortlos auf dem Boden zu winden wie ein halb zertretener Wurm.[37] Produktiv wird die Klage, wenn der Klagende die Überschüssigkeit seines Selbstausdrucks nicht nur erlebt, sondern auch bewusst aufgreift und gestaltet. Dies ist dann der Fall, wenn der Klagende *sich aufführt*. Wer sich mit Absicht aufführt, greift den Sinnüberschuss des Klageausdrucks auf und treibt diesen bewusst weiter. Diese Selbstaufführung realisiert das performative Potential, das der Klage innewohnt, und kehrt so die Reihenfolge von *intentio recta* und *intentio obliqua* um. Im Ausdruck ergeht die Mitteilung des „Gehalts" *intentione recta*, also gemäß der eigentlichen Intention; der Überschuss, der dem Ausdruck eignet, kommt hier *intentione obliqua* zur Geltung, also ohne direkt intendiert gewesen zu sein. Gewahrt das Subjekt des Überschusses des Ausdruckssinns gegenüber seiner ursprünglichen Mitteilungsintention, so vermag es darin den Vorschlag einer Selbstdeutung zu erkennen, der gerade nicht oder jedenfalls nicht im eigentlichen Sinne vom Subjekt selbst stammt.

Versteht man die Klage so, dann ist die Klage eigentlich kein Akt der Deutung des Leidens, sondern ein Akt der Selbstdeutung des Leidenden.[38] Aber diese Selbstdeutung vollzieht sich nicht im Rahmen einer leidenstheologischen Hermeneutik und hat auch wenig mit einem proleptischen Sprechakt zu tun. Leiden wird nicht uminterpretiert in eine andere Form des Glücks und die Gegenwart des Leidens wird nicht durch Vorwegnahme der Erhörung des Gebets übersprungen. Leiden bleibt leiden, aber im Akt der Versprachlichung des Leidens entdeckt der Klagende Möglichkeiten neuerlicher Selbstdeutung, die zunächst im Bann des Leidens versperrt waren.

---

[36] Vgl. *Hannah Arendt:* Über das Böse. Eine Vorlesung zu Fragen der Ethik, hg. v. Jerome Ludz, übers. v. Franziska Augstein, München ⁴2010, 78.
[37] Vgl. *Weil,* Die Gottesliebe und das Unglück, 113.
[38] Vgl. *Erich Zenger:* Die ewige Frage nach dem Sinn des Leidens – Antworten aus dem Buch Hiob (TeDeum.wissen), Stuttgart 2013, 62.

3. Klage als Resilienzfaktor – zwischen Phänomenologie und Theologie

Was bedeutet dies nun für die Auslegung der Psalmen im Horizont des theologischen Nachdenkens über Resilienz. Wenn die Klage in Lob übergeht, dann dankt der nunmehr Lobende dafür, trotz des erlittenen Übels wieder ins Leben zurückgefunden zu haben. Das Übel wird nicht entübelt oder sonstwie verklärt, sondern – überlebt.[39] Psalmen sind Zeugnisse gelungener Arbeit am Leiden, und zwar näherhin Zeugnisse *solcher* gelungenen Arbeit am Leiden, die die Laborierenden nicht beschreiben können, ohne das Wort Gott zu verwenden. Theologie beginnt in meinen Augen dort, wo eine Erfahrung beschrieben wird, die aus vielen Perspektiven grundsätzlich auch ohne Rückgriff auf den Ausdruck Gott beschrieben werden könnte, die jedoch ohne das Wort Gott aus Sicht des Erfahrungssubjekts immer unzureichend beschrieben wäre. Theologie ist eine Rede von der Welt und vom Menschen, die nicht ausgeredet hat, ohne auf Gott verwiesen zu haben. Psalmen sind Rückblicke auf stattgehabte gelungene Arbeit am Leiden, deren Gelingen sich mit Blick auf die heilende Kraft ästhetischer Praxis beschreiben lässt, die jedoch eben aus Sicht der Autoren und Tradenten der Psalmen noch nicht hinreichend beschrieben ist, wenn sie *nur* als ästhetische Praxis in den Blick genommen wird. Ausdruck religiöser Erfahrung sind die Psalmen nicht (allein), weil ihnen ein religiöses Wirklichkeitsverständnis zugrunde liegt. Religiös sind die Psalmen, weil die bestimmten in ihnen artikulierten Erfahrungen des Erlöstwerdens von Leiden, die sich *auch* als ästhetische Erfahrung beschreiben lassen, dann doch mehr sind als gelungene ästhetische Praxis mit dem Überschuss der Sprache – weil die Erfahrung dieses Erlöstwerdens durch ästhetische Praxis ihrerseits einen Überschuss enthält. Dieser religiöse Überschuss der Erfahrung mit grundsätzlich beschreibbarem, aber im Konkreten doch überwältigend glücklichen Überwundenseins von Leiden nötigt die Betenden dazu, sich an den letzten Grund ihrer Wirklichkeit zu wenden, indem sie Gott danken. Nicht also ein vorausgesetztes religiöses Wirklichkeitsverständnis, sondern die Erfahrung mit der Wirklichkeit als verdankter Wirklichkeit selbst ist es, wegen derer Psalmen Ausdruck religiöser Erfahrung sind. Die Klage selbst ist als solche kein affirmativer theologischer Akt, auch wenn das immer wieder behauptet wird und auch wenn die Versuchung groß sein mag, in jeder Klage eine Apostrophe an einen verborgenen Gott aufzuspüren. Klage ist Klage und nicht irgendein subtiles Festhalten an Gott.[40] Zumindest Psalm 88, der gar kein Lob kennt, macht das deutlich. Überhaupt ist

---

[39] Vgl. *Emil Angehrn:* Leiden und Erkenntnis, in: Martin Heinze (Hg.): Das Maß des Leidens. Klinische und theoretische Aspekte seelischen Krankseins (Beiträge der Gesellschaft für Philosophie und Wissenschaften der Psyche), Würzburg 2003, 25–43.

[40] Vgl. *Zenger,* Die ewige Frage nach dem Sinn des Leidens, 49.

Psalm 88 wichtig: Klage wird eben nicht automatisch in Lob überführt. Anstatt von einem Umschwung der Klage in das Lob zu sprechen, scheint es eher angemessen, von einem Lob über das gute Ende der Klage zu sprechen: Ein Lob und Dank an Gott für das Gelingen unserer Arbeit am Leid, das im Modus der Klagearbeit vonstattenging.

Für das Gelingen der Klage, also für das Gelingen der sprachlichen Verarbeitung des Erlebten und Erlittenen, letztlich für das Gelingen der Arbeit an sich selbst dankbar zu sein, nimmt dieser Arbeit in keiner Weise ihren existentiellen Ernst. Resilienz erscheint in diesem Horizont als zu kultivierende Arbeitsfähigkeit mit Blick auf erlittenes Leid, als Fähigkeit, sich selbst in den Sog stellen zu können, der anzieht, wenn das ohnmächtig Erlittene in Worte fließt und so seine eigene Gegenkraft generiert. Insofern gibt es so etwas wie eine Klage*kompetenz* oder Selbstbekenntnis*kompetenz*, deren Kultivierung ein wichtiger Bestandteil religiöser Bildung sein könnte. Klage ist nicht nur ein Appell, sondern Selbstausdruck und mithin ein Akt unabschließbarer Arbeit an kritischen Ereignissen, und zwar auch und gerade an solchen, die irreduzibel negativ sind. Über solche irreduzible Negativität nicht hinwegzuschwindeln ist ja das Leitmotiv des Gedichts, in dem Kästner die Frage „Herr Kästner, wo bleibt das Positive?" variiert.[41] Klage ist mithin eine Art der Sprachverwendung, die auch dann noch möglich bleibt, wenn die kommunikativen Möglichkeiten von Sprache erschöpft oder blockiert sind, und die Befähigung zu einer solchen expressiven Sprachverwendung könnte für die Bearbeitung von Grenz(nicht)erfahrungen von entscheidender Bedeutung sein.[42] Eindrücklich bringt Sölle dies auf den Punkt:

> „Es ist notwendig, dass Menschen zum Sprechen kommen, um nicht vom Unglück zerstört oder von der Apathie verschluckt zu werden. Es ist nicht wichtig, wo und in welcher Form das geschieht, aber dass Menschen sich formulieren können, oder besser: sich ausdrücken lernen, davon hängt in der Tat ihr Leben ab."[43]

Gewandtheit im Klagen, oder formaler ausgedrückt: Selbstbekenntniskompetenz erscheint vor diesem Hintergrund als Resilienzfaktor, jedoch eben unter der Bedingung, dass Klage in dieser Funktion nicht aufgeht, so wenig wie sie das Negative zu tilgen vermag.

---

[41] Vgl. *Kästner*, Und wo bleibt das Positive, 172f.
[42] Vgl. *Fischer*, „Die Welt ist fort, ich muss dich tragen" (Celan), v. a. 157ff.
[43] *Dorothe Sölle:* Leiden. Annehmen und widerstehen, Freiburg im Breisgau 2013, 89.

Selbstsorge und Fürsorge zwischen Vulnerabilität und Resilienz

Thiemo Breyer

Thiemo Breyer describes vulnerability and resilience as standing in a relationship of dynamic mutual interaction. They are both bound to personal factors, physical-environmental factors and social-environmental factors, and they depend on temporal and empathic mutuality in care for oneself and care for others. Resilience will be enhanced if the self and the reality perceived correspond in emotional resonance. Because resilience is never to be measured by an objective outcome but by the process of subjective coping and individual improvement, its temporal structure is of utter importance. This is especially true for preventive perspectives on resilience.

Menschen sind zugleich „verletzungsoffen" und „verletzungsmächtig".[1] Die nachfolgenden Überlegungen kreisen um diese Doppelstruktur menschlichen Tuns und Erleidens, wobei die Frage nach den Modi des Aushaltens und Gestaltens von Krisenerfahrungen und der hierin zum Vorschein kommenden Resilienz mit Blick auf Intersubjektivität und Empathie gestellt wird. Unter einem weiten Begriff von Empathie als Resonanz und Korrespondenz von Eigen- und Fremdperspektiven in der leiblichen und sprachlichen Interaktion gilt das Interesse dem Zusammenspiel von Selbstsorge und Fürsorge. Zunächst sollen jedoch einige Kernbedeutungen der leitenden Konzepte herausgestellt werden.

1. Vulnerabilität und Resilienz

In einem allgemeinen Sinne bedeutet Vulnerabilität, das sich vom lateinischen *vulnus* (Wunde) bzw. *vulnerare* (verwunden) herleitet, die Verletzlichkeit eines Individuums, einer Gruppe, oder auch einer nicht-menschlichen Entität (z. B. eines ökologischen Systems) gegenüber bestimmten Stressoren. Diese negativ beeinflussenden Faktoren können *systemintern* sein, wie die genetische Veranlagung zu bestimmten Krankheiten, oder *systemextern*, wie ein Börsencrash, dem ein privater Investor oder ein ganzer Konzern plötzlich ausgesetzt sind. Wenn das System ein Subjekt ist, also qualitative Erlebniszustände hat, kommt hinzu, dass eine Belastung nicht nur negative Auswir-

---

[1] Vgl. *Heinrich Popitz:* Phänomene der Macht, Tübingen 1992, 24ff.

kungen haben, sondern die Einsicht in die Störung und die Realisierung der eigenen Verwundbarkeit – eine Erfahrung der „Ausgesetztheit"[2] – zusätzliches Leiden erzeugen kann. Es ist also zwischen unmittelbaren Schäden (erste Ordnung) und mittelbarem oder reflexivem Leiden an diesen Schäden (zweite Ordnung) zu unterscheiden.

Zwar kann man mit Blick auf die genannten Systeme Vulnerabilität als allgemeines Merkmal ansetzen, das ihnen aufgrund ihrer Struktur und Exponiertheit zukommt. Da Vulnerabilität als solche zumeist aber nur thematisch wird, wenn sich eine Beeinträchtigung eines Systems einstellt, was relativ zur Situation, zum Systemzustand und zu unterschiedlichen Kontextfaktoren betrachtet werden muss, ist es ratsam, sie als dynamischen Prozess aufzufassen, der sich jeweils in mehrere Phasen aufgliedert, beispielsweise in Phasen der basalen Anfälligkeit, der akuten Störung, der Regulierung von Ressourcen zur Krisenbewältigung und schließlich des Systemzusammenbruchs oder der Überwindung des Problemzustands.

Vulnerabilität wird des Weiteren häufig als Gegenstück von Resilienz betrachtet. Der Entwicklungspsychologin Judith Harris zufolge gibt es bestimmte Verhaltensmerkmale, die menschliche Vulnerabilität – um die es im Folgenden ausschließlich gehen wird – indizieren. So sind vulnerable Subjekte schon im Kindesalter impulsiv, aggressiv und reizbar; sie sind schnell von Routine gelangweilt und suchen abwechselnde Stimulation; sie entwickeln nur wenig Sensitivität für die möglichen Konsequenzen ihrer Handlungen; und sie besitzen geringe Empathie für die Gefühle anderer Menschen. In kritischen Lebensphasen wie der Pubertät sind solche Individuen dann entsprechend stärker gefährdet, psychische Störungen auszubilden und in hyperreflexive Selbstzweifel zu verfallen.[3]

Der Begriff der Resilienz geht auf das lateinische *resilire* (abprallen, zurückspringen) zurück. Er bezeichnet eine Widerstandsfähigkeit bzw. Fähigkeit, „adversive Szenarien" wie Lebenskrisen zu bewältigen und diese als Ausgangspunkte für Veränderungen und neue Entwicklungen fruchtbar zu machen. Damit verwandt sind im medizinischen Bereich die Entstehung oder Wiedererreichung von Gesundheit (*Salutogenese*)[4], Bewältigungsstrategien (*Coping*)[5] und Selbsterhaltung (*Autopoiesis*)[6]. Wesentliche Faktoren, die

---

[2] *Thomas Fuchs:* Existenzielle Vulnerabilität. Ansätze zu einer Psychopathologie der Grenzsituationen, in: Sonja Rinofner-Kreidl/Harald A. Wiltsche (Hgg.): Karl Jaspers' Allgemeine Psychopathologie zwischen Wissenschaft, Philosophie und Praxis, Würzburg 2008, 95–107, hier: 95.

[3] Vgl. *Judith R. Harris:* Ist Erziehung sinnlos? Die Ohnmacht der Eltern, Reinbek bei Hamburg 2000.

[4] Vgl. das Salutogenese-Modell von *Aaron Antonovsky:* The salutogenic model as a theory to guide health promotion, in: HPI 11/1, 1996, 11–18.

[5] Als typische Coping-Strategien werden häufig Assimilation und Akkommodation genannt. Vgl. *Bernhard Leipold/Werner Greve:* Resilience: A conceptual bridge between coping and development, in: Eur Psychol 14/1, 2009, 40–50, hier: 40.

Resilienz beeinflussen, sind *personale*, auf den spezifischen biographischen Hintergrund eines Individuums bezogene Faktoren, ebenso wie *Umwelteinflüsse* und *Prozessfaktoren*.[7]

Zu den *personalen Faktoren* gehören kognitive Elemente (z. B. allgemeine Intelligenz, aber auch Deutungs- und Sinngebungsmodelle aus Religion und Spiritualität) wie auch emotionale Momente (z. B. die Fähigkeit, eigene affektive Bewegungen und Triebsteuerungen zu erkennen und Emotionen und Handlungen entsprechend zu regulieren). Darüber hinaus sind die Toleranz gegenüber Neuartigkeiten und Ungewissheiten sowie eine aktive Einstellung zu Problemen ausschlaggebend. Damit verbunden ist das Vertrauen in die Möglichkeit, Probleme angehen und Veränderungen bewirken zu können. Insgesamt werden die allgemeine Sozialkompetenz und sozialkognitiven Fähigkeiten häufig als resilienzfördernd bestimmt. „Ein zentraler Aspekt sozialer Kompetenz ist", wie die Sozialpsychologin Grit Hein formuliert, „die Fähigkeit, in sozialen Kontexten angemessene emotionale Reaktionen zu generieren – eine Fähigkeit, die wahrscheinlich Empathie erfordert."[8] Diese empathische Responsivität kann mit dem Begriff der *Resonanz* beschrieben werden (s. u.).

Zu den *Umweltfaktoren* gehören der Zugang zu materiellen Ressourcen sowie die Unterstützung durch die Familie oder andere Gemeinschaften, im weiteren Sinne also das soziale Umfeld. Der Rückhalt in sozialen Nahbeziehungen ist eine wichtige Quelle, aus der resiliente Persönlichkeiten schöpfen, um Stress zu bewältigen.

Zu den *Prozessfaktoren* gehören schließlich die wahrgenommenen Perspektiven Anderer, die die eigene Sichtweise auf ein Krisenphänomen erweitern können, ferner die Akzeptanz des Unveränderbaren bei gleichzeitiger Konzentration aller Energien auf das als nächstes zu Bewältigende und die

---

[6] Das Autopoiesis-Konzept spielt vor allem in der Analyse komplexer Interaktionszusammenhänge in der Systemtheorie und der Organisationswissenschaft eine Rolle. Hier wird die Selbstregulierungsfähigkeit im Hinblick auf die Resilienz kollektiver Systeme gegenüber unterschiedlichen Stressoren untersucht. Vgl. *Chris Goldspink/Robert Kay*: Organizations as self-organizing and sustaining systems: a complex and autopoietic systems perspective, in: Int J Gen Syst 32/5, 2003, 459–474.

[7] Die Interaktion von genetischen, epigenetischen und neuronalen Mechanismen, die die psychobiologische Grundlage der Resilienz bilden könnte, ist ebenfalls ein breites Forschungsgebiet, das hier nicht weiter behandelt werden kann. Vgl. *Adriana Feder/Eric J. Nestler/Dennis S. Charney*: Psychobiology and molecular genetics of resilience, in: Nat Rev Neurosci 10/6, 2009, 446–457.

[8] *Grit Hein*: Empathy and resilience in a connected world, in: Martha Kent/Mary C. Davis/John W. Reich (Hgg.): The Resilience Handbook: Approaches to Stress and Trauma, London 2013, 144–155, hier: 144: „One central aspect of social competence is the ability to generate appropriate emotional responses in social contexts, an ability that likely requires empathy."

dabei entwickelten Strategien, die mit der Hoffnung bzw. Erwartung der *Selbstwirksamkeit* verbunden sind.[9]

Insgesamt lassen sich die verschiedenen Ansätze im Bereich der philosophischen Thematisierung der Vulnerabilität – und, damit zusammenhängend, auch der Resilienz – in zwei Grundrichtungen aufteilen. *Ontologische*[10] Ansätze interessieren sich insbesondere für Vulnerabilität als strukturelle (existenziale) Verfasstheit endlicher und verkörperter Wesen wie dem Menschen, während es *kontextualistischen*[11] Herangehensweisen darum geht, konkrete (empirische) Gefahrenquellen zu identifizieren, die dann im Zusammenhang mit bestimmten individuellen Dispositionen betrachtet werden. Die im Folgenden angestellten Überlegungen verpflichten sich keiner dieser beiden Herangehensweisen. Vielmehr soll eine korrelative Betrachtung vorgenommen werden, die grundlegende Strukturen unserer verkörperten und zeitlichen Existenz sowie Formen des Bezugs zum Anderen – wie sie sich auf den unterschiedlichen Ebenen der Empathie als interpersonalem Geschehen, im Wechselspiel zwischen Selbstsorge und Fürsorge im Angesicht von Krisenerfahrungen artikulieren – in den Blick nimmt.

2. Krisenerfahrung und Sorge

Krisen sind als Einbrüche in die Kontinuität homogener Erfahrungs- und Erwartungsverläufe anzusehen. In ihnen werden uns gewohnte Orientierungen und Lebensentwürfe fremd.[12] Die Fremdheit des Erlebten und mithin des Er-

---

[9] Vgl. zum Konzept der Selbstwirksamkeitserwartung die ursprüngliche Arbeit von *Albert Bandura:* Self-efficacy: Toward a unifying theory of behavioral change, in: Psychol Rev 84/2, 1977, 191–215 sowie die ausführliche Studie *Albert Bandura:* Self-Efficacy: The Exercise of Control, New York (NY) 1997.

[10] Vgl. *Bryan S. Turner:* Vulnerability and Human Rights, University Park (PA) 2010, 26. Wichtige „ontologische" Ansätze in der jüngeren Forschung stammen des Weiteren von Judith Butler, die mit dem Begriff der „corporeal vulnerability" die Verletzungsoffenheit des Körpers hervorhebt (vgl. *Judith Butler:* Precarious Life. The Powers of Mourning and Violence, New York [NY] 2006; *Judith Butler:* Frames of War. When is Life Grievable?, New York [NY] 2009) sowie von Martha Nussbaum, die die normative Bedeutsamkeit der menschlichen Vulnerabilität als Grundlage von Moraldiskursen beleuchtet (vgl. *Martha C. Nussbaum:* Frontiers of Justice. Disability, Nationality, Species Membership, Cambridge [MA] 2006).

[11] Vgl. den von Robert Goodin vertretenen Ansatz, den er als „relational view" kennzeichnet und der auf einzelne Lebensbereiche (wie den physischen, ökonomischen, sozialen oder kulturellen) mit ihren spezifischen Vulnerabilitäten fokussiert (*Robert E. Goodin:* Protecting the Vulnerable. A Re-Analysis of Our Social Responsibilities, Chicago [IL] 1986).

[12] Vgl. *Thomas Fuchs:* Krise und Neuorientierung in der Lebensgeschichte, in: Zeit-Diagnosen. Philosophisch-psychiatrische Essays, Kusterdingen 2002, 79–94, hier: 81.

lebens selbst kann über den Selbstzweifel und den Widerstreit bis zur Verzweiflung und Ohnmacht führen. Daher ist es nicht unangemessen, die Begegnung mit der Krise als „Schicksalsereignis" zu bezeichnen, das als „Doppelereignis[...] von Anspruch und Antwort" eintritt und in dem die „Sorge um das eigene Schicksal" thematisch wird.[13] Verläuft die Antwortbewegung so, dass sie Möglichkeiten des Umgangs, Gestaltens und Überwindens der Krise eröffnet – und insofern Resilienz ermöglicht –, stellt sich eine „Ko-respondenz" zwischen Anspruch und Antwort ein: „Aus dieser ‚Entsprechung', die die Person nicht als gemacht und gewollt, sondern als Fügung und Offenbarung erfährt, kann neue Sinnorientierung entstehen."[14]

In Krisen zeigen sich anthropologisch betrachtet jene „Herausforderungen, mit denen Menschen als vielseitig begabte, aber auch vielseitig verletzliche Lebewesen aufgrund ihres Angewiesen-Seins auf passende Lebensumgebungen konfrontiert sind."[15] Diese Lebensumgebungen sind ökologisch, sozial und jeweils interaktional strukturiert, so dass es zu unterschiedlichen Formen der „Passung"[16] und Nicht-Passung bzw. der erfolgreichen oder nicht erfolgreichen Interaktion kommen kann. Die Relationen des Menschen mit einer spezifischen Lebensumgebung oder Wirklichkeitsdimension können nach dem Grad ihrer *Resonanz* beschrieben werden, also des Einschwingens und Mitschwingens, das beide verbindet.[17] In diesem weiten Sinne versteht Sonja Rinofner-Kreidl „Empathie" als Resonanzfähigkeit bzw. Responsivität, also als Antwortverhalten des Menschen, das durch Variabilität und Flexibilität im Hinblick auf die unterschiedlichen Wirklichkeitsbereiche und Interaktanten gekennzeichnet ist. Wir werden auf den Zusammenhang von Resonanz und Empathie am Ende der Ausführungen noch zurückkommen.

Von philosophisch zentraler Bedeutung beim Aushalten und Gestalten von Krisen ist die Zeitstruktur von Vulnerabilitäts- und Resilienzerfahrungen. So kann Resilienz als *prophylaktische* Praxis zur Abwendung oder besseren Bewältigung von Krisen „im Vorhinein" eingeübt werden (z. B. durch Techniken der Achtsamkeit[18]), oder aber als *kurative* Praxis „im Vollzug"

---

[13] *László Tengelyi:* Der Zwitterbegriff Lebensgeschichte, München 1998, 286.
[14] *Fuchs,* Krise und Neuorientierung in der Lebensgeschichte, 83.
[15] *Sonja Rinofner-Kreidl:* Intuition und Resilienz, in: Thomas Fuchs/Thiemo Breyer/Stefano Micali/u. a. (Hgg.): Das leidende Subjekt: Phänomenologie als Wissenschaft der Psyche, Freiburg im Breisgau 2014, 75–103, hier: 75f.
[16] *Rinofner-Kreidl:* Intuition und Resilienz, 76.
[17] Der Resonanzbegriff entstammt, wie Thomas Fuchs erläutert, „der Akustik und Schwingungsmechanik; er bezieht sich auf Körper und Systeme, die durch ihre Eigenschwingungen aufeinander abgestimmt und *aktuell miteinander verbunden* sind. [Er] enthält ein dynamisches ebenso wie ein rhythmisches Moment, stellt also auch eine *zeitlich* übergreifende Beziehung zwischen den beteiligten Systemen her." (*Thomas Fuchs:* Das Gehirn – ein Beziehungsorgan: Eine phänomenologisch-ökologische Konzeption, Stuttgart [2008] ³2010, 179).
[18] Vgl. die instruktive Einführung von *Johannes Michalak/Thomas Heidenreich/J. Mark G. Williams:* Achtsamkeit, Göttingen 2012. Zwar führt die Einübung

der Krisenbewältigung (z. B. durch begleitende Seelsorge) auftreten. Darüber hinaus bietet die Psychotherapie Methoden zur *reparativen* Bearbeitung und Verarbeitung erlebter Krisen „im Nachhinein", gerade wenn diese Episoden als oberflächlich schon abgeschlossen erscheinen.

> Was die Zeitlichkeit der Krise betrifft, so versetzt uns das Krisenereignis in „eine Situation der Schwebe zwischen Nicht-mehr und Noch-nicht, ja des momentanen Stillstands, von dem aber eine neue Orientierung, eine neue Lebensbewegung ihren Ausgang nehmen kann. Diese Sinnbildung ist allerdings der aktiven Verfügung der Person entzogen. Sie kann entdeckt, erfahren, geoffenbart, nicht jedoch entworfen oder erfunden werden."[19]

Die Krisenerfahrung hat ein starkes pathisches Moment, sie ist ein Widerfahrnis, das mich überrascht, überfällt, überkommt und auf das ich antworten muss. Die responsive Struktur des Antworten-Müssens ist hier auf existenzielle Weise gesteigert. Im Antworten auf die Krise selbst liegt deshalb ein Bewusstsein der *Sorge*, das heißt, meine Situation als Subjekt, das sich zwischen einem Nicht-mehr und einem Noch-nicht in einer ambivalenten Gegenwart befindet, wird auf bedrohliche Weise thematisch. Die Krise weist sich als paradigmatische Situation der Sorge um die eigene Lebenslage aus.[20]

> Wenn im Angesicht einer solchen Erfahrung „Resilienz [...] nicht ausschließlich daran zu messen [ist], was jemand objektiv zustande bringt [...], sondern auch daran, wie er sich in seinem Bemühen um konstruktive Antworten auf die Aufgaben seiner Umwelt zu sich selber verhält und wozu er sich in seinen Bewältigungsversuchen selber macht"[21],

dann geht die Gestaltung einer Krise immer auch mit einer Selbsttransformation einher. Wie im nächsten Abschnitt gezeigt wird, ist diese Dimension des Wandels durch Arbeit an sich ein zentraler Aspekt der Selbstsorge, wie sie in der philosophischen Tradition häufig thematisiert wurde.

---

von Achtsamkeit zu einer Konzentration auf und einem Bewusstsein für den gegenwärtigen Moment und der in ihm erlebten Eindrücke, doch kann eine kontinuierliche Besinnung auf das Jetzt auch eine Resilienz für krisenhafte zukünftige Erfahrungen befördern.

[19] *Fuchs*, Krise und Neuorientierung in der Lebensgeschichte, 82.
[20] Vgl. hierzu Karl Jaspers' Begriff der „Grenzsituationen", in denen sich der Mensch vor seine eigene Existenz gestellt sieht (*Karl Jaspers*: Philosophie. II. Existenzerhellung, Berlin 1932, 203ff.). Jaspers zufolge sind solche Situationen durch eine Widersprüchlichkeit gekennzeichnet, die den gewohnten Erfahrungsverlauf unterbrechen und in Frage stellen. „Widersprüche – und das ist die allgemeinste Formel aller Grenzsituationen – sieht der Mensch überall, wenn er von der endlichen Situation fortschreitet, um sie im Ganzen zu sehen." (*Karl Jaspers*: Psychologie der Weltanschauungen, München/Zürich 1985, 231)
[21] *Rinofner-Kreidl*: Intuition und Resilienz, 95.

3. Selbstsorge als philosophischer Appell

Die Selbstsorge hat in der Philosophie eine lange Geschichte. Das Konzept und die Praxis der *epimeleia heautou* bezeichnet schon in der klassischen griechischen Philosophie „die Sorge um sich selbst, das Sich-um-sich-Kümmern, das Sich-um-sich-Sorgen, das Sich-selbst-Aufmerksamkeit-Zuwenden".[22] Michel Foucault macht für die Antike drei Hauptbedeutungen der Selbstsorge aus:[23] Diese erscheint erstens als eine zu kultivierende *Haltung*, die man der Welt, den Anderen und sich selbst gegenüber einnimmt, zweitens als spezifische *Aufmerksamkeit*, die darin besteht, dass man den Blick auf sich selbst wendet, und drittens als Arsenal von *Übungen*, Praktiken, Techniken, durch die sich das Subjekt erzieht, verbessert, läutert, um insgesamt ein besseres Leben zu führen und einen Zugang zur Wahrheit zu finden. Die hieraus erwachsende „Lebenstechnik" zielt dabei auf die Frage, wie das Leben als unvertretbar eigenes bestmöglich gelebt werden kann und soll.[24]

Wichtig ist bei alldem, dass die Selbstsorge – obzwar auf das individuelle Leben ausgerichtet – stets auch den Anderen benötigt, um zu gelingen. Der Andere „ist unabdingbar für die Selbstpraxis, damit die Form, die diese Praxis definiert, tatsächlich ihr Ziel erreicht und sich mit diesem, dem Selbst, füllt."[25] Im Ausgang von den platonischen Dialogen rekonstruiert Foucault drei Typen, in denen der Andere eine Erfüllungsfunktion für die Selbstsorge einnimmt. Die Leitung, die vom Anderen ausgeht, ist eine Leitung durch *Beispielhaftigkeit*, durch *Kompetenz* oder durch *Verunsicherung*. Der Andere kann mir zum Vorbild werden, an dem ich mich orientiere, zum Lehrmeister, von dem ich Wissen empfange, oder – wie paradigmatisch in der Gestalt des Sokrates, „der sich um die Sorge der anderen sorgt"[26] – zur Reflexionsinstanz, die mich immer wieder auffordert, meine Sichtweisen zu prüfen und gegebenenfalls zu korrigieren.

Um mir aber ein Vorbild an einem Anderen nehmen zu können, muss ich bereit sein, dessen Qualitäten anzuerkennen, was voraussetzt, dass ich mei-

---

[22] *Michel Foucault:* Hermeneutik des Subjekts: Vorlesung am Collège de France (1981/82), Frankfurt am Main 2004, 16.
[23] A. a. O., 26f.
[24] *Burkhard Liebsch:* Prekäre Selbst-Bezeugung: Die erschütterte Wer-Frage im Horizont der Moderne, Weilerswist 2012, 122.
[25] *Foucault:* Hermeneutik des Subjekts, 167.
[26] *Michel Foucault:* Die Ethik der Sorge um sich als Praxis der Freiheit, in: Daniel Defert (Hg.): Schriften in vier Bänden. Dits et Ecrits. Band IV (1980–1988), Frankfurt am Main 2005, 875–901, hier: 884. Interessant ist für Foucault der „Vergleich zwischen Sokrates und der Stechfliege, jenem Insekt, das hinter den Tieren her ist, sie sticht und bewirkt, daß sie herumlaufen und sich bewegen. Die Sorge um sich selbst als Sporn, der ins Fleisch der Menschen eindringen muß, der in ihr Dasein eingelassen und das ganze Leben hindurch Grund für Bewegung und Bewegtheit ist." (*Foucault,* Hermeneutik des Subjekts, 23).

nen eigenen Standpunkt, meine Fähigkeiten und Expertisen relativ zu bereits Geleistetem sehe und im Vergleich angemessen beurteile. Gleiches gilt für die Unterweisung durch Andere anhand von Kompetenzen, die mir noch fehlen. Schließlich kann ich die produktive Verunsicherung, die vom Anderen ausgeht, nur aufnehmen und nutzen, wenn ich mich nicht auf festgefahrene Verhaltensweisen und habitualisierte Denkmuster zurückziehe, sondern eine Offenheit für neue und ungewohnte Perspektiven mitbringe.

Mit Blick auf Sorge als Praxis ist es wichtig zu bemerken, dass sie stets auch einer gewissen Muße bedarf, wie es vor allem in der römischen Auffassung des *otium* zum Ausdruck kommt. Muße ist nach dieser Vorstellung „*par excellence* jene Zeit, die man damit verbringt, sich um sich selbst zu kümmern."[27] Eine solche Zeit, die man sich für sich selbst nimmt und in der man sich aus den alltäglichen Umtrieben und Geschäftigkeiten herausnimmt, ist freilich ein kostbares Gut und gewissermaßen ein Luxus (der in der Antike beispielsweise durch die Entlastung von Eliten durch Sklavenarbeit ermöglicht wurde).[28] So gesehen kann die Selbstsorge nicht erst in einer Krise, die einen überwältigt, als Technik der Resilienz zum Einsatz kommen, sondern muss in Zeiten, in denen es noch Spielräume der Muße gibt, vorbereitet und eingeübt werden. Durch solche Vorbereitung sollen einem dann in jeder Situation die gelernten Grundprinzipien und Verhaltensregeln quasi automatisch den Leitfaden des konkreten Handelns liefern.[29] Doch gehorcht die Selbstsorge nicht vollständig der Logik „Spare in der Zeit, dann hast du in der Not!" – sie ist keine akkumulierbare und jederzeit abrufbare Ressource, sondern entfaltet sich allmählich zu einer Haltung, die dann den Boden für Entscheidungen und Handlungen in einer akuten Krisensituation bildet: „Sich um sich selbst zu sorgen, ist nicht einfach eine zeitlich begrenzte Vorbereitung auf das Leben; es ist eine Lebensform."[30]

---

[27] *Michel Foucault:* Die Hermeneutik des Subjekts, in: Daniel Defert (Hg.): Schriften in vier Bänden. Dits et Ecrits. Band IV (1980–1988), Frankfurt am Main 2005, 423–439, hier: 426.

[28] Wenn man fragt, durch welche veränderten Lebensumstände und Lebensweisen spezifische Vulnerabilitäten erzeugt oder grundlegend verschärft werden, so betrifft eine Diagnose, die von Soziologen und Psychiatern heute gleichermaßen gestellt wird, die spätmoderne „Beschleunigung" (*Hartmut Rosa*: Beschleunigung. Die Veränderung der Zeitstrukturen in der Moderne, Frankfurt am Main 2005) der Lebenswelt – und zwar der Berufswelt ebenso wie der Privatsphäre, die überdies jeweils an Konturen und Abgeschlossenheit einbüßen – und die damit einhergehende Gefahr der Überforderung, die häufig zu Burnout und Depression führt. Das „erschöpfte Selbst" (*Alain Ehrenberg:* Das erschöpfte Selbst. Depression und Gesellschaft in der Gegenwart, Frankfurt am Main 2008) ist in dieser Konstellation nicht mehr in der Lage, geeignete Resilienzmechanismen durch Muße zu entwickeln, die Informationsflut und permanente Erreichbarkeit auf einem erträglichen Niveau halten würden. Die zeitdiagnostische Funktion und Aufgabe der Philosophie besteht angesichts dessen – wie schon in der Antike – in einer Aufforderung zur Selbstsorge.

[29] *Foucault*, Die Ethik der Sorge um sich als Praxis der Freiheit, 881.

[30] *Foucault*, Die Hermeneutik des Subjekts, 427.

Die Beispiele aus Foucaults Rekonstruktion der klassischen Texte zeigen, dass die Selbstsorge als Gelingensbedingung immer auch der Fürsorge durch Andere bedarf.[31] Das Zusammenspiel von Selbstsorge und Fürsorge kann man anhand dieser Beispiele als übergreifendes Empathiegeschehen bezeichnen, bei dem es nicht primär darum geht, die Gedanken des Anderen zu lesen oder sich in seine Gefühlslage hineinzuversetzen, wie es aktuelle Empathietheorien behaupten, sondern das eine lebendige Begegnung und einen konfrontativen und konstruktiven Austausch über Sichtweisen und Handlungsmöglichkeiten umschreibt.

4. Empathie und interpersonale Resilienz

Wie in der Sozialphilosophie häufig betont, ist der Mensch als *animal sociale* abhängig von der Anerkennung durch Andere, die sich in elementaren Gesten der Empathie manifestiert, etwa im Schenken von Aufmerksamkeit oder Mitgefühl.[32] Menschen haben Angst vor Isolation als einem Zustand der sozial induzierten Asozialität und sind vulnerabel im Hinblick auf die Enthaltung von Empathie, die Andere ihnen gegenüber absichtlich oder unabsichtlich praktizieren mögen. Das beginnt ontogenetisch auf der Ebene der leiblichen Berührung in der intimen Interaktion zwischen Säugling und Bezugsperson und reicht bis zu den komplexen Strategien der Kommunikationssteuerung und -verweigerung zwischen Erwachsenen. Empathie ist so gesehen ein Vulnerabilitätsfaktor, sie kann aber auch zu einem Resilienzfaktor werden, und zwar deshalb, weil sie unter anderem soziale Kohäsion stärken kann und Perspektivenflexibilität impliziert (s. u.). Durch diese kognitive Beweglichkeit werden wir anpassungsfähiger, und Anpassungsfähigkeit ist, wie psychologische Studien nahelegen,[33] bei resilienten Persönlichkeiten ein stark ausgeprägtes Merkmal.

---

[31] Anhand von Seneca führt Foucault noch weitere Figuren vor, die im Zusammenhang der Seelenleitung relevant sind. In der römischen Gesellschaft der Zeit um Christi Geburt waren es vor allem vier Typen von Beziehungen, in denen der Andere die Selbstsorge wesentlich befördert, nämlich Familienbeziehungen, Beschützerverhältnisse, Freundschaften und private oder professionelle Ratgeberdienste (a. a. O., 430).

[32] Vgl. *Axel Honneth:* Unsichtbarkeit: Stationen einer Theorie der Intersubjektivität, Frankfurt am Main 2003, 17.

[33] So in der Längsschnittstudie von *Jens B. Asendorpf/Marcel A. van Aken:* Resilient, overcontrolled, and undercontrolled personality prototypes in childhood: Replicability, predictive power, and the trait-type issue, in: J Pers Soc Psychol 77/4, 1999, 815–832.

Dem Wort nach bezeichnet Em-pathie ein Mit-fühlen, doch muss das griechische *pathos* weiter gedacht werden als das deutsche „Fühlen".[34] Wie Bernhard Waldenfels erläutert, bedeutet es dreierlei:

> „Es meint zum Ersten ein Widerfahrnis, etwas, das uns zustößt, anrührt, trifft, nicht ohne unser Zutun, aber über dieses hinaus. Verwandt damit ist die grammatische Form des Passivs, nur muss dieses als ein Urpassiv verstanden werden, das heißt als eigenständige Form, nicht als Schwundstufe oder als Umkehrung des Aktivs. Pathos bedeutet zweitens etwas Widriges, das mit Leiden verbunden ist, aber auch das sprichwörtliche Lernen durch Leiden (pathei mathos) zulässt. Schließlich bezeichnet Pathos eine Leidenschaft, die uns aus dem Gewohnten herausreißt wie der platonische Eros".[35]

Wendet man diese Dreiteilung auf das intersubjektive Pathos der empathischen Resonanz an, so könnte man diese bestimmen als dasjenige, was einem erstens durch den Anderen und mit dem Anderen widerfährt, was man zweitens mit dem Anderen erleidet oder was man erleidet, weil der Andere etwas erleidet, und was sich drittens als Leidenschaft auf den Anderen bezieht, wie die erotische Anziehung.

Wichtig ist der Überwältigungsaspekt des Pathos, den Waldenfels in seinen zahlreichen Studien zur *responsiven Phänomenologie* herausgearbeitet hat.[36] Ein Pathos ist nichts, was man hat, einem Pathos ist man vielmehr ausgesetzt. Bezogen auf die oben angesprochenen emotionalen Reaktionen im sozialen Raum besagt eine pathische Konzeption der sozialen Begegnung, dass Gefühle nicht einzelnen Subjekten gehören oder sich in deren psychischem Inneren befinden, sondern dass sie sich intersubjektiv ereignen. In das übergreifende soziale Gefühlsgeschehen sind die beteiligten Subjekte auf unterschiedliche Weise eingebunden, was von einem genuinen Gemeinsamkeitserlebnis bis hin zur bewussten Resistenz und zur emotionalen Abschottung reichen kann.[37]

---

[34] Im modernen wissenschaftlichen Sinne ist der Begriff „Empathie" zunächst das Ergebnis einer Rückübernahme des englischen *empathy*, das Edward Titchener 1909 als Übersetzung von „Einfühlung" vorschlug (*Edward B. Titchener:* Lectures on the Experimental Psychology of the Thought-Processes, New York [NY] 1909, 21). Einfühlung war ein in den deutschsprachigen Diskussionen der Ästhetik und Hermeneutik des 19. Jahrhunderts verankerter Begriff und bezeichnete dort vor allem den menschlichen Bezug zu und die hermeneutische Erschließung von Gegenständlichem, wie beispielsweise Kunstwerken und schriftlich fixierten Lebensäußerungen (vgl. hierzu *Karsten Stueber:* Rediscovering Empathy: Agency, Folk Psychology, and the Human Sciences, Cambridge [MA] 2010, 10ff.).

[35] *Bernhard Waldenfels:* Das Fremde im Eigenen: Der Ursprung der Gefühle, in: e-Journal Philosophie der Psychologie 2006, 1–6, hier: 3, in: http://www.jp.philo.at/texte/WaldenfelsB1.pdf (12.03.2016).

[36] Vgl. als wegweisendes Werk *Bernhard Waldenfels:* Antwortregister, Frankfurt am Main 1994 und als konzisen Überblick *Bernhard Waldenfels:* Grundmotive einer Phänomenologie des Fremden, Frankfurt am Main 2006.

[37] Mit der Dimension des Pathischen ist gleichsam auch das Thema der Ohnmacht angeschnitten, die mit Blick auf den Widerfahrnischarakter der Responsivität in einem

In der Alltagssprache grenzen wir „Empathie" zuweilen von „Antipathie" und „Sympathie" ab, wobei beide als unwillkürliche negative oder positive emotionale Reaktionen auf andere Personen gedacht werden. Der Eindruck, ob angenehm oder unangenehm, den man schon in den ersten Sekunden eines Zusammentreffens vom Anderen bekommt, ist rational schwer einholbar und meist auch nur allmählich revidierbar. Empathie lässt sich gegenüber diesen beiden Modi des unmittelbaren Affiziertseins durch den Anderen und der beinahe reflexhaft ausgelösten Antwort nicht zwanglos einer positiven oder einer negativen Seite zuordnen. Sie scheint abwartender und mehr auf das Verstehen des Zustands ausgerichtet, in dem der Andere sich befindet, distanzierter und dabei emotionale und kognitive Elemente integrierend. So verstanden hat sie Ähnlichkeit mit dem *Nachfühlen*, das Max Scheler vom *Mitfühlen* unterscheidet.[38] Während man im Mitfühlen mit dem Anderen emotional selbst betroffen ist (auch wenn Qualität und Intensität des Gefühls von dem des Anderen abweichen), ist man im Nachfühlen nicht derart involviert: Man versteht gleichsam fühlend, was dem Anderen geschieht, ohne seinen Zustand zu teilen.

Empathie eröffnet einen Zwischenbereich zwischen Selbst und Anderem, in dem sich die Betroffenheit, das Pathos, das in der Begegnung steckt, mit der interessierten Eigenaktivität des Verstehenwollens verbinden kann. Eine Leistung der Empathie ist es, zwischen sympathetischen und antipathetischen Eindrücken zu vermitteln, Eigen- und Fremdperspektiven zu vergleichen und zu einem „wertneutraleren" Bild der Situation zu gelangen. Ebenfalls mischen sich höherstufige Bewertungen hinein, etwa wenn man sich unter der Maßgabe bestimmter Moralvorstellungen prüft und zu eruieren beginnt, was die primäre Reaktion auf den Anderen motiviert haben könnte. Es kann also behauptet werden, „dass Empathie im vollen Sinn einen ganzen Komplex von Wahrnehmungen, Vorstellungen, Gefühlen, Vorerfahrungen und Einbeziehung von Kontextrelevanzen umfasst, also eine affektiv-kognitive Gesamtaktivität"[39] meint.

Ausgesetztsein besteht, das mit einem Nicht-Nicht-Antworten-Können einhergeht. Wie die Beiträge in diesem Band zeigen, ist Ohnmacht ein für den Diskurs um Resilienz – insbesondere für den Bereich der therapeutischen und seelsorgerischen Interventionen – zentrales Konzept.

[38] *Max Scheler:* Die Sinngesetze des emotionalen Lebens. I. Wesen und Formen der Sympathie, Bonn 1923, 5: „Das ‚Nachfühlen' und ‚Nachleben' haben wir […] vom ‚Mitfühlen' streng zu scheiden. Es ist wohl ein *Fühlen* des fremden Gefühls, kein bloßes Wissen um es oder nur ein *Urteil*, der Andere habe das Gefühl; gleichwohl ist es kein Erleben des wirklichen Gefühles als eines Zustandes; wir erfassen im Nachfühlen fühlend noch die *Qualität* des fremden Gefühles – ohne daß es in uns herüberwandert oder ein gleiches reales Gefühl in uns erzeugt wird."

[39] *Fuchs*, Das Gehirn – ein Beziehungsorgan, 202. Eine detaillierte Beschreibung der unterschiedlichen Dimensionen der Empathie in ihren Wechselwirkungen findet sich in *Thiemo Breyer:* Verkörperte Intersubjektivität und Empathie: Philosophisch-anthropologische Untersuchungen, Frankfurt am Main 2015.

Was die *kognitive Dimension* der Empathie betrifft, so sind die Korrespondenzen der Selbst- und Fürsorge im Sinne der antiken Lebenskunst prägnante Beispiele dafür, wie auf einer geistigen Ebene der Interaktion Resilienz ausgebildet werden kann. Unter kognitiver Empathie werden in aktuellen Theorien der Psychologie und Philosophie meist Prozesse verstanden, die einem Subjekt über Mentalisierungen ermöglichen, sich in ein anderes Subjekt hineinzuversetzen oder sich inferentiell dessen Zustand herzuleiten, um gegebenenfalls Prognosen über mögliches Verhalten anstellen zu können. Kognitive Empathie impliziert Perspektivenflexibilität,[40] also die Fähigkeit, erstens anzuerkennen, dass Andere Perspektiven auf die Welt haben, die von der eigenen abweichen, und zweitens diese alternativen Perspektiven auch übernehmen zu können.[41] Das Wechseln von Perspektiven, das im Dialog möglich wird, kann Freiräume schaffen, in denen ein konstruktiver Umgang mit einer Krise stattfinden kann.

Die Figuren der Fürsorge, die Foucault beschreibt, erfüllen eine Empathie- und Resilienzfunktion vor allem auf dieser kognitiven Ebene. Die sokratische Mäeutik bewegt sich im Medium der Sprache und des Dialogs, die Instruktion durch Lehrmeister ist ebenfalls vornehmlich sprachlich vermittelt (wenngleich sie im Bereich etwa des Handwerks immer auch körperliche Prozesse impliziert); nur die Selbstverbesserung anhand eines Vorbildes greift in den meisten Fällen vor allem auf körperliche und emotionale Mimesis zurück und hängt weniger von der konkreten Interaktion und dem geistigen Austausch über bestimmte Inhalte ab. Sofern Begegnung und Gespräch als Forum der Resonanz zwischen Selbst- und Fürsorge im Vordergrund stehen, ist es wichtig zu beachten, dass hier auch ein genuiner Ort ist, um nicht nur kognitive Inhalte zu explizieren, sondern auch seinen Befindlichkeiten Ausdruck zu verleihen. Wie die Erfahrung, aber auch die psychologische Forschung zeigt, kann dies, gerade in Krisensituationen, bereits eine Erleichterung darstellen.

---

[40] Vgl. zur entwicklungspsychologischen Relevanz dieser Fähigkeit *Doris Bischof-Köhler:* Soziale Entwicklung in Kindheit und Jugend: Bindung, Empathie, Theory of Mind, Stuttgart 2011, 261.

[41] Dass in der Übernahme von Perspektiven und Entwürfen auch ein gewaltsames Moment stecken kann, hebt Martin Heidegger in seiner existenzialontologischen Analyse der Fürsorge hervor (*Martin Heidegger:* Sein und Zeit, Tübingen [18]2001, 122). Er unterscheidet einen *einspringenden* von einem *vorausspringenden* Modus der Fürsorge. Die einspringende Fürsorge versetzt sich an die Stelle des Anderen, um ihm etwas zu Realisierendes abzunehmen, wodurch ihm aber die Freiheit genommen wird, dies selbst zu tun. Die vorausspringende Fürsorge hingegen versetzt sich an einen Ort, an dem der Andere noch nicht ist, um ihm von dort aus eine Entwurfsmöglichkeit zu eröffnen, die er dann selbst ergreifen kann, wodurch ihm Freiheit gegeben wird. Nur dieser freiheitsermöglichende vorausspringende Modus der Fürsorge korrespondiert mit der Selbstsorge im soeben dargelegten Sinn.

Was die *emotionale Dimension* der Empathie angeht, so kann der Andere als jemand fungieren, der Gefühle mit mir teilt, wobei die Gefühlsqualität der Gemeinsamkeit im Teilen des gleichen Gefühls (wenn auch mit unterschiedlichen Intensitäten und Assoziationen) eine erbauliche Wirkung haben kann. Dies wäre eine Funktion des Mitgefühls, bei dem der Andere nicht nur nachfühlend meine Gefühlslage versteht und aus diesem Verstehen weitergehende Ratschläge erteilen kann, sondern bei dem er selbst affektiv involviert ist. Im Gemeinschaftserleben kann es zu einer „emotionalen Entladung"[42] kommen, die zur Affektregulierung positiv beitragen kann.

Mit Blick auf die basalere *leiblich-affektive Dimension* der Empathie ist des Weiteren festzustellen, dass zwischenleibliche Synchronisierungen ein wichtiger Resilienzfaktor sein können.

> „Diese Formen des behavioralen und physiologischen Einschwingens fördern die Konvergenz der Emotionen und Affekte zwischen Interaktanten, was im Gegenzug deren entsprechende Gefühle des wechselseitigen Verstehens und der Verbundenheit intensiviert."[43]

Das Erleben eines sozialen Zusammenhalts und der Einbettung in eine „Schicksalsgemeinschaft" ist mithin in Krisensituationen besonders wichtig.

Wie die Entwicklungspsychologie nahelegt, kommt diesen Interaktionen in der Dyade von Säugling und Bezugsperson ein zentraler Stellenwert für die sozialkognitive Entwicklung zu. Das Wohlbefinden des Säuglings wird durch Desynchronisierungen von der Bezugsperson beeinträchtigt und führt zu Verzweiflung oder Regression. Experimentell wurde gezeigt, dass Kinder mit allen Mitteln versuchen, die Aufmerksamkeit zurück zu gewinnen, wenn Mütter gestisch, mimisch, emotional und was die Vokalisierungen betrifft aus der Interaktion aussteigen und sich rigide verhalten. Bleiben die Versuche, die intersubjektive Rhythmik in diesen Bereichen wiederherzustellen, erfolglos, so resignieren Kinder, beginnen zu schreien und sich schließlich zurückzuziehen.[44] Dies zeigt, dass eine Krise geradezu heraufbeschworen werden kann, wenn Empathie im leiblichen Sinne vorenthalten wird.

---

[42] *Joel Krueger:* The affective „we": Self-regulation and shared emotions, in: Thomas Szanto/Dermot Moran (Hgg.): The Phenomenology of Sociality: Discovering the „We", London 2015, 263–280, hier: 268ff.

[43] Krueger, The affective „we", 271: „[T]hese forms of behavioral and physiological entrainment support the convergence of emotions and affects between interactants, which in turn intensifies their respective feelings of mutual understanding and connectedness".

[44] Vgl. *Thomas Fuchs:* Melancholie als Desynchronisierung: Ein Beitrag zur Psychopathologie der intersubjektiven Zeit, in: Zeit-Diagnosen: Philosophisch-psychiatrische Essays, Kusterdingen 2002, 111–134, hier: 116.

Insgesamt ist festzuhalten, dass Empathie ein vielschichtiges und ambivalentes Phänomen ist, das zwischen Vulnerabilität und Resilienz changiert. Einerseits ist sie notwendig für eine gesunde Entwicklung und eine gelingende Interaktion. Als Fürsorge ist sie in Krisensituationen resilienzfördernd, andererseits ist der Mensch aufgrund seiner Abhängigkeit von der Empathie Anderer auch vulnerabel, da ihre zwischenmenschlichen Qualitäten – von der leiblich-affektiven Resonanz bis hin zur intellektuellen Konfrontation – in keiner solipsistischen Selbstsorge kompensiert werden kann.

Resilienz – Diskursive, machtbesetzte und performative Körperpraxis

Saskia Wendel

Saskia Wendel focuses on the relationship of resilience and vulnerability by stressing the critical implications of resilience as a discursive and performative practice of embodiment inextricably interwoven with power, especially when issues of gender and social habits are in play. Referring to Foucault's critical notion of Biopower and his constructive idea of enhancing self-technologies, the discourse on resilience has to focus on ideals of what constitutes the successful performance of life. Hence, Wendel also points to problematic aspects in the notion of endurance. In everyday language endurance is often cloaked in the language as submission, acquiescing und accepting – a result which Wendel of course describes as endangering resilience. Resilience, to the contrary, should be understood as an enhancement of resistance and hope against all odds; within the Christian faith such hope is brought forth especially for those who, in the end, could not cope any longer or whose endurance has even led to their downfall.

In Friedrichs Nietzsches *Also sprach Zarathustra* findet sich folgende berühmt gewordene Passage über die von Nietzsche so genannten „Verächter des Leibes":

> „Der Leib ist eine grosse Vernunft, eine Vielheit mit Einem Sinne, ein Krieg und ein Frieden, eine Heerde und ein Hirt. Werkzeug deines Leibes ist auch deine kleine Vernunft, [...] die du ‚Geist' nennst, ein kleines Werk- und Spielzeug deiner grossen Vernunft. ‚Ich' sagst du und bist stolz auf dieses Wort. Aber das Grössere ist, woran du nicht glauben willst, – dein Leib und seine grosse Vernunft: die sagt nicht Ich, aber thut Ich. [...] Hinter deinen Gedanken und Gefühlen [...] steht ein mächtiger Gebieter, ein unbekannter Weiser – der heisst Selbst. In deinem Leibe wohnt er, dein Leib ist er. Es ist mehr Vernunft in deinem Leibe, als in deiner besten Weisheit. Und wer weiss denn, wozu dein Leib gerade deine beste Weisheit nöthig hat? Dein Selbst lacht über dein Ich und seine stolzen Sprünge. [...] Das Selbst sagt zum Ich: ‚hier fühle Schmerz!' Und da leidet es und denkt nach, wie es nicht mehr leide – und dazu eben *soll* es denken. Das Selbst sagt zum Ich: ‚hier fühle Lust!' Da freut es sich und denkt nach, wie es noch oft sich freue – und dazu eben *soll* es denken. Den Verächtern des Leibes will ich ein Wort sagen. Dass sie verachten, das macht ihr Achten. [...] Der schaffende Leib schuf sich den Geist als eine Hand seines Willens."[1]

Nietzsche hat hier sehr klarsichtig gegen alle Leibvergessenheit die große Bedeutung des Leibes herausgestellt, nicht nur für den Existenzvollzug überhaupt, sondern vor allem auch in seiner kognitiven Relevanz. Der Leib gibt

---

[1] *Friedrich Nietzsche:* Kritische Gesamtausgabe (KSA), hg. v. Giorgio Colli und Mazzino Montinari, Band 4, Darmstadt 2000, 39f.

dem Ich zu denken: Sich selbst und das, was er empfindet, fühlt – von Schmerz und Leid hin zu Genuss und Lust. Genau hier besteht meiner Ansicht nach die Verbindung zum Thema „Resilienz" und mit ihm zur „Sorge um sich" (M. Foucault). Denn unter Resilienz versteht man ja sowohl das Aushalten und Bewältigen bzw. Bestehen von Krisen, Risiken und Gefahren, somit auch von Schmerz und Leid, als auch die Fähigkeit der Stärkung, des Schutzes und des Widerstehens, vielleicht auch durch den „Gebrauch der Lüste".

1. Resilienz als Moment der „Sorge um sich"

Resilienz ist die Kehrseite der Kontingenz, der Fragilität und Vulnerabilität, letztlich der Sterblichkeit bewussten Lebens, und sie bestimmt sich durch die Fähigkeit, sogenannte Resilienzfaktoren auszubilden wie etwa das Vermögen, Schmerz und Leid auszuhalten, soziale Kompetenz, Empathie und Kommunikationsvermögen, die Förderung von Zusammenhalt, aber auch Selbstwertgefühl und Selbstsicherheit. Resilienz umfasst also sowohl physische Komponenten, aber auch mentale Komponenten sowohl kognitiver wie emotiver und voluntativer Art und Weise. Letztlich dient sie dazu, das Leben gelingend führen zu können, und dies gerade unter der Anforderung der Selbsterhaltung, zu der das bewusste Leben aufgrund der Endlichkeit des Lebens gezwungen, aufgrund seines Bewusstseins jedoch aber gerade auch fähig ist.[2] Diese Form der Selbsterhaltung folgt keiner gesetzmäßigen Notwendigkeit, sondern einem Vermögen des Sich-Verhalten-Könnens und des Hervorbringens. Sie hat somit Freiheit, verstanden als Kreativität, zu ihrer Möglichkeitsbedingung, aber auch die Fähigkeit zur Reflexion und dazu, „Techniken des Selbst" (M. Foucault) zu entwickeln, die dazu dienen, sein Leben gelingend zu führen. So verstanden handelt es sich bei Selbstsorge und Selbsterhaltung nicht um pure Bestandssicherung aus purem Willen zum (Über-)Leben, auch nicht um Selbstermächtigung aus einem übersteigerten Willen zur Macht. Selbstsorge und Selbsterhaltung sind nicht gleichbedeutend mit Selbstbehauptung, auch wenn sie immer auch in solche umschlagen können. Es handelt sich vielmehr um das Besorgtsein bewussten Daseins um sich selbst gerade unter Anerkenntnis der Bedingtheit seiner selbst auch in der Hinsicht, dass es ja gerade nicht ein aus sich selbst Existierendes ist und damit den Grund seines Existierens wie seines Bestehens nicht in sich selbst trägt – im Gegenteil. Die Sterblichen sind nicht göttlich, sie sind weder selbstursprünglich noch allmächtig noch ewig. Selbsterhaltung ist damit eng

---

[2] Vgl. etwa *Dieter Henrich*: Die Grundstruktur der modernen Philosophie. Mit einer Nachschrift: Über Selbstbewußtsein und Selbsterhaltung, in: Hans Ebeling (Hg.): Subjektivität und Selbsterhaltung. Beiträge zur Diagnose der Moderne, Frankfurt am Main 1976, 97–144.

mit einem Wissen um die Begrenztheit, ja Abhängigkeit und Unverfügbarkeit dieses Selbst verbunden, auch um das Wissen darum, dass aufgrund jener Begrenztheit das Bemühen um Selbsterhaltung in Selbstermächtigung umschlagen kann. Resilienz ist also notwendiger Teil dieser existenziellen Selbstsorge und Selbsterhaltung endlichen Daseins, und in dieser Hinsicht gehört sie unweigerlich dem Existenzvollzug eines endlichen, eben nicht göttlichen, bewussten Lebens zu. Um das je eigene Leben unter den genannten Bedingungen gelingend führen zu können, dazu also soll – mit Nietzsche gesprochen – das Dasein, soll „ich" denken.

Als Moment der Lebensführung gehört Resilienz der „praktischen Vernunft" bzw. dem „praktischen Wissen" zu. Sie ist nicht auf den Erwerb von Wissen im theoretischen Sinn, auf wahre Erkenntnis hin ausgerichtet, allerdings auch nicht schlichtweg auf ein instrumentelles Herstellen oder Verfertigen (*poiesis*), sondern auf den Vollzug des Lebens als Ganzes, auf das schaffende Tätigsein und ein auf die Lebensführung bezogenes Tun (*praxis*). In ihrer Funktion wie Bedeutung für die Selbstsorge und Selbsterhaltung bewussten Lebens und in ihrer Bestimmung als praktisches Vermögen, kann sie daher auch als feste Grundhaltung (*habitus*) sowie als konkreter Zustand (*status*) bestimmt werden, und nicht zuletzt als konkretes Tätigsein (*actus*) gerade hinsichtlich der sie ermöglichenden wie sie vollziehenden Faktoren. Resilienzfaktoren können so als Fähigkeiten verstanden werden, die dazu beitragen, sein Leben gelingend, glückend, zu führen. Resilienz stellt ein Moment guten Lebens dar und ist Ausdruck der Lebensgestaltung und der Lebensform. So bestimmt ist Resilienz nicht nur ein Aspekt einer ethischen, sondern auch einer ästhetischen Praxis insofern, als die eigene Lebensgestaltung und das Bemühen um eine gelungene Lebensform auch als „Kunst zu leben" verstanden werden kann, als ein „Meisterstück" (Michel de Montaigne) vergleichbar einem Kunstwerk: „Gelingendes Leben – das ist das einzigartige Werk der Lebenskunst, das ist Lebenskunst in praxi."[3]

Dies gilt umso mehr, als Resilienz mit der Sorge um sich verknüpft ist und im Anschluss an Michel Foucault als Form von „Selbsttechnologie" interpretiert werden kann, die nicht nur einer Ethik, sondern auch einer Ästhetik der Existenz zugerechnet werden kann. Selbsttechnologien sind stets konkret verortet, geschehen in einem bestimmten Kontext und einer bestimmten Situation. Ihr Gelingen misst sich nicht an der Ausrichtung abstrakter Gesetzmäßigkeiten und stellt sich nicht aufgrund kasuistischer Ableitung ein. Was Foucault hinsichtlich der Selbstpraktiken über den Gebrauch der Lüste anmerkte, könnte auch für den Gebrauch der Resilienz gelten: „Hier ist alles eine Sache der Anpassung, der Umstände, der persönlichen Stellung [...] Und dazu bedarf es nicht eines maßgeblichen Textes, sondern einer *techné*, einer Praxis, einer Geschicklichkeit, die unter Beachtung der allgemeinen

---

[3] *Rainer Marten:* Lebenskunst, München 1993, 9.

Grundsätze die Handlung in ihrem Augenblick, in ihrem Kontext und im Hinblick auf ihre Ziele leitet."[4]

Man könnte das relativistisch oder als Plädoyer für eine hedonistische Moral missverstehen, in deren Zentrum nur das persönliche Wohlergehen steht. Die Befähigung zur Resilienz geriete dann zum Moment einer Siegergeschichte bzw. eines *survival of the fittest*. Dieser Eindruck verflüchtigt sich, wenn man das Streben nach gelingender Lebensführung mit einer Perspektive der Verantwortung verbindet, die nicht nur sich selbst, sondern auch anderen und deren Möglichkeit zu einem gelungenen Leben gilt. Diese Perspektive entspricht derjenigen des Kantischen Kategorischen Imperativs, Andere nicht als Mittel, sondern als Zweck an sich selbst zu betrachten, und in derjenigen eines unbedingten Anspruchs zu prosozialem Verhalten, der die „Sorge um sich" zu einer „Sorge um die Anderen" erweitert. Auch dafür kann Resilienz von zentraler Bedeutung sein, wenn es eben nicht nur um die individuelle, sondern kollektive, gesellschaftlich und universal perspektivierte Selbsterhaltung geht, die die unbedingte Achtung und Anerkennung des Anderen mit einschließt. Resilienz ist so verstanden Habitus, Status und Actus nicht nur im Dienst der „Selbsttechnologie", sondern im Dienst des Ideals gelingender Lebensführung eines jeglichen bewussten Lebens, des Eigenen wie des Anderen, des Vertrauten wie des Fremden.

Deutet man Resilienz nun als „Technik des Selbst", so ist sie jedoch anders als bei Foucault als Aktivität, als Handlung eines freien Subjekts zu bestimmen, das dazu fähig ist, kreative Handlungen zu vollziehen, darin sein Leben zu führen und im Vollzug dieses Lebens eben auch Techniken, Praxen zu entwickeln, die im Dienst dieser Lebensführung stehen. Befähigt ist dazu in besonderer Weise ein Dasein, das über Bewusstsein verfügt und damit über die Möglichkeit kreativer Lebensgestaltung in der Vielzahl unterschiedlicher Vermögen des Bewusstseins. Bewusstsein jedoch und die ihm zugehörenden Vermögen sind nicht ausschließlich mentale Vorgänge, sondern hier spielt auch die leibliche Verfasstheit bewussten Lebens eine entscheidende Rolle. Bewusstes Leben tritt stets verkörpert auf, und das ist auch für den Habitus, den Status und den Akt der Resilienz und die damit verbundene Selbstsorge und Selbsterhaltung entscheidend: Resilienz ist eine Praxis bewussten Lebens.

---

[4] *Michel Foucault:* Sexualität und Wahrheit, Band 2. Der Gebrauch der Lüste, Frankfurt am Main 1989, 82.

2. Resilienz – ein Vollzugsmoment verkörperter Existenz

Wenn man Resilienz als Teil und Moment des Selbstvollzugs bewussten Lebens bestimmt, ist zunächst kurz ein Blick auf das dabei vorausgesetzte Verständnis des Bewusstseins zu werfen. Dieses wird erstens nicht mit der Selbstreflexion des Verstandes gleichgesetzt, umfasst also mehr als das Vermögen des Intellekts, genau besehen die gesamte Breite aller Vermögen (neben dem Intellekt etwa Wahrnehmung, Wille, Affekte, Emotionen, Handlungen). Zweitens kann Bewusstsein in seinem Grund in Anlehnung an vorreflexive Theorien des Bewusstseins als präreflexive Selbstvertrautheit definiert werden, die allen genannten Vermögen des Bewusstseins zugrunde liegt. Drittens unterliegt Bewusstsein der Doppelstruktur von Subjekt- und Personperspektive. Mit Subjektperspektive wird die Erste-Person-Perspektive bezeichnet, die im Vollzug von Bewusstsein mitgegeben ist, und die das Bewusstsein zu je meinem macht – und damit alle Vermögen, die ihm zugehören. Die Personperspektive dagegen steht für die konkrete Relation bewussten Lebens zu Anderen und Anderem, sein Eingelassensein in vielfältige Interaktionen und Formen kommunikativen Handelns. Im Gegensatz zur Subjektperspektive ist sie in eine Dritte-Person-Perspektive transformierbar, beschreibbar, objektivierbar. Somit ist bewusstes Leben immer schon beides: Subjekt und Person. Beide Perspektiven, die nicht mit ontologischen Entitäten verwechselt werden dürfen, auch nicht mit voneinander getrennten Substanzen, verhalten sich zueinander nach Art eines Vexierbildes: Subjekt/Person.[5] Und viertens schließlich ist der Vollzug von Bewusstsein nicht ausschließlich mental verfasst (Intellekt, Wille, Gefühle), sondern auch verkörpert. Diese These begründet sich in einer antidualistischen Bestimmung des Bewusstseins, das nicht mit dem Geist schlichtweg gleichgesetzt wird oder auf die Existenz einer intelligiblen Substanz, einer *res cogitans* zurückgeführt wird. Solch eine bewusstseinstheoretisch ansetzende antidualistische Perspektive wird sich daher ontologisch auf eine Einheit von Mentalem und Physischem verpflichten müssen: Bewusstes Leben verdankt sich dieser Perspektive zufolge einem ihm inhärenten Grund (*principium*), dem sowohl Mentales als auch Physisches gleichursprünglich angehören, der selbst aber weder Geist noch Materie ist. Dann aber sind Leib bzw. Körper für den Vollzug sämtlicher Vermögen bewussten Lebens keineswegs nur ar-

---

[5] Vgl. zu diesem Verständnis von Bewusstsein, das an die präreflexive Bewusstseinstheorie der sogenannten „Heidelberger Schule" (D. Henrich, M. Frank, U. Pothast u. a.) angelehnt ist, ausführlich *Saskia Wendel:* Affektiv und inkarniert. Ansätze Deutscher Mystik als subjekttheoretische Herausforderung, Regensburg 2002; *Dies.:* Inkarniertes Subjekt. Die Reformulierung des Subjektgedankens am ‚Leitfaden des Leibes', in: DZPhil 51, 2003, 559–569. Vgl. auch die neue Publikation von *Manfred Frank:* Präreflexives Selbstbewusstsein. Vier Vorlesungen, Stuttgart 2015.

bitrăr, sondern sie gehören wesentlich zu ihm hinzu. Mentales drückt sich im Physischen aus und umgekehrt. Diese Auffassung wird etwa vom sogenannten Enaktivismus vertreten, dem zufolge der Körper kein passives Organ der Wahrnehmung ist, sozusagen Lieferant und Repräsentationsinstanz des Gegebenen der Außenwelt, sondern am kreativen Hervorbringen (*enaction*) der Welt durch das bewusste Leben aktiv beteiligt. Im Hintergrund steht hier die These, dass das erkennende und handelnde Subjekt Wirklichkeit nicht nur repräsentiert und umgekehrt eine vom Subjekt gänzlich unabhängige Außenwelt existiert, sondern dass das Subjekt Welt aktiv, performativ erzeugt, schafft. Im Gegensatz zur Transzendentalphilosophie wird diese Aktivität des Subjekts hier nicht allein mental bestimmt (transzendentale Anschauungsformen, Kategorien, transzendentale Ideen), sondern auch verkörpert gedacht. Das einzelne bewusste Leben ist somit nicht nur kraft mentaler Zustände intentional verfasst, sondern auch und gerade kraft des Körpers. Hinzu kommt die These, dass in gewisser Hinsicht auch Erkennen und andere mentale Zustände als verkörperte Handlungen verstanden werden können insofern, als sie sich nicht gänzlich unabhängig vom Körper vollziehen, wenn auch nicht allein durch ihn, da sie für den Enaktivismus nicht auf physische Eigenschaften rückführbar sind:

> „Erstens hängt die Kognition von den Erfahrungsarten ab, die ein Körper mit bestimmten sensomotorischen Fähigkeiten ermöglicht, und zweitens sind diese individuellen sensomotorischen Fähigkeiten ihrerseits eingebettet in einen umfassenderen biologischen, psychischen und kulturellen Kontext. Durch den Gebrauch des Ausdrucks ‚Tätigkeit' wollen wir [...] betonen, dass sensorische und motorische Vorgänge, Wahrnehmen und Handeln in der lebendigen Kognition fundamental untrennbar sind. Tatsächlich sind diese beiden Aspekte in einem Individuum nicht nur kontingenterweise verknüpft, sondern haben sich zusammen entwickelt."[6]

Die ontologische Verpflichtung auf die Verknüpfung von Mentalem und Physischem im Bewusstsein und auf die kreative Funktion des Körpers ist von epistemologischer Bedeutung. Denn unbeschadet eines sogenannten epistemologischen Dualismus und der von ihm vertretenen These der Dualität von Erste-Person-Perspektive (Subjektperspektive) und Dritte-Person-Perspektive (Person- bzw. Objektperspektive) des Bewusstseins und der Nichtrückführbarkeit der Subjekt- auf die Objektperspektive gehen Theorien der Verkörperung des Bewusstseins ja davon aus, dass an den kognitiven Prozessen des Bewusstseins nicht nur die mentale Seite, sondern auch die physische Seite beteiligt ist. Das Physische ist somit nicht mit der Objektperspektive und das Mentale nicht mit der Subjektperspektive gleichzusetzen. Auch die Subjektperspektive ist diejenige eines bewussten Lebens, in dessen

---

[6] *Francisco Varela/Evan Thompson/Eleanor Rosch:* Enaktivismus – verkörperte Kognition, in: Joerg Fingerhut u. a. (Hgg.): Philosophie der Verkörperung. Grundlagentexte zu einer aktuellen Debatte, Berlin 2013, 293–327, hier: 318. Vgl. auch *Francisco Varela u. a.:* The Embodied Mind, Cognitive Science and Human Experience, Cambridge (MA) 1993; *Alva Noé:* Action in Perception, Cambridge (MA) 2004.

Vollzug Mentales und Physisches zusammenwirken, und die Objektperspektive kann auch auf eben jenes bewusste Leben selbst bezogen sein, sei es dasjenige bewusste Leben, das sich selbst zum Objekt wird, oder dasjenige, das als Anderes begegnet und solcherart zum Objekt wird.

Die Einheit von Mentalem und Physischem auf der ontologischen Ebene und die Differenzierung von Subjekt- und Objektperspektive auf der epistemologischen Ebene versucht der Enaktivismus dadurch zusammenzudenken, dass dem Körper eine Doppelstruktur zugesprochen wird: Er ist lebendiger wie gelebter Körper. Der lebende Körper ist der in Dritte-Person-Perspektive des Bewusstseins beschreibbare objektive Körper, der gelebte ist der allein in der Erste-Person-Perspektive des Bewusstseins erlebbare, subjektive Körper. Keineswegs handelt es sich hier um zwei unterschiedliche ontologische Größen, auch nicht um zwei den Dimensionen des Mentalen und Physischen entsprechende Aspekte. Es handelt sich vielmehr um zwei Perspektiven auf eine Wirklichkeit, diejenige verkörperten bewussten Lebens. Dieser Gedanke findet in der leibphänomenologischen These der Doppelstruktur des Leibes und der Beteiligung des verkörperten Subjekts an der Wahrnehmung der Wirklichkeit seine Entsprechung, wobei die Phänomenologie die Dimension des subjektiven Körpers als „Leib" bezeichnet, diejenige des objektiven Körpers als „Körper".[7] Der Leib ist, wie etwa Maurice Merleau-Ponty treffend beschrieben hatte, ein „Sein mit zwei Dimensionen"[8] bzw. ein „zweiblättriges Wesen"[9]. Auf der einen Seite ist er Ding unter Dingen und damit Objekt der Wahrnehmung, folglich auch Objekt intentionalen Erkennens, auf der anderen Seite ist er derjenige, der Dinge berührt und sieht, also Subjekt der Wahrnehmung. Als Ding unter Dingen ist der Leib objektivierter, verdinglichter Körper, ein zum Gegenstand gemachter Leib. Als Subjekt der Wahrnehmung ist er nicht nur physischer Körper, sondern empfindender Leib in seiner Untrennbarkeit vom erlebenden Bewusstsein. Der Leib ist Möglichkeitsbedingung jedweder Vermögen. Er ist das absolute Orientierungszentrum im Vollzug bewussten Lebens:

> „Der Leib ist das Vehikel des Zur-Welt-seins [...] wenn es wahr ist, daß ich meines Leibes bewußt bin im Durchgang durch die Welt, daß er, im Mittelpunkt der Welt, selbst unerfaßt, es ist, dem alle Gegenstände ihr Gesicht zukehren, so ist es aus demselben Grunde nicht minder wahr, daß mein Leib der Angelpunkt der Welt ist [...]."[10]

Gleichzeitig ist der Leib aber auch in Beziehung zur Welt, deren Orientierungszentrum er ist, und er ist deren Teil, und insofern auch bedingt, relativ. Genau hier aber verschiebt sich der Leib hin zum Körper, worauf Bernhard

---

[7] Vgl. hierzu etwa *Wendel*, Affektiv und inkarniert, 283–309; dies., Inkarniertes Subjekt, a. a. O.
[8] *Maurice Merleau-Ponty*: Das Sichtbare und das Unsichtbare, München ²1994, 179.
[9] A. a. O., 180.
[10] *Maurice Merleau-Ponty*: Phänomenologie der Wahrnehmung, Berlin 1966, 106.

Waldenfels hingewiesen hat: „Der Leib ist also immer *mein* und *dein* Leib, einem unmittelbaren Erleben und Miterleben zugänglich. Der Körper ist *ein* Körper, einer äußeren Beobachtung und Behandlung sich darbietend."[11] Die Leib-Perspektive allerdings bleibt unverfügbar, identisch mit dem subjektiven Erleben bewussten Lebens, mit dessen Erste-Person-Perspektive, kann sie nicht in eine Dritte-Person-Perspektive transformiert werden.

Dieses Verständnis sowohl der Verhältnisbestimmung von Mentalem und Physischem im Vollzug des Bewusstseins als auch derjenigen von Leib und Körper kommt nun auch hinsichtlich der Resilienz zum Tragen. Als Habitus, Status und Akt sind Resilienz und die sie ermöglichenden Faktoren weder nur rein mental noch rein physisch zu interpretieren, sondern nur als Resultat des Zusammenwirkens beider. Es handelt sich um eine Haltung, einen Zustand und eine Handlung eines immer schon verkörperten, mit einer Ich-Perspektive verbundenen Bewusstseins. In jener Verkörperung jedoch handelt es sich immer auch um Haltung, Zustand und Handlung eines erstpersönlich erlebten Leibes (Eigenleib), nicht nur eines gelebten Körpers. In der Resilienz kommt die Doppelstruktur, das Vexierbild des Bewusstseins (Subjekt/Person) ebenso zum Ausdruck wie die ihr analoge Doppelstruktur von Leib/Körper.

In ihrer Gebundenheit an den Leib ist Resilienz nun gerade mit Blick auf diese skizzierte Doppelstruktur von Leib und Körper nicht mit einer gleichsam angeborenen natürlichen Eigenschaft des Körpers gleichzusetzen und kann daher auch nicht einfach auf biologische Gegebenheiten und Prozesse reduziert bzw. aus ihnen herausgefiltert und gleichsam genetisch abgelesen werden. Wie alle Körperpraxen und körperlichen Vollzüge des Daseins, so ist auch Resilienz durch Diskurse geprägt und bestimmt, die sich in den Körper einschreiben, durch sozial bestimmte Konstruktionen dessen, was als Resilienz definiert wird.

3. Die diskursive Prägung der performativen Körperpraxis „Resilienz"

Körperpraxen sind in ein Setting unterschiedlicher Praxen eingebettet, und sie sind durch gesellschaftliche und kulturelle Einflüsse geprägt. Hier sind denn auch die von Michel Foucault in Bezug auf Körper- und Sexualitätsbilder- bzw. praktiken erläuterten diskursiven Konstruktionen entscheidend.

> Der Körper „[...] ist dem Wechsel der Lebensweisen unterworfen; er ist den Rhythmen der Arbeit, der Muße und der Feste ausgesetzt; er wird vergiftet – von Nahrungen und von Werten, von Eßgewohnheiten und moralischen Gesetzen; er

---

[11] *Bernhard Waldenfels:* Der Spielraum des Verhaltens, Frankfurt am Main 1980, 37.

bildet Resistenzen aus. [...] nichts am Menschen – auch nicht sein Leib – ist so fest, um auch die anderen Menschen verstehen und sich in ihnen wiedererkennen zu können."[12]

Foucault hat darauf aufmerksam gemacht, dass diese Diskurse stets auch hegemoniale Machtdiskurse sind, die sich direkt an den Körper und seine Funktionen und Vollzüge schalten, an seine Empfindungen und Lüste. Diese Machtdispositive stehen im Dienst einer regulierenden „Bio-Macht", d. h. der Beherrschung und Kontrolle von Begehren, Lust, Sexualität, aber auch von Generativität:

> „Die Abstimmung der Menschenakkumulation mit der Kapitalakkumulation, die Anpassung des Bevölkerungswachstums an die Expansion der Produktivkräfte und die Verteilung des Profits wurden auch durch die Ausübung der Bio-Macht in ihren vielfältigen Formen und Verfahren ermöglicht. Die Besetzung und Bewertung des lebenden Körpers, die Verwaltung und Verteilung seiner Kräfte waren unentbehrliche Voraussetzungen."[13]

Geht es also um den Körper, dann geht es nie nur um unsere leiblich verankerten Vermögen; auch nie nur um eine Verknüpfung von Mentalem und Physischem und um ein gleichsam „leibgeistiges" Apriori des Individuums gegenüber seiner gesellschaftlichen Einbettung. Denn unbeschadet des „Apriori" der gleichsam inkarnierten Subjektperspektive bewussten Daseins ist es eben in seiner verkörperten Personperspektive immer schon Teil und Moment gesellschaftlich bedingter Diskurspraxen. Es geht damit in Sachen verkörperter Existenz immer auch um gesellschaftliche Erzeugungen von Körperbildern und Praxen, und es geht nicht zuletzt vor allem auch um die Kodifizierung dieser Praxen durch moralische Regeln und Ge- bzw. Verbote, durch normierende Codes, kurz: es geht immer auch um den kritischen Blick auf hegemoniale Körperdiskurse und auf die vielfältigen Versuche der Kontrolle von Körperpraxen.

Bestimmt man nun Resilienz als Körperpraxis, dann handelt es sich bei ihr um eine Signatur des Körpers, die den Körperpraxen nicht vorausliegt, sondern in ihrem konkreten Verständnis und ihrer Deutung selbst schon in ihnen und durch sie hervorgebracht ist. In dieser Hinsicht ist Resilienz nicht nur Moment des Vollzuges bewussten Lebens, sie ist vielmehr auch und gerade Resultat der Kreativität, die bewusstem Leben zukommt. Die Bestimmungen von Resilienz erweisen sich damit stets auch abhängig von den je unterschiedlichen Körperdiskursen, in deren Kontext sie aufkommen. Resilienz ist damit alles andere als eine unveränderliche anthropologische Grundkonstante, auch wenn sie unweigerlich mit der Endlichkeit des Daseins verbunden ist, denn nur endliche Wesen sind überhaupt dazu gezwungen, aber

---

[12] *Michel Foucault:* Nietzsche, die Genealogie, die Historie, in: Ders.: Von der Subversion des Wissens, Frankfurt am Main 1993, 69–90, hier: 79.
[13] *Michel Foucault:* Sexualität und Wahrheit. Band 1: Der Wille zum Wissen, Frankfurt am Main 1983, 168.

auch dazu fähig, resilient zu sein. Resilienz bildet sich vielmehr prozessual aus und kann gerade deshalb auch erlernt und eingeübt werden. Zugleich ist sie wie alle Körperpraxen den genannten Machtdispositiven unterworfen: Wenn Körperpraxen diskursiv erzeugt sind, dann genau besehen auch unsere Vorstellungen von anthropologischen Konstanten wie Natalität und Mortalität, Lust und Leid, Leben und Tod, Sexualität und Erotik – und eben auch von Vulnerabilität auf der einen und Resilienz auf der anderen Seite. Hier haben denn auch konkrete Moralen eine nicht zu unterschätzende regulierende Funktion. Die Bestimmung von Resilienzfaktoren zum Beispiel kann dann auch Teil der von Foucault so bezeichneten „Bio-Macht" werden, ebenso das Trainieren resilienzfördernder Faktoren. Setzt man sich mit Resilienz auseinander, gehört folglich die Kritik von mit ihr verknüpften Machtdispositiven wesentlich hinzu. Was genau wird als Haltung ausgebildet oder als Handlung erlernt? Und vor allem: In wessen Interesse und zu wessen Nutzen? Inwiefern sind Resilienzfaktoren Machtfaktoren – oder vielleicht gerade auch nicht?[14]

Hinzu kommt die Erzeugung dessen, was unter Resilienz verstanden wird: Geht es eher um das Aushalten von Krisen und Risiken oder um die Fähigkeit zum Widerstehen? Aushalten hat unbeschadet des aktiven Moments des Aushalten-Könnens eher eine passivische Komponente, auch diejenige des Erduldens, möglicherweise auch des Annehmens von etwas, ja vielleicht sogar das Auf-sich-nehmen. Das Widerstehen dagegen ist aktiv, Widerstand zu leisten ist mehr als nur Aushalten. Wer Widerstand leistet, geht gegen die Ursachen von Krisen an und scheut ggf. auch keine Risiken, verfügt also durchaus auch über die resiliente Fähigkeit zur Risikobereitschaft, dies aber mit dem Ziel der Überwindung eines *status quo,* der womöglich schlichtweg nicht mehr auszuhalten ist oder auch gar nicht ausgehalten werden soll. Erschöpfte sich Resilienz dagegen im Aushalten von Krisen, dann eignete sie sich auch als Herrschaftstechnik, als Instrument einer Systemstabilisierung. Wer aushalten kann, kommt vielleicht irgendwann gar nicht mehr auf die Idee, dass es zum puren Aushalten noch eine Alternative geben könnte, nämlich das Aufsprengen der Zustände, die zum Aushalten zwingen und die selbst ausgehalten werden müssen. Welche Signatur des Körpers ermöglicht einen performativen, also wirklichkeitssetzenden Akt nicht nur der Etablierung und Perpetuierung des Bestehenden, sondern der Veränderung? Welche Haltung, welcher Zustand und welche Handlung ermöglicht es, eine Gegenmacht gegen herrschende Machtdispositive zu entwickeln? Und welche Kriterien sind für diese Form einer Lebenspraxis leitend, welche Regeln, Codes, Normen und Werte? Diese Fragen sind zentraler Teil der Reflexion einer gelingenden Lebensführung und der o. g. „Kunst zu leben", sei es die Sorge um sich, sei es diejenige um Andere und Anderes.

---

[14] Ein Beispiel dafür ist die Konstruktion des Resilienzfaktors „weibliches Geschlecht". Vgl. hierzu *Saskia Wendel:* Aushalten – leiblich. Die Elementarität des Körperlichen, in: PrTh 51, 2016, 81–88.

4. Resilienz und Religion

Man könnte versucht sein, genau hier die Religion ins Spiel zu bringen und die lange Tradition der machtförmigen Regulierung von Körperpraxen durch religiös begründete Normen und Codierungen auch auf dem Feld der Resilienz zum Tragen zu bringen. Man könnte versucht sein, etwa im Rekurs auf Biblische Narrative quasi Anleitungen zum gelingenden Resilienzverhalten zu formulieren. Diese Versuche religiöser, i. e. Sinn Biblischer Ethikbegründungen sind theologisch schon seit längerem kritisiert worden, etwa durch den Hinweis auf die Notwendigkeit autonomer Begründungen der Ethik und darauf, dass religiöse Überzeugungen nicht zur Begründung universaler Geltungsansprüche hinsichtlich ethischer Überzeugungen taugen, sondern allenfalls als lebenspraktischer Sinn- und Motivationshorizont anzusehen sind. Darüber hinaus wird man grundsätzlich begründungslogische Bezugnahmen auf Biblische Traditionen problematisieren müssen, so auch solche Bezugnahmen in praktischer Hinsicht – unter anderem deshalb, weil sich solche begründungslogischen Bezüge in den Antinomien verstricken, die die Bibel grundsätzlich kennzeichnet, d. h. in den ihr inhärenten Widersprüchen ihrer Aussagen. Als Ausweg erscheint hier nur, epistemologisch abzurüsten und die Biblischen Narrative wie religiöse Überzeugungen im Allgemeinen eben als Momente eines religiösen Sinndeutungshorizontes zu verstehen, der dazu dient, mein Leben gelingend zu führen. Biblische Narrative fungieren so als motivationale Stimuli für das Handeln, können so in motivationale Handlungsgründe einfließen, nicht aber selbst zu rechtfertigenden Handlungsgründen werden[15] – so auch nicht in Bezug auf ein Handeln, das Resilienz hervorbringt, befördert, oder eines Handelns, das selbst schon als Kennzeichen von Resilienz zu verstehen ist.

In diesem Zusammenhang wird man gerade im Blick auf das Terrain der Körperpraxen – und mit ihnen auch die Resilienz – darauf hinweisen müssen, dass die religiösen Codierungen jener Praxen, auf die man manchmal so gerne verweist, ja genau Teil jener „Bio-Macht" geworden sind, von der Foucault so bestechend gesprochen hatte. Sie stellten und stellen teilweise immer noch jene Legitimationsdiskurse zur Verfügung, die zur „Besetzung und Bewertung des lebenden Körpers" und zur „Verwaltung und Verteilung seiner Kräfte" notwendig sind. Es ist wichtig, sich das auch aus der Perspektive „religiös musikalischer" Reflexion über Resilienz als Körperpraxis einzugestehen und hier vom Idealbild der „Machtlosigkeit" religiös getönter Körperdiskurse Abschied zu nehmen.

---

[15] Vgl. hierzu ausführlich *Martin Breul*: Religion in der politischen Öffentlichkeit. Zum Verhältnis von religiösen Überzeugungen und öffentlicher Rechtfertigung, Paderborn 2015.

Ebenso problematisch erscheinen aber auch – jedenfalls aus religiöser Perspektive – etwaige Versuche, die „Selbsttechnologie" Resilienz durch religiöse „Techniken des Selbst", durch spirituelle Exerzitien o. ä. aktiv zu trainieren, zu forcieren, aber auch zu kanalisieren und in bestimmte Richtungen zu lenken, etwa durch bestimmte asketische Praxen, Meditationen, religiöse Selbsterfahrung u. a. Diese Möglichkeit ist ja durchaus gegeben, und das mag zunächst vielleicht sogar attraktiv erscheinen, weil man via Resilienzthema vielleicht Menschen an spirituelle Praxen heranführen kann, oder weil man sogar via Spiritualität die je eigene Resilienz verstärken kann – sozusagen ein positiver Nebeneffekt spiritueller Praxis. Man könnte zum Beispiel bestimmte Techniken der Ignatianischen Exerzitien auch für das Resilienzvermögen fruchtbar machen. Doch dies impliziert stets auch die Funktionalisierung, ja Instrumentalisierung von Religion bis hin zur Entleerung der Technik von jeglichem religiösen Inhalt unter Beibehaltung der Form. Nicht nur, dass dies den Prozessen religiöser Dispersion weiterhin Vorschub leistet, sondern dass dies auch dem eigentlichen Kennzeichen religiöser Erfahrung nicht gerecht wird: Nicht herstellbar zu sein, unverfügbar zu sein. Darüber hinaus wird es unmöglich, spirituelle Traditionen gerade auch hinsichtlich ihrer Machtförmigkeit zu kritisieren, wenn man sie gleichsam ohne „Kunst der Unterscheidung" für spirituell aufgeladene Resilienztrainings rezipiert.

Religiöse Sinndeutungen im Feld der Körperpraxen sind somit allein insofern ein „Resilienzfaktor", als sie eine Perspektive zur Verfügung stellen, die für das Gelingen der Lebenspraxis nicht unwichtig ist: die Perspektive der Hoffnung auf ein „Leben in Fülle", auf Erlösung, Errettung, Befreiung, Heil. Eine Perspektive, die Mut macht, die Sinn stiftet, den Mut und den Sinn, die es braucht, um aushalten, bestehen, widerstehen zu können. Diese Hoffnungsperspektive ist überlebenswichtig. Selbstverständlich stellen nicht nur Religionen solch eine Hoffnung bereit. In Anna Seghers Roman *Das siebte Kreuz* zum Beispiel ist es gerade das nichtreligiöse Narrativ des leeren Kreuzes des entflohenen KZ-Häftlings, das allen Leidenden, allen Opfern und Verfolgten, Hoffnung verleihen soll, und das gerade dadurch quasi zum Resilienzfaktor wird. Es verleiht Kraft zum Aushalten von Folter und Unterdrückung, es gibt Mut zum Widerstand, und es bezeugt die Hoffnung auf die Überwindung des Bestehenden:

> „Ein kleiner Triumph, gewiß, gemessen an unserer Ohnmacht, an unseren Sträflingskleidern. Und doch ein Triumph, der einen die eigene Kraft plötzlich fühlen ließ nach wer weiß wie langer Zeit [...]. Auf allen Gesichtern lag jetzt ein schwaches merkwürdiges Lächeln, ein Gemisch von Unmischbarem, von Hoffnung und Spott, von Ohnmacht und Kühnheit. [...] Wir ahnten, was für Nächte uns jetzt bevorstanden. Die nasse Herbstkälte drang durch die Decken, durch unsere Hemden, durch die Haut. Wir fühlten alle, wie tief und furchtbar die äußeren Mächte in den

Menschen hineingreifen können, bis in sein Innerstes, aber wir fühlten auch, daß es im Innersten etwas gab, was unangreifbar war und unverletzbar."¹⁶

Das ist ganz klar die Erzählung des Entstehens von Resilienz durch das Stiften von Hoffnung durch das Narrativ der gelungenen Flucht des Überlebenden. Doch nur religiöse Deutungspraxen formulieren eine Hoffnung, die nicht nur den Überlebenden, den Siegern und Durchgekommenen gilt, sondern insbesondere denen, die auf der Strecke geblieben sind, den Opfern der Geschichte, den „Toten und Zerschlagenen" (W. Benjamin), denen, die es nicht mehr ausgehalten haben oder aushalten konnten, denen ihr Aushalten nichts genützt hat oder zum Verhängnis geworden ist, denen, die widerstanden haben. Und letzlich geben sie einer Hoffnung Ausdruck, die einem jeglichen Leben zugesagt ist, auf das unweigerlich, ob früher oder später, ob gewaltsam oder friedlich, ob jäh und viel zu früh oder nach erfülltem Leben der Tod wartet. Das Narrativ des leeren Kreuzes bleibt hinter demjenigen des Kreuzes mit einem verletzten Korpus zurück, dem die Signatur von Schmerz, Leid, Folter und Mord eingezeichnet ist, dem Korpus eines Opfers der Geschichte, das christlichem Zeugnis gemäß nicht nur ein weiteres Opfer mehr in der unendlichen Kette von Opfern geblieben ist, sondern das in ihm die Struktur von Macht und Ohnmacht, Siegern und Besiegten, Gewalt und Opfer bleibend durchbrochen wurde.

In solch einer Perspektive der Hoffnung treffen sich Religion und Resilienz, weil sich so Mut und Zuversicht in Habitus, Status und Akt der Resilienz einschreiben können, und das ohne direkte Kodifizierungen von Körperpraxen bzw. Resilienzfaktoren. Das Religiöse zeichnet sich solcherart quasi unmerklich, ohne viel Getöse, in die Lebenspraxis und die Lebenskunst desjenigen verkörperten Daseins ein, das dafür einen Sensus besitzt. Es verleiht eine Perspektive der Hoffnung und darin auch eines Trostes, der Stärke verleiht, ohne zu vertrösten. Von dieser Hoffnung zu sprechen, ist die Aufgabe von einer Theologie, die sich der Resilienz annehmen will. Sie müsste, so könnte man mit Johann Baptist Metz formulieren, „die tröstende Kraft der Rede von Gott und von der verheißenen Unsterblichkeit (für die anderen, die ‚Geringsten unter den Brüdern (und Schwestern)', die längst Besiegten und darin auch für uns selbst) gerade an den Widersprüchen unserer geschichtlich-gesellschaftlichen Entwicklung zum Leuchten bringen. […]."¹⁷ Das wiederum wird ihr nur gelingen, wenn sie auch den Leib bzw. den Körper als eine „grosse Vernunft" anerkennt und ihr „der Leib zu denken gibt".

---

16 *Anna Seghers*: Das siebte Kreuz, Darmstadt/Neuwied ¹²1980, 7f. und 288.
17 *Johann Baptist Metz:* Über den Trost, in: Tiemo Rainer Peters/Claus Urban (Hgg.): Über den Trost. Für Johann Baptist Metz, Ostfildern 2008, 10–11, hier: 11.

Zwischen Macht und Ohnmacht. Die Last der Selbstverantwortung[1]

Ludger Heidbrink

Ludger Heidbrink examines the problem of resilience situated between power and powerlessness and highlights the ambivalent nature of responsibility in such situations. While acknowledgment of the individual's responsibility is a major milestone achieved since the Reformation, the Enlightenment, and its implementation in modern times, individual responsibility today also carries the stress of individual overload generated in our modern meritocracy and the constant pressure it places on individuals to choose and decide upon the core issues of life. Referring to Ehrenberg's notion of "Das erschöpfte Selbst" ("the exhausted self"), Heidbrink presents burnout and depression as the flip-side of a responsive merit-based paradigm. In reference to Hegel, Kierkegaard, Nietzsche, Heidegger, Sartre and Levinas, he discusses various interpretations of responsibility and their relation to the individual's empowering or disempowering aspects. Responsibility becomes a factor in resilience only when not forced upon one; it must be taken up in one's life freely, through one's own free identification of realistic goals that can be managed and shared.

Die Menschen in den entwickelten Industrienationen leben augenscheinlich nicht nur in einer Leistungsgesellschaft, sondern in einer Hochleistungsgesellschaft mit gravierenden Folgen für ihre Widerstandskraft und Resilienz. Dies zeigt sich daran, dass Burnout-Phänomene und Depressionen zu einer allgegenwärtigen Zeitkrankheit geworden sind. Nach jüngeren Schätzungen leiden etwa vier Millionen Deutsche unter behandlungsbedürftigen Depressionen.[2] Die Fehlzeiten am Arbeitsplatz aufgrund seelischer Erkrankungen in Gestalt von Stress, Erschöpfung und Sucht haben zwischen 1994 und 2010 um mehr als achtzig Prozent zugenommen.[3] Der daraus resultierende jährliche volkswirtschaftliche Schaden wird auf 6,3 Milliarden Euro (neuere Zah-

---

[1] Bei diesem Beitrag handelt es sich um eine leicht überarbeitete Version des Aufsatzes „Depression – die Last der Selbstverantwortung. Die psychischen Folgen der Leistungsgesellschaft", in: Alfred Bellebaum/Robert Hettlage (Hgg.): Missvergnügen. Zur kulturellen Bedeutung von Betrübnis, Verdruss und schlechter Laune, Wiesbaden 2012, 205–226. Herausgebern und Verlag sei für die Erlaubnis zum Wiederabdruck gedankt.

[2] *Bundesministerium für Bildung und Forschung:* http://www.gesundheitsforschung-bmbf.de/_media/es_ist_als_ob_die_seele_unwohl_waere.pdf (2.11.2015). Eine Studie des Robert Koch Instituts (2013) spricht von acht Prozent der Bevölkerung, die eine depressive Symptomatik aufweisen: http://www.rki.de/DE/Content/Gesundheitsmonitoring/Studien/Degs/degs_w1/DEGS1-Ergebnisse.pdf?__blob=publicationFile (letzter Zugriff 02.11.2015).

[3] *Markus Dettmer/Jakob Tietz:* Jetzt mal langsam!, in: Der Spiegel 30/2011, 60.

len sprechen sogar von 15 Milliarden)[4] geschätzt. Es werden zudem etwa 5,2 Milliarden Euro jährlich für Antidepressiva ausgegeben, während sich die Kosten für Prävention und Gesundheitsschutz in Betrieben auf etwa 4,7 Milliarden Euro (in 2010) summiert haben.[5]

> Die Ursachen für diese Entwicklung werden vor allem darin gesehen, dass in immer kürzerer Zeit immer mehr Anforderungen in der *Selbstverantwortung* von Arbeitnehmern und Berufstätigen bewältigt werden müssen. „Immer *in Betrieb* zu sein – kreativ zu sein, zu lehren, zu überzeugen und zu verkaufen – kann den Menschen emotional auslaugen. ‚Burnouts' können bereits bei einer 40-Stunden-Woche eintreten. Selbst wenn es tatsächlich noch Zeit für Freunde, Familie, die Gemeinschaft und die eigene Ruhe gibt, dann nur in Form von körperlicher Anwesenheit – den psychischen Freiraum gibt es kaum noch. Wir werden stattdessen von unserer Arbeit so vereinnahmt, daß wir keine Kraft für etwas anderes aufsparen wollen. Unser übriges Leben schrumpft immer mehr, wird ausgelagert und aussortiert."[6]

Das Prinzip des Unternehmertums, das der modernen Arbeitswelt zugrunde liegt, ist längst nicht mehr nur auf den ökonomischen Sektor der betrieblichen Unternehmensführung beschränkt. Es hat sich zu einem Regime der eigenverantwortlichen Lebensgestaltung ausgeweitet, das in immer weitere Bereiche der Sozialstruktur und Daseinsorganisation eindringt.[7] Der Arbeitskraftunternehmer und das unternehmerische Selbst sind zu Leitfiguren des entgrenzten Kapitalismus geworden, der auf einer paradoxen Mischung aus Kreativität und Selbstkontrolle, Eigeninitiative und Disziplinierung beruht.[8] Auf subtile Weise vermischen sich heute die emanzipatorischen Ideale der Selbstverantwortung und Autonomie mit den marktwirtschaftlichen Imperativen der Leistung und des Erfolgs. Selbstverantwortlich zu sein, bedeutet in erster Linie, den allgegenwärtigen Forderungen nach Kreativität und Innovation durch eine Steigerung der Produktivität zu folgen und dem Ideal der Autonomie durch eine fortwährende Arbeit am eigenen Selbst gerecht zu werden.[9]

---

[4] *Statistica:* http://de.statista.com/themen/149/depression/ (2.11.2015).
[5] *Dettmer/Tietz,* Jetzt mal langsam, 66.
[6] *Robert Reich:* The Future of Success. Wie wir morgen arbeiten werden, München 2002, 328.
[7] Vgl. *Ludger Heidbrink/Peter Seele (Hgg.):* Unternehmertum. Vom Nutzen und Nachteil einer riskanten Lebensform, Frankfurt am Main/New York 2010, 13ff.
[8] Vgl. *Gerd Günter Voß/Hans J. Pongratz:* Der Arbeitskraftunternehmer. Eine neue Grundform der Ware Arbeitskraft?, in: Kölner Zeitschrift für Soziologie und Sozialpsychologie 50, 1998, 131–158; *Ulrich Bröckling:* Das unternehmerische Selbst. Soziologie einer Subjektivierungsform, Frankfurt am Main 2007.
[9] Im Anschluss an Michel Foucault siehe hierzu *Sven Opitz:* Gouvernementalität im Postfordismus. Macht, Wissen und Techniken des Selbst im Feld unternehmerischer Rationalität, Hamburg 2004. Vgl. auch die Beiträge in *Christoph Menke/Juliane Rebentisch (Hgg.):* Kreation und Depression. Freiheit im gegenwärtigen Kapitalismus, Berlin 2011.

Es ist dieser forcierte gesellschaftliche *Anspruch an die Selbstverantwortung*, der das Individuum in eine *Krise der Unzulänglichkeit* gestürzt hat, die unter anderem in Gestalt depressiver Erkrankungen und psychischer Überlastungen zum Ausdruck kommt. Nach Ansicht des französischen Medizinsoziologen Alain Ehrenberg ist die Depression „eine *Krankheit der Verantwortlichkeit*, in der ein Gefühl der Minderwertigkeit vorherrscht. Der Depressive ist nicht voll auf der Höhe, er ist erschöpft von der Anstrengung, er selbst werden zu müssen."[10] Die Depression ist im Unterschied zur Melancholie, die eine neurotische Schuldreaktion auf unerfüllbare Verhaltensnormen darstellt, eine psychische Reaktion auf ein Übermaß an Handlungsoptionen, für die das Individuum die Verantwortung trägt, ohne sie angemessen umsetzen zu können: Nichts ist verboten, alles ist erlaubt. „Die Depression ist die Krankheit des Individuums, das sich scheinbar von den Verboten emanzipiert hat, das aber durch die Spannung zwischen dem Möglichen und Unmöglichen zerrissen wird. Wenn die Neurose das Drama der Schuld ist, so ist die Depression die Tragödie der Unzulänglichkeit. Sie ist der vertraute Schatten des führungslosen Menschen, der des Projekts, er selbst zu werden, müde ist und der versucht ist, sich bis zum Zwanghaften Produkten oder Verhaltensweisen zu unterwerfen."[11]

Die Depression ist so gesehen ein Leiden der Freiheit und Eigeninitiative, nicht der Disziplin und Kontrolle. Sie bildet das Spiegelbild einer *responsiven Leistungsgesellschaft*, in der die Vorstellung herrscht, das durch die selbstverantwortliche Gestaltung von Leben und Beruf alles erreichbar ist, zugleich aber alles Erreichbare von der Selbstverantwortung des Individuums abhängt.[12]

Wenn Depressionen und Burnout gesellschaftlich verbreitete Symptome für die Ohnmacht des Menschen sind, den Ansprüchen an seine Eigenverantwortung gerecht zu werden, ist es gerade im Hinblick auf die Resilienz hilfreich, das Phänomen der Verantwortung – und zwar zwischen Macht und Ohnmacht – genauer in den Blick zu nehmen.

1. Verantwortung zwischen Macht und Ohnmacht

Verantwortung ist dadurch gekennzeichnet, dass Akteure die Folgen für Handlungen übernehmen, die sie verursacht haben. Es war Hegel, der als einer der ersten den Umstand thematisiert hat, dass unsere Handlungen zu anderen Resultaten führen können, als von uns beabsichtigt war, wir aber gleichwohl verpflichtet sind, die nicht beabsichtigten Resultate im Auge zu behalten. Nach Hegel sind die Folgen die „Gestalt, die den Zweck der Hand-

---

[10] *Alain Ehrenberg:* Das erschöpfte Selbst. Depression und Gesellschaft in der Gegenwart, Frankfurt am Main/New York 2004, 4.
[11] *Ehrenberg*, Das erschöpfte Selbst, 12.
[12] Vgl. *Ludger Heidbrink:* Handeln in der Ungewissheit. Paradoxien der Verantwortung, Berlin 2007, 193ff.

lung zur Seele hat", gleichzeitig ist diese Gestalt jedoch, „als der in die Äußerlichkeit gesetzte Zweck, den äußerlichen Mächten preisgegeben, welche ganz anderes daran knüpfen, als sie für sich ist, und sie in entfernte, fremde Folgen fortwälzen".[13]

> Trotz dieser „Zersplitterung der Folgen"[14] trägt der Mensch nach Hegel die Verantwortung für – modern gesprochen – nichtintendierte Nebenwirkungen, wenn mit ihnen als generelles Risiko gerechnet werden muss: „Nur das nämlich, was ich von den Umständen wusste, kann mir zugerechnet werden. Aber es gibt notwendige Folgen, die sich an jede Handlung knüpfen, wenn ich nur Einzelnes, Unmittelbares hervorbringe, und die insofern das Allgemeine sind, das es in sich hat. Die Folgen, die gehemmt werden könnten, kann ich zwar nicht voraussehen, aber ich muss die allgemeine Natur der einzelnen Tat kennen."[15]

Das generelle Folgerisiko einzelner Taten verpflichtet das Individuum dazu, auch dort die Verantwortung für seine Handlungen zu übernehmen, wo diese von Umständen abhängen, die *nicht in der Macht des Individuums* liegen. Es ist diese Abhängigkeit von nicht kontrollierbaren Umständen, die Kierkegaard dazu bewegt hat, den Begriff der Verantwortung ins Zentrum seiner Philosophie zu stellen. Denn die Verantwortung – und Kierkegaard versteht darunter vor allem die individuelle Selbstverantwortung – bezieht sich auf diejenigen Bedingungen, die dem eigenen Leben und Handeln voraus liegen, gleichwohl aber zum Leben und Handeln dazu gehören. Für Kierkegaard ist der Mensch erst dann in der Lage, für sich selbst und sein Handeln die Verantwortung zu übernehmen, wenn er „sich selbst als Produkt"[16] wählt und die Fremdbestimmung seiner Existenz anerkennt.

Die Selbstverantwortung beruht nach Kierkegaard auf der Fähigkeit, die kontingenten und zufälligen Handlungsfaktoren in das eigene Handeln zu integrieren. Für Kierkegaard ist der Mensch dann „verantwortlicher Redakteur" seines Lebens, wenn er auch diejenigen Entscheidungsfolgen auf sich nimmt, die er im Moment der Wahl nicht absehen konnte, die aber zu den Umständen gehören, unter denen er seine Entscheidung tätigt.

Aus diesem Grund ist das Kriterium der richtigen Wahl nicht die rationale Erkenntnis einer bestimmten Pflicht, die man zu erfüllen hat, sondern die „Intensität", mit der diese Pflicht die gesamte Persönlichkeit des Handelnden ergreift.

---

[13] *Georg Wilhelm Friedrich Hegel:* Grundlinien der Philosophie des Rechts, Werke Bd. 7, hg. v. Eva Moldenhauer und Karl Markus Michel, Frankfurt am Main 1970, 218.
[14] A. a. O., 219.
[15] A. a. O., 222.
[16] *Søren Kierkegaard:* Entweder – Oder, hg. v. Hermann Diem und Walter Rest, München 1975, 816.

> „Wenn das Ethische richtig gesehen wird, macht es das Individuum unendlich sicher in sich selbst, wenn es nicht richtig gesehen wird, macht es das Individuum völlig unsicher, und ich kann mir keine unglücklichere oder qualvollere Existenz denken, als wenn ein Mensch die Pflicht außer sich hat und sie doch immerfort realisieren will."[17]

Nach Kierkegaard verliert die Selbstverantwortung ihren Lastcharakter, wenn sich die Allgemeinheit der ethischen Verpflichtung in ein *individuelles Gesetz* (Georg Simmel) verwandelt, dem man sich aus eigener Einsicht unterwirft. Die Übernahme der Verantwortung bleibt zwar schmerzhaft, sie wird jedoch vor allem als besondere persönliche Herausforderung erfahren.

> „Mit der Überzeugung", die der Ethiker, so Kierkegaard, „gewonnen hat, ist es für ihn nicht getan, denn er wird fühlen, dass er sich selbst eine große Verantwortung auferlegt hat. In diesem Punkt, sagt er, habe ich mich außerhalb des Allgemeinen gestellt, ich habe mich all der Anleitung, der Sicherheit und Beruhigung beraubt, die das Allgemeine gewährt; ich stehe allein, ohne Teilnahme, denn ich bin die Ausnahme. Aber er wird nicht feige und trostlos sein, er wird mit Sicherheit seinen einsamen Weg gehen, er hat ja den Beweis für die Richtigkeit seines Tuns erbracht, er hat seinen Schmerz."[18]

Während Kierkegaard das selbstverantwortliche Leben als eine existenzielle Auszeichnung sieht, geht Nietzsche einen Schritt weiter. Er sieht in der Selbstverantwortung ein Zeichen menschlicher Schwäche, die in der moralischen Rechtfertigung des Handelns und der Ausbreitung des schlechten Gewissens besteht. „Sobald man aber nicht mehr an Gott und die Bestimmung des Menschen für ein Jenseits glaubt, wird der Mensch verantwortlich für alles Lebendige, das leidend entsteht und das zur Unlust am Leben vorbestimmt ist."[19] Die Konsequenz besteht für Nietzsche darin, dass „das ungeheure Schwergewicht der Verantwortlichkeit" abgeschüttelt werden muss, „welches Einer auf sich fühlt, welcher zu merken beginnt, dass alle Werthschätzungen, nach denen die Menschen leben, auf die Dauer den Menschen zu Grunde richten".[20]

Nietzsche will das Schwergewicht der Verantwortlichkeit abschütteln, weil es den Menschen in der Freiheit seines Handelns einschränkt. Das Zur-Verantwortung-Ziehen ist für Nietzsche Ausdruck der christlichen Herdenmoral, die auf dem Ressentiment der Masse gegenüber dem souveränen Individuum beruht. Um sich der Lebensfeindlichkeit der Massenmoral zu entziehen, muss das souveräne Selbst sich eine neue Form der Verantwortung auferlegen, die es vor allen anderen auszeichnet. Der moderne Mensch muss sich fragen,

---

[17] A. a. O., 821.
[18] A. a. O., 911.
[19] *Friedrich Nietzsche:* Nachgelassene Fragmente 1880–1882, Kritische Studienausgabe (KSA) Bd. 9, hg. v. Giorgio Colli und Mazzino Montinari, München ²1988, 651.
[20] *Friedrich Nietzsche:* Nachgelassene Fragmente 1884–1885, KSA Bd. 11, hg. v. Giorgio Colli und Mazzino Montinari, München ²1988, 467.

"inwiefern die Verantwortlichkeit für das Ganze dem Einzelnen einen weiten Blick, eine strenge und furchtbare Hand, eine Besonnenheit und Kälte und Großartigkeit der Haltung, Gebärde an(er)zieht und erlaubt, welche er nicht um seiner selbst willen sich zugestehen würde".[21]

An die Stelle der christlich geprägten Eigenverantwortlichkeit, die dem Gläubigen von außen auferlegt wird, tritt bei Nietzsche die „große Verantwortung" des souveränen Individuums, das sich freiwillig der Last der Selbstverantwortung ausliefert und dadurch zum autonomen Gestalter seines Lebens wird.

Dass mit der Schwere der Verantwortung der Wert der Persönlichkeit wächst, wird mit Nietzsche zu einem einschlägigen Topos der modernen Existenz. So steht nach Nicolai Hartmann die Person

"unter ständiger Verantwortung, nimmt sie auf sich mit jedem Schritt, den sie im Leben tut, und trägt sie wie etwas selbstverständlich ihr Zukommendes – oft bloß in dunkler Ahnung ihres Gewichts, oft mit klarem Bewußtsein und mit dem Willen, sie zu tragen, auch wo die Last sie erdrücken will. Das ist das Zeugnis persönlicher Autonomie in ihr, das sichtbare Zeichen ihrer Freiheit".[22]

Der Mensch übernimmt die Verantwortung als eine positive Bürde, durch die er nicht nur vor anderen Lebewesen, sondern auch vor seinen Mitmenschen ausgezeichnet ist. Das Tragen der Verantwortung wird zum Signum existenzieller Eigentlichkeit und Entschlossenheit, mit der das souveräne Individuum das eigene Leben bewältigt, ohne dabei auf fremde Handlungsmaßstäbe zurückgreifen zu müssen.

Diese Ambivalenz der Selbstverantwortung zeigt sich auch bei Heidegger, der vom „Lastcharakter des Daseins" spricht, der durch die „fahle Ungestimmtheit" des niedergedrückten und überdrüssigen Menschen offenbar wird.[23] Der Lastcharakter des Daseins resultiert aus der „Faktizität der Überantwortung", die in der Geworfenheit des Daseins in seine Existenz ihren Grund hat.[24] Die Überantwortung des Menschen an das „Da" seines Seins geht mit der Erfahrung einer, dass nicht alles in seiner Macht steht und das eigentliche Existieren darin besteht, die Endlichkeit und Auslieferung an das geschickhafte Sein mit Entschlossenheit auf sich zu nehmen.

Während für Heidegger die Last der Selbstverantwortung vor allem in der heroischen Übernahme einer nicht kontrollierbaren Schicksalsdynamik besteht, ist für Sartre die Verantwortung Ausdruck der menschlichen Freiheit. So schreibt Sartre, „dass der Mensch, der verurteilt ist, frei zu sein, das ganze Gewicht der Welt auf seinen Schultern trägt: er ist, was seine Seins-

---

[21] *Friedrich Nietzsche:* Nachgelassene Fragmente 1887–1889, KSA Bd. 13, hg. v. Giorgio Colli und Mazzino Montinari, München ²1988, 112.
[22] *Nicolai Hartmann:* Ethik, Berlin ³1949, 728.
[23] *Martin Heidegger:* Sein und Zeit, Tübingen ¹⁵1979, 134.
[24] A. a. O., 135. Vgl. *Michael Theunissen:* Melancholie und Acedia. Motive zur zweitbesten Fahrt in der Moderne, in: Ludger Heidbrink (Hg.): Entzauberte Zeit. Der melancholische Geist der Moderne, München/Wien 1997, 26f.

weise betrifft, verantwortlich für die Welt und für sich selbst"[25]. Diese Verantwortlichkeit ist „drückend", sie wird aber zugleich in dem „stolzen Bewusstsein" übernommen, dass wir es sind, die sie hervorbringen und tragen.[26]

Ein Entrinnen aus dieser Verantwortlichkeit ist nach Sartre nicht möglich, da sie sich „zwangsläufig aus den Folgen meiner Freiheit" ergibt: „Was mir zustößt, stößt mir durch mich zu, und ich kann weder darüber bekümmert sein, noch mich dagegen auflehnen, noch mich hineinschicken."[27] Es gibt kein Jenseits der Verantwortung, da alles, was wir tun, Bestätigung unserer Verantwortlichkeit ist. Leben heißt wählen, und wählen heißt, Verantwortung zu übernehmen für das, was man wählt, denn man hat immer die Wahl, es nicht zu wählen. Die Verantwortung wird damit zu einer *totalen Verantwortung*, der man sich nicht entziehen kann, auch wenn man für sie selbst nicht verantwortlich ist. „Tatsächlich bin ich für alles verantwortlich, außer für meine Verantwortlichkeit selbst, denn ich bin nicht die Grundlage des Seins. Alles geht so vor sich, als ob ich gezwungen wäre, verantwortlich zu sein."[28]

Ähnlich wie Sartre, der die Last der Verantwortung zu einem positiven Signum der totalen Freiheit macht, bindet Lévinas sie an die Herausforderung durch den Anderen zurück. Nach Lévinas bin ich für den Anderen verantwortlich, „ohne dass ich diese Verantwortung für ihn überhaupt *übernehmen* müsste; seine Verantwortung *obliegt* mir".[29] Der Andere ruft eine Verantwortlichkeit hervor, der ich mich nicht entziehen kann, über die ich keine Macht habe, die mich vielmehr als seine Geisel in Beschlag nimmt. Die Besessenheit durch den Anderen geht so weit, dass ich „für seine Verantwortung selbst verantwortlich bin".[30] „Diese Last", ist nach Lévinas „eine höchste Gnade des Einzelnen", die nicht abgelehnt oder delegiert werden kann, sondern die menschliche Individualität und Authentizität in der Konfrontation mit dem Anderen überhaupt erst hervorbringt.[31]

Was sich damit zeigt, ist der bemerkenswerte Umstand, dass die Last der Verantwortung, je nach Umständen und Deutung, ihr Vorzeichen wechseln kann. Sie kann als *Ausdruck der Ohnmacht* erlebt werden, die unser Handeln einengt und beschränkt. Dies ist dann der Fall, wenn Anforderungen und Vorgaben existieren, die sich nur schwer erfüllen lassen oder die Sanktionen hervorrufen, wenn sie nicht erfüllt werden. Die Übernahme von Verantwortung wird auch negativ erfahren, wenn unser Handeln auf unklaren Grundla-

---

[25] *Jean-Paul Sartre:* Das Sein und das Nichts. Versuch einer phänomenologischen Ontologie, Hamburg 1962, 696.
[26] Ebd.
[27] A. a. O., 697.
[28] A. a. O., 699.
[29] *Emmanuel Lévinas:* Die Verantwortung für den Anderen, in: Ders.: Ethik und Unendliches, Graz/Wien 1986, 73.
[30] A. a. O., 73.
[31] A. a. O., 76. 78.

gen beruht und ins Unbestimmte verläuft, etwa dort, wo Regeln und Maßstäbe unsicher geworden sind, notwendiges Wissen und Informationen fehlen oder der Bereich von Zuständigkeiten und Aufgaben nicht feststeht.

Auf der anderen Seite kann die Last der Verantwortung aber auch als positive Größe und *Ausdruck von Macht* erfahren werden. Dies ist dann der Fall, wenn für die Erfüllung von Aufgaben und Anforderungen unsere besonderen Fähigkeiten und Stärken zum Tragen kommen. Die Last der Verantwortung wird dann zu einer positiven Größe, wenn sie zu Entdeckungen und Innovationen führt, die ohne persönlichen Einsatz und das Risiko des Scheiterns nicht entstanden wären. Sie ist der Ausdruck von Macht, wenn sie Akteuren dabei hilft, komplexe Handlungssituationen zu bewältigen, mit Unsicherheiten umzugehen und eine *Resilienz* gegen Fehler und Niederlagen zu entwickeln.

2. Verantwortungslasten in der Leistungsgesellschaft

Vor dem Hintergrund der eingangs beschriebenen Depressionen und Burnout-Phänomene sieht es nun allerdings so aus, als habe sich die negative Seite der Selbstverantwortung in Gestalt von Überforderungen und Ohnmachtserfahrungen stärker durchgesetzt als ihr positives Gegenstück der autonomen Daseinsgestaltung und des erfolgreichen Umgangs mit Unsicherheiten, worin ein möglicher Grund für die aktuelle Konjunktur der Resilienzthematik liegen könnte.

Worin liegen die Ursachen für diese Entwicklung? Warum wird die Selbstverantwortung häufiger als Bürde denn als Chance erfahren? Ein wesentlicher Grund dürfte in der *Individualisierung von Lebensrisiken* liegen, die durch den *Umbau des Wohlfahrtsstaats* und die Reform der sozialen Sicherungssysteme seit den 1980er Jahren hervorgerufen wurde und dazu geführt hat, dass die Kosten der eigenen Existenz immer weniger von der Gemeinschaft getragen und stattdessen dem einzelnen Individuum aufgebürdet werden. Der Rückzug des Staates von seinen öffentlichen Versorgungsaufgaben und die Entlassung der Bürger in die Eigenverantwortung werden von vielen Menschen nicht als Chance zu einer neuen Selbständigkeit aufgefasst, sondern als Bedrohung persönlicher Freiräume und Unterminierung von Sicherheiten empfunden.[32]

Dies zeigt sich auch im schon beschriebenen *Wandel der Arbeitswelt*. Die Zeit linearer und konstanter Berufsbiographien ist ebenso vorüber wie die Beschäftigung in hierarchisch organisierten und weisungsgebundenen Tätigkeitsfeldern. Teilzeit- und Projektarbeit, befristete Verträge und längere

---

[32] Vgl. *Thomas Petersen/Tilman Meyer:* Der Wert der Freiheit. Deutschland vor einem neuen Wertewandel? Freiburg im Breisgau 2005, 79f.

Auszeiten (*Sabbaticals*), die nicht immer freiwillig sind, kennzeichnen die durchschnittliche Erwerbsarbeit. Die Notwendigkeit der Umschulung, der Fortbildung und des so genannten lebenslangen Lernens haben zugenommen, der häufige Wechsel des Arbeitsplatzes und die damit verbundene Mobilität sind normal geworden.

An die Stelle des traditionellen Arbeitnehmers ist der schon erwähnte „Arbeitskraftunternehmer" getreten, der zwar in lohnabhängigen Beschäftigungen tätig ist, aber in erheblich größerem Maß als früher selbständig und eigenverantwortlich betrieblichen Anforderungen nachkommen muss. Kennzeichen des Arbeitskraftunternehmers sind flexible Arbeitsbeziehungen und autonome Formen der Selbstorganisation, die mit einem erhöhten Erfolgs- und Leistungsdruck einhergehen.[33] Die Folgen dieser Entwicklung bestehen darin, dass ein hohes Quantum an Selbstdisziplinierung aufgeboten werden muss, um die Freiräume des Arbeitsalltags effizient auszufüllen. Die Selbstverantwortung des Arbeitskraftunternehmers wird nicht als Befreiung von der fremdbestimmten Lohnarbeit wahrgenommen, sondern als Wiederkehr marktkapitalistischer Herrschaftsverhältnisse, die in Gestalt einer forcierten Selbstausbeutung und Entfremdung fortleben.[34]

Gleichzeitig nimmt die Arbeitszeit zu, die längst die Barrieren zwischen Beruf und Freizeit durchbrochen hat. Wer nicht bereit ist, länger und mehr zu arbeiten, muss empfindliche Lohneinbußen in Kauf nehmen oder um den Verlust seines Arbeitsplatzes fürchten. Die Einkommensunterschiede wachsen an, weil Zugeständnisse an Familie und freie Zeit mit proportional hohem Lohnverzicht verbunden sind. Zudem richtet sich die Vergütung immer stärker nach Renommee und Berühmtheit, mit denen sich einige wenige *Big Shots* von der Masse der durchschnittlich Bezahlten abheben. Selbstvermarktung, *Self Management* und *Networking* sind für die persönliche Karriere wichtiger geworden als professionelle berufliche Kompetenzen.[35] In den Vordergrund ist ein „Kampf um Aufmerksamkeit"[36] getreten, der eine stetige Werbung für die eigene Person, die Inszenierung des persönlichen Lebens und die fortdauernde Präsenz auf den Märkten der öffentlichen Beachtung erfordert.

Eine weitere Ursache besteht in der generellen *Dynamisierung von Marktprozessen*. In der Wirtschaft und im Konsum spielen individuelle Erwartungen und Ansprüche eine immer wichtigere Rolle und müssen durch permanente Produktinnovationen und innovative Dienstleistungen befriedigt werden. Unternehmen und ihre Mitarbeiter stehen unter dem Zwang, in kürzesten Abständen neue Produkte auf den Markt zu bringen und zugleich Kosten einzusparen. Die Dynamisierung des Marktes schlägt sich nicht nur in

---

[33] Vgl. *Voß/Pongratz*, Der Arbeitskraftunternehmer, 143ff.
[34] Vgl. *Barbara Heitzmann:* Die neue Eigenverantwortung. Jüngste Tendenzen in Managementkonzepten, Sozial- und Rechtspolitik, in: Kursbuch 157, 2004, 68ff.
[35] Vgl. *Reich*, The Future of Success, 202ff.
[36] Vgl. *Georg Franck:* Mentaler Kapitalismus. Eine Politische Ökonomie des Geistes, München/Wien 2005, 219ff.

verkürzten Produktzeiten und beschleunigten Innovationsraten nieder, sondern auch darin, dass Mitarbeiter häufiger ihren Arbeitsplatz wechseln und weniger loyale Bindungen zu ihren Arbeitgebern aufbauen.

Ein anderer Grund besteht in der *Zunahme an Wahlmöglichkeiten und Entscheidungsoptionen*.[37] Der Raum der Wissensbestände und Informationsvielfalt, der zu einem Übermaß an Handlungsoptionen führt, ist erheblich gewachsen. Er ist in dem Maß gewachsen, wie die sozio-ökonomische Verfassung der Gesellschaft durch den Zugang zu Gütern geprägt wird, die auf Abruf bereitgestellt werden und von den Akteuren spezielle Nutzerkenntnisse und Zugangsfähigkeiten erfordern.[38] Um sich in einer Welt des *Access* und des *Information Overload* orientieren zu können, sind kognitive Kompetenzen erforderlich, die den Akteuren eine permanente Lernbereitschaft abverlangen. Die Überflutung mit medialen Angeboten und die kommunikative Vernetzung sorgen dafür, dass die Ausbildung einer stabilen Identität erschwert wird und stattdessen eine „Übersättigung des Selbst" eintritt, das von den zahllosen Sinn- und Handlungsofferten überfordert ist.[39]

Die Kultur der Wahlfreiheit, mit der das spätmoderne Individuum konfrontiert ist, ruft nicht zuletzt die Notwendigkeit hervor, unterschiedliche Wertvorstellungen miteinander in Einklang zu bringen. Die empirische Sozialforschung spricht recht euphemistisch vom *Trend zur Wertesynthese*, die in der Vereinigung gegensätzlicher Handlungsorientierungen besteht und ein „spannungsreiches Persönlichkeitsprofil" voraussetzt, das durch die Fähigkeit gekennzeichnet ist, „diszipliniert und gleichzeitig kommunikativ, durchsetzungsfähig und kooperativ, fleißig und sensibel, aktiv und kreativ" zu sein.[40] Die Verbindung heterogener Tugenden und Werte stellt ein zentrales Kennzeichen pluralistischer Gesellschaften dar, in denen Selbstinteresse und Gemeinwohlorientierung in ein permanentes Handlungsgleichgewicht gebracht werden müssen.

Die moderne Leistungsgesellschaft ist somit bei genauer Betrachtung eine Hochleistungsgesellschaft, in der das fortwährende Ausbalancieren widersprüchlicher Lebensziele und Wertvorstellungen im Vordergrund steht. Es dürfte unzweifelhaft sein, dass diese Vermittlungsfähigkeit zahlreiche Menschen an den Rand der physischen und psychischen Belastbarkeit bringen kann. Durch das Leitbild der Selbstverantwortung werden die Gesellschaftsmitglieder Entscheidungsanforderungen ausgesetzt, die tief greifende Verunsicherungen hervorrufen. Der Imperativ der Selbstverantwortung ist zu ei-

---

[37] Vgl. *Barry Schwartz:* The Paradox of Choice, New York 2004.
[38] Vgl. *Jeremy Rifkin:* Access. Das Verschwinden des Eigentums. Warum wir weniger besitzen und mehr ausgeben werden, Frankfurt am Main 2002.
[39] Vgl. *Kenneth J. Gergen:* Das übersättigte Selbst. Identitätsprobleme im heutigen Leben, Heidelberg 1996, 94ff.
[40] *Horst Opaschowski:* Deutschland 2020. Wie wir morgen leben – Prognosen der Wissenschaft, Wiesbaden 2004, 381.

nem chronischen Belagerungszustand geworden, durch den das autonome Individuum in eine anhaltende Krise der Unzulänglichkeit zu stürzen droht.

3. Krise der Unzulänglichkeit

Depressionen und Burnout-Phänomenen bilden so gesehen das paradoxe Resultat eines gesellschaftlichen Individualisierungsprozesses, der das einzelne Subjekt zwar aus traditionellen Bindungen und Abhängigkeiten befreit hat, es aber in zunehmenden Maß daran scheitern lässt, die Verantwortung für das eigene Leben und Handeln zu übernehmen. Wo früher repressive Regeln und Gesetze zu neurotischen Gemütserkrankungen führten, ist es heute die Verurteilung zur Freiheit und Selbstbestimmung, an der die modernen Individuen erkranken. Die Depression, um noch einmal die Diagnose Alain Ehrenbergs aufzugreifen, ist „die Krankheit einer Gesellschaft, deren Verhaltensnorm nicht mehr auf Schuld und Disziplin gründet, sondern auf Verantwortung und Initiative".[41]

Während bis in die Mitte des letzten Jahrhunderts die Lebensführung durch Gebote und Verbote, vorgegebene Ordnungen und ethische Orientierungen geregelt war, müssen Akteure sich heute im pluralistischen Geflecht von Werten und Normen alleine zurecht finden und den Übergang von äußeren Anforderungen zu freiwilligen Leistungen eigenständig vollziehen. Nicht Gehorsam und Folgsamkeit, sondern Motivation und Entscheidung bilden die wesentlichen Herausforderungen der Lebensführung. Die Fähigkeit der Individuen, „Verantwortung für ihre Ziele zu übernehmen" und „ein Leben lang zu sozialer Kooperation"[42] in der Lage zu sein, ist nach John Rawls zur Grundverfassung liberaler Gesellschaften geworden.

Dieser Liberalismus ist ein strapaziöses Projekt. Aus dem emanzipatorischen Ideal der Selbstbestimmung ist ein ökonomischer und politischer Imperativ der Autonomie geworden, den das Individuum nur unvollständig zu erfüllen vermag. Das Bewusstsein der persönlichen Unzulänglichkeit mündet allzu häufig in die Erschöpfung, „man selbst zu sein".[43] Die Depression ist nach Ehrenberg die Krankheit des demokratischen und egalitären Zeitalters, in dem alles möglich und erlaubt ist, sich aber zugleich die Angst vor Unsicherheit und Veränderung fortwährend ausbreitet.

Die Krankheit der Verantwortlichkeit markiert die Kehrseite der modernen Leistungs- und Erfolgsgesellschaft. In der Auslieferung an die Freiheit kehrt der von Heidegger diagnostizierte Lastcharakter des Daseins zurück, weil die gesellschaftlichen Akteure mit Handlungschancen und Lebensmög-

---

[41] *Ehrenberg*, Das erschöpfte Selbst, 9.
[42] *John Rawls:* Politischer Liberalismus, Frankfurt am Main 1992, 282.
[43] *Ehrenberg*, Das erschöpfte Selbst, 53.

lichkeiten konfrontiert sind, die ihnen ein Maß an Selbstkontrolle, Entscheidungskompetenz und Zurechnungsfähigkeit abverlangen, zu denen sie nur unzureichend in der Lage sind. Auf die offensichtlichen Schwierigkeiten, mit der Ausweitung der Verantwortung fertig zu werden, reagieren zahlreiche Menschen mit pathologischen Verhaltensweisen, die von Depression und Sucht über Gewalt und Aggression bis zu Masochismus und Lethargie reichen.[44]

4. Wege und Auswege

Das Phänomen der Verantwortungspathologien ist somit nicht allein das Resultat des Globalisierungsdrucks, der auf den Individuen und der Organisation ihrer Sozial- und Arbeitswelt lastet.[45] Es ist vor allem ein Resultat des Zwangs, unter hochgradig unsicheren und ungewissen Alltagsbedingungen ein selbstverantwortliches und erfolgreiches Leben führen zu müssen.[46] „Die Bürde der Wahl, die uns die Freiheit auferlegt, und die Verantwortung für das eigene Los, die eine freie Gesellschaft dem Individuum überläßt", so heißt es schon bei Friedrich August von Hayek, „ist unter den Bedingungen der modernen Welt eine Hauptquelle der Unzufriedenheit geworden."[47]

Welche Wege stehen zur Verfügung, um aus dieser Unzufriedenheit und dem „Unbehagen in der Gesellschaft"[48] herauszukommen? Ich möchte abschließend drei Realoptionen benennen, die aus der Krise der Unzulänglichkeit hinaus- und in eine resiliente Haltung hineinführen können:
– Wenn die Zunahme psychischer Erkrankungen eine Konsequenz der Arbeitsüberlastung, der beschleunigten und entgrenzten Aufgabenbewältigung ist, sind vor allem veränderte Maßstäbe des Erfolgs und der Leistungserbringung erforderlich. Anstatt in immer kürzerer Zeit immer mehr Anforderungen gerecht zu werden, müssen *Time Slots* geschaffen werden, die eine ergebnisoffene Verwendung von Zeitressourcen erlauben. Arbeitnehmer und Selbständige sollten in die Lage versetzt werden, ihr Aufgabenpensum eigenständig einzuteilen, ohne dabei durchweg an Zeitkonten oder Leistungsvereinbarungen gemessen zu werden. Empiri-

---

[44] Vgl. *Klaus Günther:* Zwischen Ermächtigung und Disziplinierung. Verantwortung im gegenwärtigen Kapitalismus, in: Axel Honneth (Hg.): Befreiung aus der Mündigkeit. Paradoxien des gegenwärtigen Kapitalismus, Frankfurt am Main/New York 2002, 135ff.
[45] Vgl. *Walter Reese-Schäfer:* Das überforderte Selbst. Globalisierungsdruck und Verantwortungslast, Hamburg 2007.
[46] Vgl. *Ludger Heidbrink:* Autonomie und Lebenskunst. Zu den Grenzen der Selbstbestimmung, in: Wolfgang Kersting/Claus Langbehn (Hgg.): Kritik der Lebenskunst, Frankfurt am Main 2007, 261–286.
[47] *Friedrich August von Hayek:* Die Verfassung der Freiheit, Gesammelte Schriften Bd. 3, Tübingen 2005, 104.
[48] *Alain Ehrenberg:* Das Unbehagen in der Gesellschaft, Berlin 2011.

sche Studien zeigen, dass durch den postmateriellen Wertewandel an die Stelle von Verdienst und beruflichem Status die Werte der Freizeit und der sozialen Kontakte getreten sind, die von einer wachsenden Zahl als persönlich bedeutsame Lebensziele verfolgt werden. Menschen sind bereit, auf einen Teil ihres Gehalts oder den nächsten Karriereschritt zu verzichten, wenn ihnen dafür mehr Zeit für die Familie oder ihr Privatleben zur Verfügung steht.[49] Erforderlich ist hierfür ein veränderter subjektiver Referenzrahmen, durch den wir Leistung und Erfolg nicht mehr primär an monetären Größen oder Statuskriterien messen, sondern an der Verfügung über eigene Zeit- und Lebensressourcen.

- Ein zweiter Weg besteht in dem veränderten Umgang mit Ungewissheits- und Unsicherheitsprozessen. Wenn psychische Erkrankungen eine Reaktion auf die Unbestimmtheit von gesellschaftlichen Verantwortungsansprüchen darstellen, ist es hilfreich, Verfahren und Strukturen auszubauen, die zu einem Abbau dieser Unbestimmtheiten beitragen. Hierzu gehören klarere Regeln der Zuständigkeit oder Strategien der Selbstbindung an ein begrenztes Kontingent an Aufgaben und Alltagsroutinen, die von immer neuen Abwägungen und permanenten Handlungsreflexionen entlasten. Darüber hinaus können Akteure eine persönliche Resilienz gegen Fehler und Enttäuschungen entwickeln, die aus Unsicherheitsentscheidungen hervorgehen. Sie können lernen, dass das berufliche und biographische Scheitern kein Ausnahmeereignis, sondern eine gesellschaftliche Normalität darstellt.[50] Anstatt sich am Ideal erfolgreicher Lebensverläufe zu orientieren und auf die Unerreichbarkeit des Außergewöhnlichen mit seelischer Resignation zu reagieren, können die Hinnahme der eigenen Durchschnittlichkeit und die Akzeptanz der unperfekten Existenz helfen, der Krise der Unzulänglichkeit vorzubeugen.

- Der dritte Weg liegt darin, die positive Seite der Verantwortung in den Vordergrund zu stellen und zu verstärken. Wie die philosophischen Positionen von Kierkegaard, Nietzsche, Hartmann, Sartre und Lévinas gezeigt haben, stellt die Übernahme von Selbstverantwortung nicht nur eine psychische Belastung und persönliche Verunsicherung dar, sondern auch eine Bestätigung und Auszeichnung des Individuums. Dabei sind Menschen vor allem dann bereit, Verantwortung zu übernehmen, wenn sie aus eigenem Antrieb agieren, das Gefühl der Kontrolle über ihre Handlung besitzen und sich mit den verfolgten Zielen identifizieren kön-

---

[49] *Daniel Kahneman/Angus Deaton:* High income improves evaluation of life but not emotional well-being, PNAS 107 (38), September 2010, in: www.pnas.org/cgi/doi/ 10.1073/pnas.1011492107 (29.10.2011). Vgl. auch *Mathias Binswanger*: Die Tretmühlen des Glücks. Wir haben immer mehr und werden nicht glücklicher. Was können wir tun? Freiburg im Breisgau 2006, 30ff.

[50] Vgl. *Matthias Junge/Götz Lechner (Hgg.):* Scheitern. Aspekte eines sozialen Phänomens, Wiesbaden 2004.

nen.[51] Die Bereitschaft zur Verantwortungsübernahme wächst mit dem Einfluss auf das eigene Handeln und der Identifikation mit den Handlungszielen. Wer von der Notwendigkeit seines Handelns überzeugt ist, trägt die Sorge für sein Tun auch dort, wo es durch andere Faktoren eingeschränkt wird. Verantwortung setzt nicht unbedingt Freiheit, wohl aber das Sich-Ernst-Nehmen des Akteurs und seiner Handlungsziele voraus.[52] Überall dort, wo die Ausübung von Verantwortung als persönliche Bereicherung, als Sinn- und Wunscherfüllung erfahren wird, verliert sie ihren belastenden Charakter und verwandelt sich in ein positives Element der Lebensführung unter Bedingungen, die wir zwar nicht frei gewählt haben, denen wir aber aus eigener Entscheidung zustimmen können.

Depressionen und Burnout-Phänomene bilden eine Reaktion darauf, dass Menschen die Wertschätzung der eigenen Person verloren gegangen ist und sie weitestgehend unter dem Einfluss fremder Handlungsziele agieren. Um dieser Form der Entfremdung als einer „Beziehung der Beziehungslosigkeit"[53] zu entkommen, müssen Menschen fähig sein, sich Handlungsziele zu setzen, denen sie aus persönlicher Überzeugung zustimmen und die in Übereinstimmung mit ihrem Selbstverständnis stehen.

Die responsive Leistungsgesellschaft verhindert diese Übereinstimmung und fördert sie zugleich. Sie verhindert die Identität des Selbst, weil sie durch ein Übermaß an Initiative, Kreativität und Motivation zu einer generellen „Schaffens- und Könnensmüdigkeit"[54] geführt hat. Die Leistungsgesellschaft fördert aber auch die Identität des Selbst, da sie neue Möglichkeiten der Verantwortungsübernahme eröffnet, die im Engagement der Bürger für Lebensziele bestehen, die ihnen bedeutsam und wünschenswert erscheinen. In dem Maß, in dem die Unzufriedenheit der Bürger mit der einseitigen Ausrichtung der gesellschaftlichen Dynamik an Maßstäben des ökonomischen Wachstums zunimmt, wächst auch die Bereitschaft, sich beispielsweise durch politische Partizipation und ökologischen Konsum für einen nachhaltigen Wandel der Marktwirtschaft einzusetzen.[55] Die Suche nach gelingenden Lebensformen jenseits von ökonomischer Leistung und materiellem

---

[51] Vgl. *Elisabeth Auhagen:* Die Realität der Verantwortung, Göttingen 1999, 211ff.; *Ernst-H. Hoff:* Kollektive Probleme und individuelle Handlungsbereitschaft. Zur Entwicklung von Verantwortungsbewusstsein, in: Matthias Grundmann (Hg.): Konstruktivistische Sozialisationsforschung. Lebensweltliche Erfahrungskonzepte, individuelle Handlungsbereitschaft und die Konstruktion sozialer Strukturen, Frankfurt am Main 1999, 240–266.

[52] Vgl. *Harry G. Frankfurt:* Sich selbst ernst nehmen, Frankfurt am Main 2007, 15ff.; *Ders.:* Freiheit und Selbstbestimmung, Berlin 2001, 53ff.

[53] *Rahel Jaeggi:* Entfremdung. Zur Aktualität eines sozialphilosophischen Problems, Frankfurt am Main/New York 2005, 43f.

[54] *Byung-Chul Han:* Müdigkeitsgesellschaft, Berlin ⁵2011, 21.

[55] Vgl. *Ludger Heidbrink/Imke Schmidt/Björn Ahaus (Hgg.):* Die Verantwortung des Konsumenten. Zum Verhältnis von Markt, Moral und Konsum, Frankfurt am Main/New York 2011, 12ff.

Fortschritt, die mit dem gegenwärtigen Wandel der Industriegesellschaft einhergeht, bietet eine realistische Chance, sich aus der Krise der Unzulänglichkeit zu befreien, die durch die Last der Selbstverantwortung entstanden ist und im aktuellen Resilienzdiskurs zum Ausdruck kommt.

Trauma und Resilienz – ‚schlechthinnige Abhängigkeit' und ‚Mut zum Sein'

Notger Slenczka

Notger Slenczka examines resilience in response to extreme, traumatic experience through comparative reference to the wartime experiences of Ernst Jünger and Werner Elert. Ernst Jünger, who served as soldier in World War I, is an example for the process of adjusting to the violence of combat without referring to religious presuppositions in a process of developing resilient growth. The Lutheran theologian Werner Elert, on the other hand, was deeply traumatized by his experiences serving as military chaplain in World War I. In result he completely changed the whole way he thought about theology into a negative theology, or theology of negativity, capable of expressing and symbolizing the negative dimensions of life as well. Slenczka takes this ability to express negativity as a core feature of resilience. For further explanation, he then turns to Paul Tillich's influential study "The Courage to Be" and its concept of anxiety to further illuminate the ambivalent nature of religion in resilience.

1. Hinführung

1.1. Resilienz ist, das setze ich hier ohne weitere Diskussion und unter summarischem Verweis auf einschlägige Literatur[1] voraus, die Fähigkeit zu ei-

---

[1] Zu den Pionierleistungen gehören die Studien zur Verarbeitung von Kindheitstraumata: von Garmezy (zugleich ein Kritiker der Vorstellung einer resilienten Persönlichkeit) zu Risikokindheiten (*Norman Garmezy:* Vulnerability Research and the Issue of Primary Prevention, in: Journal of Orthopsychiatry 41, 1971, 101–116; vgl. *James Anthony:* The Invulnerable Child, New York u. a. 1987) und von Werner zu den Kauai-Kindern (*Emmy Werner:* The Children of Kauai. A Longitudinal Study from the Prenatal Period to Age Ten, Honlulu 1977; *Dies. u. a.:* Vulnerable but Invincible. A Longitudinal Study of Resilient Children and Youth, New York 1982). Untersucht wurden in der Folge unterschiedliche Risikogruppen – von der Großen Depression in den 20er und 30er Jahren des 20. Jhdts. in den USA Betroffene (*Glen Holl Elder:* Children of the Great Depression. Social Change in Life Experience, Chicago 1974; *Ders. u. a.:* Families Under Economic Pressure, in: Journal of Family Issues 13, 1992, 5–37); Boat People (*Nathan Caplan u. a.:* The Boat People and Achievement in America. A Study of Family Life, Hard Work, and Cultural Values, Ann Arbor 1989). Die Frage nach Faktoren, die Resilienz fördern, führte zu unterschiedlichen individuellen oder kollektiven Faktoren und entsprechenden Theorien; für unseren Kontext ist die hier nicht weiter zu verfolgende These interessant, dass religiöse Bindung Resilienz fördert. Die weitergehende Frage nach der Förderbarkeit von Resilienz markiert einerseits eine ernsthafte wissenschaftliche Fragestellung

nem produktiven Umgang mit traumatischen Erfahrungen. Unter ‚produktivem Umgang' ist vieles subsumierbar – von der Fähigkeit zum zumutbaren Funktionieren in einem gegebenen sozialen Kontext bis hin zur Fähigkeit, die traumatischen Erfahrungen in eine – nach welchen Maßstäben auch immer – positive Fortentwicklung umzusetzen. Unter ‚traumatische Erfahrungen' wiederum verstehe ich hier nicht irgendwelche Belastungen, sondern solche, die vom Bewusstsein des völligen Ausgeliefertseins oder der völligen Ohnmacht begleitet sind oder in diesem Bewusstsein bestehen.[2] Traumata sind Ohnmachtserfahrungen. Schleiermachers Definition von ‚Religion' – das Gefühl schlechthinniger Abhängigkeit – wäre eigentlich die angemessene Definition einer traumatischen Erfahrung, denn Schleiermacher versteht darunter das Bewusstsein der Abhängigkeit ohne jeden Freiheitsgrad.[3] Wie auch immer: Resilienz ist die Fähigkeit zum Umgang damit, die zu Ergebnissen führt, die sich positiv von posttraumatischen Störungen der sozialen Funktionsfähigkeit abheben; der Gegenbegriff ist das Persönlichkeitsmerkmal der Vulnerabilität.

1.2. Die Frage nach den Kriterien der Bewertung eines positiven von einem scheiternden Umgang mit Traumata markiert ein Problemfeld der Resilienzforschung ebenso wie die Frage nach den Faktoren, die einen positiven oder negativen Umgang ermöglichen: ob diese Faktoren stabile und nicht beeinflussbare, möglicherweise ererbte Persönlichkeitsmerkmale darstellen, ob es sich um den Einfluss von Umgebungsfaktoren handelt oder um Faktoren, die in wählbaren Grundhaltungen liegen und vom Individuum beeinflusst werden können, ist nicht unwichtig, denn daran hängt nicht zuletzt die Frage nach der Zurechenbarkeit der Bewältigung von Traumata oder des Scheiterns an ihnen.

1.3. Damit ist die Hinführung bereits abgeschlossen – es steht noch ein Überblick über das Folgende aus: Ich gehe so vor, dass ich zunächst das Phänomen der Resilienz an einem Beispiel aus dem Ersten Weltkrieg beschreibe – dafür beziehe ich mich auf Ernst Jünger; hier wird auch zugleich die eben genannte problematische Ambivalenz der Kriterien der Bewertung der Resilienz mit Händen greifbar. Ich kontrastiere diesen Umgang mit dem Front-

---

(etwa: *APA:* The Road to resilience, http://www.apa.org/helpcenter/road-resilience.aspx; *Boris Cyrulnik:* Resilience. How Your Inner Strength Can Set You Free from the Past, New York 2011; *Ders.;* Die Kraft, die im Unglück liegt, München 2001; *Klaus Fröhlich-Gildhoff u.a. [Hgg.]:* Resilienz, München u. a. [3]2014), zugleich aber den Übergang in das breite Feld einschlägiger Ratgeber.

[2] *Werner Bohleber:* Die Entwicklung der Traumatheorie in der Psychoanalyse, in: Psyche 9–10, 2000, 797–839; *Michaela Huber:* Trauma und Traumabehandlung, 2 Tle, Paderborn 2006/7.

[3] *Friedrich Daniel Ernst Schleiermacher:* Der christliche Glaube, 2. Auflage (1831), hg. v. Rolf Schäfer (de Gruyter Texte, textidentisch mit KGA 13,1 u. 2), Berlin u. a. 2008, §4; diesen Aspekt der religiösen Erfahrung haben *Rudolf Otto* (Das Heilige, Breslau 1917) und *Werner Elert:* Morphologie des Luthertums, 2 Bde., München 1931/32 herausgearbeitet.

trauma einem zweiten Beispiel, das in den Bereich der religiösen Verarbeitung traumatischer Erfahrungen führt, nämlich Werner Elert. Hier wird deutlich, dass professionelle Religiosität nicht eo ipso resilienzförderlich ist, und – so gibt der Fall Jünger zu erkennen – Distanz zur Religion nicht eo ipso vulnerabel macht. Ich werde dann nachzeichnen, wie sich in diesem zweiten Fall, bei Elert, in den 20er Jahren Verschiebungen seiner Theologie ergeben, die nicht nur interessant, sondern typisch für seine Generation sind und eine religiöse Deutung von Traumaerfahrungen ermöglichen. Ich greife dann, wie im Titel versprochen, zu Paul Tillichs Programmschrift ‚Der Mut zum Sein' und versuche zu zeigen, dass und unter welchen Bedingungen sich hier programmatisch die Theologie als Resilienzfaktor präsentiert. Und ich schließe im Rückgriff auf Elert einige kritische Bemerkungen und eine These an, die man so formulieren könnte: Das Selbstverhältnis der Angst ist Ursprung der Rede von Gott – auf den ersten Blick ein seit alters befahrener Gedanke: die Furcht als ‚fabrica Deorum'.

2. Resilienz ohne religiöse Begründung: Ernst Jünger

2.1. Zunächst also zu Ernst Jünger.[4] ‚In Stahlgewittern', ein Buch, das 1920 den Autor schlagartig bekannt machte.[5] Jünger hat es aus seinen im 1. Weltkrieg geschriebenen Tagebüchern[6] zusammengestellt und nach der Erstauflage mehrfach überarbeitet;[7] dass es für das hier leitende Thema der Resilienz

---

[4] Vgl. auch: *Julia Enke:* Augenblicke der Gefahr. Der Krieg und die Sinne 1914–1934, Paderborn 2006, hier zu Jünger bes. 15–110.
[5] *Karl Heinz Bohrer:* Die Ästhetik des Schreckens. Die pessimistische Romantik und Ernst Jüngers Frühwerk, München/Wien 1978; *Oliver Demant:* Zwischen Aktion und Kontemplation. Das Frühwerk Ernst Jüngers unter dem Aspekt der Entwicklung individualistischer und kollektivistischer Perspektiven als Bewältigungsversuch der Moderne, Berlin 2008; *Lutz Hagestedt (Hg.):* Ernst Jünger. Politik – Mythos – Kunst, Berlin/New York 2004. Zum Hintergrund der sog. ‚Konservativen Revolution': *Armin Mohler:* Die konservative Revolution in Deutschland 1918–1932. Ein Handbuch (1950), hg. von Karlheinz Weißmann, Graz [6]2005. Zum Begriff: *Stefan Breuer:* Die „Konservative Revolution" – Kritik eines Mythos, in: PVS 31 (1990) 585–607; ohne Verwendung des Begriffs: *Kurt Sontheimer:* Antidemokratisches Denken in der Weimarer Republik (1962), München 2000; *Fritz Stern:* Kulturpessimismus als politische Gefahr. Eine Analyse nationaler Ideologie in Deutschland (engl. 1961), Stuttgart 2005.
[6] *Helmuth Kiesel (Hg.):* Ernst Jünger, Kriegstagebuch 1914–1918, Stuttgart [4]2013.
[7] Es liegt inzwischen eine großartige historisch-kritische Ausgabe vor, die die Erstausgabe von 1920 und die Ausgabe letzter Hand im ersten Band parallel und unter Dokumentation wesentlicher Änderungen in den weiteren Ausgaben (bes. 1922 und 1934 und 1935) bietet und im zweiten Band ein Variantenverzeichnis: *Helmuth Kiesel (Hg.):* Ernst Jünger, In Stahlgewittern. Historisch-kritische Ausgabe, 2 Bde., Stuttgart 2013; zur Gestaltung vgl. die Einleitung des Hg.: Bd. 1, 5–10. Ich selbst ha-

absolut einschlägig ist, erhellt folgende Passage, in der er einen seiner Aufenthalte in einem Frontlazarett beschreibt:

> „An einer Reihe von Operationstischen walteten die Ärzte ihres blutigen Handwerks. Hier wurde ein Glied amputiert, dort ein Schädel aufgemeißelt oder ein festgewachsener Verband gelöst. Wimmern und Schmerzensschreie hallten durch den von mitleidlosem Licht durchfluteten Raum, während weißgekleidete Schwestern geschäftig mit Instrumenten oder Verbandzeug von einem Tisch zum anderen eilten. Der Soldat, der nach solchem Anblicke wieder in alter Frische ins Feuer geht, hat seine Nervenprobe bestanden, denn jeder neue, schreckliche Eindruck krallt sich im Hirn fest und reiht sich an den lähmenden Vorstellungskomplex, der die Zeitspanne zwischen Heranbrausen und Einschlag der Eisenklumpen immer furchtbarer gestaltet."[8]

‚In alter Frische ins Feuer gehen' als Bestehen einer Nervenprobe – Resilienz hat mit dem Umgang mit solchen Erfahrungen zu tun, dem Umgang mit dem ‚lähmenden Vorstellungskomplex', durch den die Vergangenheit die Gegenwart beeinflusst. Jünger beschreibt die unmittelbare Reaktion immer wieder als Assoziationsleistung des Gehirns oder der Nerven:[9] Diese lähmenden physiologischen Reaktionen stellen gleichsam das Material dar, das zu überwinden und zu beherrschen ist. Denn was Jünger beschreibt, ist die Leistung des Soldaten, der seine physiologischen Reaktionen und seine animalischen Instinkte beherrscht und inmitten des technischen, mechanisierten und bürokratisierten Krieges zum eigentlichen Zentrum des Krieges fähig bleibt: der direkten Konfrontation mit dem Gegner im ‚Kampf von Mann zu Mann'.[10]

2.2. Trotz seiner problematischen politischen Position ist unter der Perspektive der Resilienzforschung kaum ein Dokument so interessant wie dieses Buch, denn Jünger beschreibt eine Entwicklung des Haupt- und Ich-Helden: Am Anfang steht die erste Erfahrung des Artilleriebeschusses in Les Eparges, die er als Ohnmachtserfahrung beschreibt: „Beklommene Augen starren sich an, Körper schmiegen sich in niederdrückendem Gefühl völliger Ohnmacht an den Boden" (I, 80). Er wird in dieser Schlacht früh verwundet und flieht in besinnungsloser Panik zurück in seinen Graben.[11]

---

be bislang eher zufällig mit der 8. Auflage (Berlin 1927) gearbeitet, orientiere mich hier aber an der Erstausgabe, weiche nur in begründeten Fällen davon ab. Alle Seitenangaben im laufenden Text beziehen sich, falls nicht anders markiert, in diesem Abschnitt auf Bd. 1 der genannten Ausgabe; der Verweis auf die nächstfolgende Seite meint immer die nächste Seite der jeweiligen Ausgabe, in der Paginierung also die jeweils zweite folgende Seite.

[8] A. a. O., I, 266 – den reflektierende Abschnitt („Der Soldat ...") hat Jünger in den Ausgaben seit 1934 gestrichen.

[9] Insbesondere in einem langen Einschub von 1924: a. a. O., I, 185.

[10] Vgl. a. a. O., I, 86. Ich werde im Folgenden nicht immer wieder die Darstellung der Haltung und Position Ernst Jüngers mit politisch korrekten, aber mir als Wehrdienstverweigerer zu selbstverständlichen Distanzsignalen versehen, sondern stelle eine vom Interesse an der Resilienz geleitete Rekonstruktion des Textes Jüngers vor.

[11] A. a. O., I, 80f.

In den nächsten Szenen nehmen die Leser, ohne dass das ausdrücklich thematisiert wird, wahr, wie der Ich-Erzähler in ein eigentümlich distanziertes, unemotionales Verhältnis zur Umgebung des Krieges gelangt. Humoresken folgen auf Schilderungen entsetzlicher Szenen (I, 312f.), und auch diese Szenen selbst sind von einem bereits sprachlich etwas forcierten Pennälerhumor geprägt (etwa I, 320f.; 328f.). Er kontrastiert diesen soldatischen Gleichmut bzw. die ironische Selbstdistanz zuweilen dem Schock der Neulinge – etwa bei dem plötzlichen Tod eines Kameraden durch den Kopfschuss eines Scharfschützen:

> „Einer wirft einige Schaufeln Erde über die rote Lache und jeder geht seiner Beschäftigung nach. Man ist ja so stumpf geworden. Nur ein Neuling lehnt noch mit bleichem Gesicht an der Verschalung. Er müht sich ab, die Zusammenhänge zu fassen. Das war ja so plötzlich, so furchtbar überraschend, ein unsäglich brutaler Überfall. Das kann ja gar nicht möglich, nicht Wirklichkeit sein. Armer Kerl, im Hintergrund lauern auf dich noch ganz andere Dinge ...
> Oft ist es auch ganz nett."[12]

Oder etwas später, nach dem Tod eines Familienvaters durch den Schuß eines Scharfschützen: „Sie weinten vor Wut. Es ist merkwürdig, wie wenig objektiv sie den Krieg auffassen. Sie schienen in dem Engländer, der das Geschoß abfeuerte, einen ganz persönlichen Feind zu sehen."[13]

2.3. Jünger beschreibt dann, in einem weiteren Schritt, die Sommeschlacht, den Übergang zum maschinellen Krieg:

> „Von dieser Schlacht an trug der deutsche Soldat den Stahlhelm und in seine Züge meißelte sich jener starre Ausdruck einer aufs allerletzte überspannten Energie, der spätere Geschlechter vielleicht ebenso rätselhaft und großartig anmuten wird, wie uns der Ausdruck mancher Köpfe der Antike oder der Renaissance."[14]

Es ist, wie Jünger im unmittelbaren Kontext hervorhebt (I, 242f.), die vom Kriegsgeschehen zerschlagene Landschaft, die sich die Menschen bildet, wie eine Kulturlandschaft ebenfalls den Charakter der Menschen, die in ihr leben, prägt. Und in genau diesem Umfeld bildet sich der spezifische Charakter des Kämpfers heraus, um den es Jünger in diesem und in den anderen Büchern, in denen er den Ersten Weltkrieg reflektiert,[15] geht: Es geht ihm da-

---

[12] A. a. O., I, 116 (die Punkte im Original; danach Absatz).
[13] A. a. O., I, 130, vgl. 134.
[14] A. a. O., I, 242; es handelt sich um eine in der Ausgabe von 1924 hinzugefügte Reflexionspassage, die das 1920 bereits Angedachte zusammenfasst, aber den pessimistischen Ton der ersten Ausgabe und die Kritik an der Kriegsführung ändert (vgl. mit a. a. O., I, 244). In der Ausgabe von 1934 streicht Jünger die Kritik an der Taktik der Kriegsführung zugunsten allgemeinerer Überlegungen zum Verhältnis von Mechanisierung und dem Wiedergewinnen der Fähigkeit zum Bewegungskrieg (a. a. O., I, 243); zugleich deutet er 1934 in der Relektüre der Passage eine Annäherung an rassistische Motive an (a. a. O., I, 245).
[15] *Ernst Jünger:* Der Kampf als inneres Erlebnis, Berlin 1922; *Ders:* Das Wäldchen 125. Eine Chronik aus den Grabenkämpfen, Berlin 1925; *Ders:* Feuer und Blut (1925) Magdeburg ²1926; *Ders. (Hg.):* Krieg und Krieger, Berlin 1930, darin von

rum, dass sich in diesem direkten Kampfgeschehen das Individuum und sein Charakter behaupten in einem Geschehen, das den Menschen zum Teil der Maschinerie[16] und zu einem Moment einer Verwaltungsbürokratie verkommen lässt – im direkten Kampf, so könnte man in seinem Sinne sagen, bewahrt nach Jünger der Mensch seine Würde.[17]

2.4. Mit Resilienz hat man es jedenfalls in dem Sinne zu tun, dass der Hauptheld und die meisten, von denen er berichtet, in einem traumatisierenden Umfeld und wohl auch darüber hinaus funktionstüchtig bleiben. Diese Kaltblütigkeit gewinnt im literarischen Genus der gedruckten Erinnerungen, die sich mutmaßlich an Leser ohne Fronterfahrung richten, eine neue Qualität: Es sollen durch die teilweise extrem drastischen Beschreibungen die unmittelbaren Emotionen der Kriegssituation geweckt werden; Jünger bietet dem Leser Identifikationsfiguren, an denen der erste Schrecken sich zeigt – etwa eben den im oben gebotenen Zitat erscheinenden ‚Neuling', oder Jünger selbst in seiner ersten Begegnung mit der Artillerie. Von diesen überwältigenden Emotionen hebt sich der Autor in genau der Weise ab, wie er die Wirkung des führenden Offiziers auf die Mannschaften beschreibt:

> „Ich habe immer erfahren, daß in solchen Augenblicken der gewöhnliche Mann, der vollauf mit seiner persönlichen Gefahr beschäftigt ist, die scheinbar unbeteiligte Sachlichkeit des Führers bewundert, der inmitten der tausend entnervenden Eindrücke des Gefechts die Ausführung seines Auftrags klar im Auge hat. Diese Bewunderung hebt den ritterlich Gesinnten über sich selbst hinaus und spornt ihn zu immer größeren Leistungen an, sodaß Führer und Mannschaft sich aneinander zu gewaltiger Energieentfaltung entzünden. Der moralische Faktor ist eben alles."[18]

In genau dieser Weise repräsentiert der Ich-Erzähler dem Leser das Vorbild der furchtlosen Sachlichkeit, zugleich die Einsicht, dass dieses Vorbild die Bewältigung der Furcht, der unmittelbaren physischen Reaktion auf die Ohnmachts- und Vernichtungserfahrung ermöglicht. Jünger beschreibt, wie unter

---

Jünger: Die totale Mobilmachung, 11–30; dazu *Walter Benjamin:* Theorien des deutschen Faschismus, in: Ders.: Gesammelte Schriften III, hg. v. Hella Tiedemann-Bartels, Frankfurt am Main 1972, 238–251.

[16] *Jünger,* I, 270.

[17] A. a. O., I, 518f.; es sind wenigstens drei Motive, unter denen Jünger das Erlebnis der Schlacht und des Kampfes deutet: Zum einen ist der einzelne gefasst als Moment in einem ihn übergreifenden kollektiven Zusammenhang, einer ‚Idee', die ihn antreibt (etwa a. a. O., I, 516f., bes. die Zufügung von 1924; I, 546; die Zufügung von 1924: I, 642); zum anderen das Erwachen tierischer oder urtümlicher Instinkte (etwa a. a. O., I, 536 im Kontext der Schilderung 518ff.); und schließlich der Mut des ‚Führers', der gerade nicht erfasst ist von Gefühlen, sondern beispielsweise in einer Situation allgemeiner Panik kaltblütig bleibt (a. a. O., I, 616; 632; 504). Die Motive verbinden sich in der Reflexion I, 386–390f. (der interessanteste Teil 388 wurde von Jünger seit 1934 gestrichen) und im Vorwort (a. a. O., I, 18–20), dessen Grundmotive in der Zufügung von 1922 aufgenommen werden (dazu unten).

[18] A. a. O., I, 338, vgl. 504.

traumatisierenden Erfahrungen der Charakter, wie er sagt, gebildet wird, und er bietet mit den unterschiedlichen Akteuren dem Leser einerseits Identifikationsgestalten für seine Furcht, andererseits mit dem Ich-Erzähler eben jenen kaltblütigen ‚Führercharakter', so dass der Leser in sich selbst das Entstehen eben jener Kaltblütigkeit nachvollziehen kann.

2.5. Es ist damit aber gerade nicht ein religiöser Deutungszusammenhang oder Trost, der den Umgang mit den traumatisierenden Erfahrungen ermöglicht. Resilienz ist hier eine Charaktereigenschaft, die in der traumatisierenden Erfahrung selbst zur Ausprägung kommt – Jünger nennt den Weltkrieg eine ‚Schmiede des Charakters'.[19] Er beschreibt die Bewährung dieses Charakters in den Phasen, in denen sich der Krieg wandelt, zum maschinellen und zum Bürokratenereignis wird – und doch spitzt er sie immer wieder auf die Situation der charakterlichen Bewährung, des außergewöhnliches Mutes oder des Kampfes von Mann zu Mann zu. Einer Stabilisierung durch religiöse Deutung bedarf diese Gestalt der Resilienz nicht; jede religiöse Sinngebung des Geschehens und jede Bezugnahme auf einen Gott, der alles zum Besten wendet und das Fundament des Mutes darstellt, unterbleibt – jedenfalls in der Schilderung des Kampfgeschehens und seiner Kontexte. Erst in der berühmt gewordenen nationalbegeisterten Hinzufügung in der Überarbeitung von 1924 erwähnt Jünger in einem Reflexionsgang am Ende des Buches solche Deutungskontexte;[20] er stellt in der grundsätzlichen Reflexion, in die die Schilderung seines letzten Kampfeinsatzes und seiner letzten Verwundung ausmündet, ausdrücklich fest, dass der Glaube, der in früheren Zeiten Märtyrer über jede Anwandlung von Schmerz und Furcht hinaushob, in der Gegenwart keine lebendige Kraft mehr habe. Das Zitat über das Weizenkorn, das sterben muss, um Frucht zu bringen, das er dort bietet, wird zwar als Vers aus dem Johannesevangelium identifiziert, aber seine religiöse Eindeutigkeit wird gebrochen, indem es als ein Zitat Dostojewskis eingeführt wird. Eine Sinndeutung des Geschehens erfolgt nur am Anfang, im Vorwort des Buches (I, 18–20) und in der Zufügung am Schluss der Ausgabe von 1924: die Apotheose des Charakters, der, so stellt dort Jünger fest, auch dann seinen Wert behalten werde, wenn die Idee des Vaterlandes, von der er orientiert und geleitet ist, wie der Geist des Christentums untergeht:

„Wir können heute nicht mehr die Märtyrer verstehen, die sich in die Arena warfen, ekstatisch schon über alles Menschliche, über jede Anwandlung von Schmerz und Furcht hinaus. Der Glaube besitzt heute nicht mehr lebendige Kraft. Wenn man dereinst auch nicht mehr verstehen wird, wie ein Mann für sein Land das Leben geben konnte – und diese Zeit wird kommen – dann ist es vorbei. Dann ist die Idee des Vaterlandes tot. Und dann wird man uns vielleicht beneiden, wie wir jene Heiligen beneiden um ihre innerliche und unwiderstehliche Kraft. Denn alle diese großen und feierlichen Ideen blühen aus einem Gefühl heraus, das im Blut liegt und das nicht zu erzwingen ist. Im kalten Licht des

---

[19] A. a. O., I, 644 (Zufügung von 1924).
[20] Für das Folgende vgl. a. a. O., I, 642–646.

Verstandes wird alles zweckmäßig, verächtlich und fahl. Uns war es noch vergönnt, in den unsichtbaren Strahlen großer Gefühle zu leben, das bleibt uns unschätzbarer Gewinn."[21]

Der Gewinn, von dem Jünger spricht, ist nicht eigentlich die Idee, für die der Soldat stirbt, und der Erfolg der Durchsetzung, sondern die subjektive Bereitschaft zum Opfer – Jünger stellt zunächst fest, „daß das Leben nur durch den Einsatz für eine Idee einen tieferen Sinn erhält, und daß es Ideale gibt, denen gegenüber das Leben des Einzelnen und selbst des Volkes [!] keine Rolle spielt", und fährt dann fort:

> „Und wenn das Ziel, für das ich als Einzelner, als Atom im Körper des Heeres, gefochten hatte, auch nicht erreicht werden sollte, wenn scheinbar die Materie uns doch zu Boden schlug – nun gut, wir hatten immerhin gelernt, für eine Sache zu stehen und, wenn es sein musste, zu fallen, wie es Männern geziemt. In allen Feuern und Stichflammen gehärtet, konnten wir aus einer Schmiede des Charakters vor unser Leben treten, wie kaum ein anderes Geschlecht, vor die Freundschaft, die Liebe, die Politik, den Beruf, vor alles, was das Schicksal verbarg. Nicht jeder Generation ist das vergönnt."[22]

Es geht letztlich nicht um die Idee oder das ‚Vaterland', so zeigen diese Sätze der Zufügung von 1924, sondern um den Reflex des Einsatzes im Charakter dessen, der sich einsetzt: um einen Mut oder um eine Charakterfestigkeit angesichts der Angst, die für sich selbst steht und keine externen Konstitutionsbedingungen und Ziele mehr hat; Jünger hat diese Eigentümlichkeit herausgehoben, indem er in den Überarbeitungen seines Textes in den 30er Jahren die meisten Bezugnahmen auf den tragenden Wert des Vaterlandes gestrichen hat. Modern gesprochen ist es die Resilienz, die Fähigkeit zum ‚produktiven' Umgang mit traumatischen Erfahrungen, die Jünger in diesen gerade zitierten Passagen beschreibt – der Weltkrieg ist in seinen Augen Erziehung zur Resilienz.

2.6. Wenn man nach historischen denkerischen Modellen für diesen Umgang mit der physischen und animalischen Angst sucht, dann wird man zur aristotelisch-platonischen Tugendlehre greifen müssen, in der es darum geht, dass der Mensch so erzogen wird, dass seine Bestimmung zur Vernunft – zum rechten Maß – sich an seiner unmittelbaren emotionalen Triebstruktur durchsetzt.[23] Die Sachlage ist bei Jünger etwas komplexer, weil er kein Konzept der Vernunft voraussetzt, sondern – gerade in den eben zitierten Schlusspassagen von 1924 – den Mut als Protest des Individuums gegen seinen Untergang in der Maschinerie des Krieges fasst; und dieser Protest manifestiert sich in der individuellen Selbstüberwindung in der Situation der Bewährung im Kampf. Keine Sinngebung begründet diesen Mut oder gibt ihm die Bedingung der

---

[21] A. a. O., I, 644 (Zufügung 1924), vgl. 642f.
[22] A. a. O., I, 642f.
[23] Vgl. den Beitrag von Christoph Horn: Resiliente Persönlichkeiten? Die Diskussion um den Tugendbegriff in der Antike und heute, im vorliegenden Band: 31–46.

Möglichkeit. Es ist der Krieg selbst, und es sind in der beschriebenen Weise Vorgesetzte, die entsprechend geeignete Charaktere erziehen.

3. Fehlende Resilienz trotz religiöser Bindung: Werner Elert

Bei Jünger ist Resilienz – die Fähigkeit zum Umgang mit traumatischen Erfahrungen – nicht einmal im Ansatz religiös begründet, auch nicht in der zitierten Bezugnahme auf Joh 12,24. Dem entspricht es, wenn im gleichen Krieg auch für religiöse Profis der Glaube resilienzfördernde Wirkung nicht oder nicht mehr hat; das gilt zum Beispiel für Werner Elert, der am Krieg als Feldprediger teilgenommen hat. Seinen Berichten, die er für eine Kirchenzeitung geschrieben hat, kann man entnehmen, dass ihn diese Erfahrung ungeheuer belastet hat – er berichtet von häufigen Erkrankungen und bittet wiederholt um Beurlaubung; aber es finden sich religiöse Sinndeutungen des Krieges nur am Rande, und nur als hilflos wirkende Verstärkungen des Elends; er beschreibt, wie er über das Heimweh predigt – ein häufiges Thema – und wie ihm angesichts der in Tränen ausbrechenden Soldaten selbst die Tränen kommen, „weil ich von Elend umgeben war."[24]

Man gewinnt hier und an anderen Stellen den Eindruck, dass die religiöse Prägung, das professionell verstärkte Mitleiden die Haltung der Distanz, die Jünger den Umgang mit seinen Erlebnissen ermöglicht, eher erschwert.

4. Religiöse Deutungen des Traumas des Weltkrieges

4.1. Bei Elert kommt es nun aber im Laufe der 20er Jahre zu einer Verdüsterung seiner Theologie, die nicht individuell und bei ihm selbst nach meinem Eindruck nicht unmittelbar auf das Kriegserlebnis begründet ist, die es ihm aber in späteren Selbstdeutungen erlaubt, negative, traumatische Widerfahrnisse überhaupt zu deuten. Ich markiere nur den Grundzug dieser Wandlung

---

[24] Vgl. *Notger Slenczka:* Selbstkonstitution und Gotteserfahrung, Göttingen 1998, 30; ebd. Anm. 23 eine Zusammenfassung der Auswertung der Kriegspredigten Elerts; dort eine Schilderung dieses Hintergrundes der Theologie Elerts (26–31). Wieweit sich dieser Typus der an den Topoi des ‚Schicksals' und der verhängten Gegenmacht des Lebens orientierten Erfahrungstheologie, den Elert nach 1920 ausbildet, der Weltkriegserfahrung verdankt, ist strittig; vgl. außer dem genannten Text: *Reinhard Hauber:* Die Lehre vom Zorn Gottes nach Werner Elert, in: NZSTh 36, 1994, 117–161; *Thomas Kaufmann:* Werner Elert als Kirchenhistoriker, in: ZThK 93, 1996, 193–242; *Leo Langemeyer:* Gesetz und Evangelium, Paderborn 1970.

seines theologischen Denkens, die ich anderweitig detailliert beschrieben habe;[25] am besten lässt sich diese Wandlung in seiner ‚Morphologie des Luthertums' greifen, in der Elert das „Urerlebnis" der Lutherschen Theologie und der Religion insgesamt zusammenfasst:

> „Aber über all dieser Vernünftigkeit der Welt und Verständlichkeit des Sollens fährt der Mensch plötzlich zusammen. Ihn packt das Grauen. Wovor? Mit einem Grauen fängt vielleicht jede Religion an. Aber hier ist es nicht ein Gefühl weltlichen Unbehagens, das Gefühl für die Unheimlichkeit, Rätselhaftigkeit, Irrationalität der Umwelt. Auch nicht die bloße Furcht vor der eigenen Unzulänglichkeit, vor Altern und Sterbenmüssen [...] Es ist vielmehr das Grauen, das einer empfindet, wenn ihn in der Nacht plötzlich zwei dämonische Augen anstarren, die ihn zur Unbeweglichkeit lähmen und ihn mit der Gewissheit erfüllen: es sind die Augen dessen, der dich in dieser Stunde töten wird. In diesem Augenblick ist der ganze Plunder der Religionsphilosophie, die Gott definierte als [...] ens infinitum [...], sind die ganzen [...] Heiltümer der Kirche gegen Sündenstrafe [...] vergessen. Gott ist plötzlich aus einem Gegenstande des Nachdenkens, aus einem Paragraphen der Dogmatik zu einer Person geworden, die mich persönlich anruft [...] um mir zu sagen, daß meine Zeit abgelaufen ist. [...] Der Wille zum Leben [...] das man bisher führte, stirbt. Die Zeit steht still."[26]

4.2. Der Text ist interessant, wenn er auch hinter den Möglichkeiten, die in ihm stecken, zurückbleibt. Ich hebe zunächst einen Punkt hervor: dass Elert hier und anderswo gerade in den zwanziger und dreißiger Jahre diese emotionale Wucht einer negativen Gotteserfahrung der ‚Vernünftigkeit der Welt' und der ‚Verständlichkeit des Sollens' kontrastiert, dem Gott, der Gegenstand rationaler Argumentation oder Gegenstand auf dem Stapelplatz dogmatischer Richtigkeiten ist. Es ist Schleiermacher, der hier seit 1920, dem Jahr, in dem Elert die Schrift ‚Dogma, Ethos, Pathos' veröffentlicht, im Hintergrund steht.[27] Elert stellt im Grunde, wenn man den Gedanken stark macht, die Frage, warum eigentlich das Gefühl schlechthinniger Abhängigkeit, das Schleiermacher als Grund menschlicher Subjektivität identifiziert und den weltbezüglichen Akten des Wissens und des Tuns zugrunde legt, und das eben das ‚höhere Selbstbewusstsein' der Frömmigkeit ist – warum dieses Gefühl der schlechthinnigen Abhängigkeit eigentlich ein positives Selbstverhältnis ist.

4.3. Eine kurze Erläuterung als Exkurs ist angebracht: Schleiermacher vollzieht in der Einleitung der Glaubenslehre über ‚Lehnsätze' aus anderen Wissenschaften (Ethik; Religionsphilosophie; Apologetik) eine Dihärese zur Herleitung und Zuordnung des im Titel des Werkes genannten Bezuges auf die Grundsätze der Evangelischen Kirche als Bezugspunkt der Glaubenslehre: „Der christliche Glaube nach den Grundsätzen der evangelischen Kirche im Zusammenhange dargestellt." Er fragt also zunächst nach dem Wesen der

---

[25] *Slenczka,* Selbstkonstitution, 25–73.
[26] *Elert:* Morphologie I, 18. Dazu *Slenczka,* Selbstkonstitution, 128–153.
[27] Wie überall bei Elert ein missverstandener Schleiermacher – vgl. *Slenczka,* Selbstkonstitution, 79ff.

Glaubensgemeinschaft oder der ‚frommen Gemeinschaft', stellt fest, dass diese durch ‚Frömmigkeit' konstituiert ist und bestimmt Frömmigkeit als ein unmittelbares, d. h. vorthematisches Selbstverhältnis, das jeder durch eine Gleichzeitigkeit von Freiheit und Unfreiheit bestimmten sinnlichen Intentionalität zugrunde liegt; dieses Selbstverhältnis ist „dieses, daß wir uns unserer selbst als schlechthin abhängig" bewusst sind; und dies verbindet er mit einem explikativen ‚oder' mit der Wendung: „oder, was dasselbe sagen will, als in Beziehung mit Gott bewusst sind."[28]

Das Wesentliche an dieser Definition liegt darin, dass der Begriff ‚Gott' nicht den vorauszusetzenden intentionalen Gegenstand des frommen Bewusstseins, sondern das in ihm mitgesetzte Korrelat bezeichnet: die semantischen Momente des Begriffes ‚Gott' gewinnen darin ihr Recht, dass sie Aussprache des frommen Bewusstseins auf den in ihm mitgesetzten Grund (ein ‚Bewusstsein' der Abhängigkeit impliziert ein ‚Woher') sind.[29] Religion ist somit ein Bewusstsein der Abhängigkeit, wobei das ‚schlechthin' (= absolut) darauf abhebt, dass dieses Bewusstsein der Abhängigkeit von keinem Bewusstsein der Freiheit begleitet ist. Und der Begriff Gott bringt in seinen semantischen Gehalten das in diesem Bewusstsein schlechthinniger Abhängigkeit ‚Mitgesetzte' zur Sprache und hat darin sein Recht.

4.4. Die Frage, ob dies Bewusstsein ein positives Selbstverhältnis sein kann, ist darum sinnvoll, weil Schleiermacher selbst dies Selbstverhältnis mit Wertungsattributen umgibt – es handelt sich um die „höchste Stufe des menschlichen Selbstbewußtseins" (§5 Leitsatz); zwar gilt, dass das höhere Selbstbewusstsein für sich genommen den Gegensatz von Lust und Unlust nicht in sich trägt, sondern für sich genommen als Bewusstsein der Beziehung zu Gott unter dem Prädikat der Seligkeit ausgesprochen wird; aber da das fromme Bewusstsein das sinnliche Bewusstsein begleitet und sich das höhere Bewusstsein in unterschiedlichen Momenten des zeitlich erstreckten sinnlichen Lebens entweder leichter einstellt, oder aber unter Hemmnissen nicht zur Entfaltung kommt, ist es im Vergleich dieser Momente der Hemmung bzw. der Leichtigkeit, mit der es sich in den weltbezogenen Lebensmomenten einstellt, von Lust bzw. Unlust geprägt, und das besagt: das ungehemmt sich einstellende, das zeitliche Leben begleitende Bewusstsein der schlechthinnigen Abhängigkeit ist, im Vergleich mit Zeiten der Hemmung des frommen Bewusstseins, Gegenstand der Freude.

4.5. Das aber ist mindestens unselbstverständlich: Dass ein Bewusstsein der schlechthinnigen Abhängigkeit ein Zustand der Seligkeit ist, ist zumindest auf den zweiten Blick merkwürdig. Diese Merkwürdigkeit ist m. E. ein Indiz dafür, dass der §4 bzw. 5 der Glaubenslehre, die hier einschlägig sind,

---

[28] *Schleiermacher*, Glaubenslehre, §4, Leitsatz.
[29] A. a. O., §4, hier bes. 4.4. und die bei Schäfer gebotene handschriftliche Randbemerkung zu 4.4.

bereits unter dem Vorzeichen des Bewusstseins unter dem Gegensatz im zweiten Hauptteil der Glaubenslehre und des christologisch begründeten Bewusstseins der Erlösung stehen, so dass Schleiermacher die soteriologische Bestimmtheit des frommen Bewusstseins hier bereits voraussetzt.[30] Wenn man nun aber einmal von dieser möglichen Plausibilisierung absieht, auf die ich noch zurückkomme, dann ist in der Tat nicht einzusehen, dass das Bewusstsein der Abhängigkeit, über das hier der Begriff ‚Gott' eingeführt ist, von einer positiven Wertung umgeben ist. Nur weil das mitgesetzte ‚Woher' der Abhängigkeit – ‚Gott' – ohne weitere Erläuterung mit den Attributen der herkömmlichen christlichen Rede von Gott von vornherein positiv, als Gegenstand des Vertrauens gezeichnet ist, ist diese positive Wertung plausibel. Strenggenommen müsste man aber sagen, dass das Bewusstsein schlechthinniger Abhängigkeit, einer Abhängigkeit ohne jeden Freiheitsgrad, die Trauma-Situation schlechthin ist; genau dies Moment arbeiten, wie bereits gesagt, etwa Rudolf Otto oder Werner Elert auch heraus. Da Schleiermacher aber in §4 der Glaubenslehre (2. Aufl.) das Woher der Abhängigkeit (Gott) von der Selbstbewusstseinsstruktur und nicht umgekehrt definiert, muss das Bewusstsein der Abhängigkeit für sich als bejahenswert, als höheres Selbstbewusstsein sich fassen, als Bewusstsein der *wohltuenden* Abhängigkeit, und daraufhin das Woher der Abhängigkeit als Bezugspunkt des Vertrauens bzw. als im Vertrauen – und nicht in der Angst – mitgesetzt qualifizieren.

4.6. Elerts Beschreibung der religiösen Ursituation als traumatische Erfahrung, als Erfahrung absoluter Ohnmacht und als Vernichtungserfahrung, entspricht nun einer allgemeiner verbreiteten Verdüsterung des religiösen Klimas insbesondere im deutschsprachigen Raum, die für sich genommen schon hochinteressant ist[31] und die sich in Rudolf Ottos Beschreibung des Heiligen ebenso wie in der Verdunkelung der Beschreibung der Gotteserfahrung Luthers fassen lässt; dies wird deutlich, wenn man etwa die Deutung der Gotteserfahrung Luthers bei Karl Holl, der von der Situation der Klosteranfechtung ausgeht, mit den Deutungen des reformatorischen Aufbruchs vor 1914 vergleicht. In dem berühmten Vortrag ‚Was verstand Luther unter Religion' haftet die Aufmerksamkeit Holls an einem Moment, das zuvor in der Lutherdeutung eher randständig war, nämlich an der negativen Selbst- und Gotteserfahrung, die, so stellt Holl fest, erst im Durchbruch zum Evangelium als Gestalt der richtenden *Liebe* Gottes verstanden ist, die nichtsdestotrotz

---

[30] Dazu am Beispiel der ‚Reden': *Notger Slenczka:* Religion and the Religions. The ‚Fifth Speech' in Dialogue with Contemporary Concepts of a ‚Theology of Religions', in: Brent Sockness u.a. (Hgg.): Schleiermacher, the Study of Religion, and the Future of Theology. A Transatlantic Dialogue, Berlin u. a. 2010, 51–67.

[31] *Notger Slenczka:* Neuzeitliche Freiheit oder ursprüngliche Bindung? Zu einem Paradigmenwechsel in der Reformations- und Lutherdeutung, in: Ders. u. a. (Hgg.): Luthers Erben. Studien zur Rezeptionsgeschichte der reformatorischen Theologie Luthers, Tübingen 2005, 205–244.

aber insgesamt, sowohl im Gesetz wie im Evangelium, eine Erfahrung der Fremdbestimmung ist:

> „Luther war Gottes so inne geworden, daß er ihn *erlitt*. Nicht er selbst hatte sich die Gewissensqualen bereitet, sondern Gott hatte sie in ihm hervorgerufen. Nicht er hatte sich dann wieder erhoben, sondern Gott hatte ihn aufgerichtet. [...] Gerade in den Augenblicken, wo er das Kühnste wagte, stand er am stärksten unter dem Gefühl, daß er nur einer auferlegten Notwendigkeit gehorchte. [...] Der Glaube an die göttliche Alleinwirksamkeit [...] ruhte bei ihm auf persönlicher Erfahrung."[32]

Man kann bis in die Formulierungen hinein zeigen, dass Holl in dieser Beschreibung der lutherschen Anfechtungserfahrung bzw. in dieser Deutung der theologischen Figur des verborgenen Gottes als Reflex der religiösen Erfahrung Luthers zugleich zeitgenössische Erfahrungen der Kriegsjahre unterbringt: die Erfahrung des Gefordertseins, die die bürgerlichen Gewissheiten durchbricht; die Erfahrung eines Geschicks, das auf die Glückserwartungen und die Hoffnungen des Individuums keine Rücksicht nimmt und doch als unentrinnbar gültige Forderung verstanden wird.[33] Dieser Charakter der unentrinnbaren Fremdbestimmung, des Widerspruchs gegen die eigenen Erwartungen, der unwiderstehlichen Selbstdurchsetzung eines fremden Willens qualifiziert eine Erfahrung als Gotteserfahrung, und diese Qualität der unwiderstehlichen Antithese bestimmt dann auch die an sich positive, lebensförderliche Gegenerfahrung des Evangeliums: Auch dieses ist eine dem Selbstverständnis des Sünders widersprechende und sich dennoch unwiderstehlich durchsetzende Erfahrung der Fremdbestimmung, die gerade und nur so eine Erfahrung Gottes ist.

4.7. Dem entspricht es, wenn in der zeitgenössischen Selbstdeutungsliteratur – etwa bei Spengler – der Begriff des unentrinnbar bestimmenden Schicksals zur Chiffre einer die Geschichte leitenden Macht wird und – gerade bei Elert, aber eben auch bei Holl und seinem Schüler Hirsch – nicht nur als Geschichtsmacht, sondern als individuelle Erfahrung, und zwar als Gotteserfahrung gedeutet wird.

Hier deutet sich also zumindest die Möglichkeit an, die Religion nicht gleich als Gegenmacht, als Bewältigungsinstanz des Bedrohlichen, sondern Gott als dessen Ursprung einzuführen, so dass nicht in der Bewältigung des Negativen, sondern gerade in dessen Eintritt Transzendenz erfahren wird: Religion erlaubt es dann, die Erfahrung der Negation zu symbolisieren und so zu thematisieren. Ich komme darauf und auf den weiterführenden Sinn dieser Feststellung zurück.

---

[32] *Karl Holl:* Was verstand Luther unter Religion? (ursprünglich Vortrag 1917), in: Ders.: Gesammelte Aufsätze zur Kirchengeschichte I. Luther, Tübingen [4/5]1927, 1–110, Zit.: 44f.

[33] Vgl. *Slenczka,* Neuzeitliche Freiheit, 228–232.

5. Angst und Mut bei Paul Tillich

5.1. Zunächst aber wende ich mich, wie im Titel mit dem Stichwort ‚Mut zum Sein' im Modus der Andeutung versprochen, Tillich zu, dessen Hauptwerk ‚Mut zum Sein' 1952 erschien, aber in der Grundanlage werkgeschichtlich bis in die zwanziger Jahre zurückverfolgt werden kann und zumindest mittelbar einen Umgang mit derselben Verdunkelung des Welt- und Selbstverständnisses darstellt, der sich in den genannten und weiteren Werken im deutschsprachigen Raum reflektiert.[34] Ich gehe im folgenden nur auf einige wenige weiterführende Punkte aus dieser Schrift ein, das folgende ist also keine Tillich-Philologie, sondern eine kontrollierte Aneignung seiner zeitdiagnostischen Phänomenologie der Angst und seiner Frage nach den religiösen Konstitutionsbedingungen des Mutes.

5.2. Tillich legt seine Phänomenologie der Angst im Rahmen einer Phänomenologie des Mutes vor, ist sich dabei aber eben der wechselseitigen Erschließung dieser Haltungen bewusst. Er rechnet also wie auch in der korrelativ aufgebauten Systematischen Theologie damit, dass manche Aspekte der Angst erst im Rahmen einer Ontologie des Mutes fassbar werden, geht aber zunächst davon aus, dass Mut Umgang mit der Angst ist;

> „Mut ist die Selbstbejahung des Seienden trotz des Nichtseins. Er ist der Akt des individuellen Selbst, in dem es die Angst vor dem Nichtsein auf sich nimmt, entweder durch die Bejahung seines Selbst als Teil in einem umfassenden Ganzen oder durch die Bejahung seines Selbst als eines individuellen Selbst."[35]

5.3. Mut ist also in der Tat ein Umgang mit der Angst, der vielgestaltigen Angst vor dem Nichtsein, die gerade nicht geleugnet oder verdrängt, sondern ertragen wird. Die Formen der pathologischen Angst, die Tillich vom Existential der Angst unterscheidet und als therapeutisch, nicht aber unmittelbar religiös zu bewältigen betrachtet, zeichnen sich gerade dadurch aus, dass sie den Mut im Sinne des auf sich Nehmens der Angst nicht aufbringen, sondern die Angst verdrängen.[36]

Eine ‚Ontologie des Mutes' setzt somit trotz der Wechselseitigkeit der Erschließung von Angst und Mut eine Ontologie der Angst voraus, und genau diese bietet Tillich im ersten Teil seines ‚Mut zum Sein', dessen ‚Ontologie des Mutes' mit dem eben gebotenen Zitat zusammengefasst ist; ich hebe hier einige wenige Momente heraus:[37]

---

[34] Ich zitiere im folgenden nach der jüngst erschienenen Ausgabe: *Paul Tillich:* Der Mut zum Sein, hg. v. Christian Danz, Berlin ²2015 – Seitenverweise im folgenden Text beziehen sich, wenn nicht anders angegeben, auf diese Ausgabe; (engl.: The Courage to Be [1952], in: Ders.: Main Works, hg. v. Carl-Heinz Ratschow, 6 Bde., Berlin 1987–1998, hier: 5, 141–230).
[35] *Tillich,* Mut, 108.
[36] Vgl. a. a. O., 53–65, bes. 54f.
[37] Zum Folgenden vgl.: a. a. O., 33–52.

5.4. Tillichs Phänomenologie der Angst ist im Grunde eine Phänomenologie des Bewusstseins der Endlichkeit, die Tillich als Bewusstsein des Bedrohtseins vom Nichtsein fasst. Diese einem endlichen Wesen, das sich seiner Endlichkeit bewusst ist, unentrinnbare Grundstruktur bleibt nach Tillich allerdings zunächst verdeckt und bricht lediglich punktuell in Situationen der Furcht und jeweils unter bestimmten Aspekten auf.

Situationen der Furcht: Tillich unterscheidet mit Kierkegaard und Heidegger Furcht und Angst;[38] Furcht ist zunächst intentional und haftet an einem bestimmten, bedrohlichen Gegenstand, Situation oder Ereignis, ist somit partiell, somit beherrschbar. In Erfahrungen der Furcht hat man es mit einem Äquivalent zur ‚teilweisen Freiheit' und ‚teilweisen Abhängigkeit' im Weltverhältnis zu tun, der Schleiermacher, wie oben angedeutet, die Frömmigkeit als Gefühl der schlechthinnigen, d. h. durch keine Freiheitsgrade gekennzeichnete Abhängigkeit kontrastiert (36f.). Tillich geht nun in seiner Phänomenologie der Angst so vor, dass er die Bedrohung durch das Nichtsein als Bedrohung dreier Aspekte der Selbstbejahung beschreibt (37–39) und dabei den Umschlag der Furcht in die Angst beobachtet. Die drei Aspekte sind bekanntlich die Bedrohung der ‚ontischen' Selbstbejahung in der Erfahrung des Todes (39–41), die Bedrohung der geistigen Selbstbejahung in der Erfahrung der Sinnlosigkeit (41–44), und die Bedrohung der moralischen Selbstbejahung in der Erfahrung der Verdammnis (45–46). Tillich geht davon aus, dass diese absoluten Bedrohungen jeweils von einem Hof relativer Bedrohungen umgeben sind, die sich in Gegenstände der Furcht umdeuten lassen; so ist – zum Beispiel – die Bedrohung durch das Nichtsein des Todes umgeben von der Erfahrung des Schicksals, der Zufälligkeit und Nichtberechenbarkeit der Bedingungen und Ereignisse, die uns im Laufe des Lebens zugespielt werden (39f.). Diese zugespielten Ereignisse selbst können als Gegenstände der Furcht und damit der partiellen Bewältigung betrachtet werden (40f.); im Bewusstsein des Ausgeliefertseins aber meldet sich die grundlegende Angst als Bewusstsein der Möglichkeit des Nichtseins, die gleichsam das ontologische Fundament ist, das allen partiellen Erfahrungen den Charakter der Bedrohlichkeit gibt und sie als Gestalten der Bedrohung durch das Nichtsein erschließt (40f.). Gleichzeitig aber bieten die partiellen Erfahrungen die Möglichkeit, das Bewusstsein des Bedrohtseins durch das Nichtsein zu verdecken, indem man die bedrohlichen Ereignisse als partielle bewältigt:

> „Das Nichtsein ist allgegenwärtig und erzeugt Angst, selbst da, wo keine unmittelbare Todesdrohung vorhanden ist. Es steht hinter der Erfahrung, daß wir, zusammen mit allen anderen Dingen, aus der Vergangenheit in die Zukunft getrieben werden, ohne je Gegenwart zu haben, in der wir ruhen könnten. Es steht hinter der Unsicherheit und Heimatlosigkeit unserer sozialen und individuellen Existenz. Es steht hinter der Bedrohung unserer Seinsmächtigkeit durch Schwäche, Krankheit und Unfälle. In all diesen Formen verwirklicht sich unser Schick-

---

[38] A. a. O., 35–37.

sal, sie erzeugen in uns Angst vor dem Nichtsein. Wir versuchen, die Angst in Furcht zu verwandeln und den Objekten, in denen die Bedrohung sich verkörpert, mutig zu begegnen. Das gelingt uns zum Teil; aber irgendwie sind wir der Tatsache gewahr, daß nicht die Schicksalsfälle, gegen die wir ankämpfen, die Angst erzeugen, sondern daß es die menschliche Situation selbst ist."[39]

Strenggenommen handelt es sich also in dem Sinne um einen ‚Übergang' von der Furcht zur Angst, dass die Angst die Bedingung der Möglichkeit der Furcht darstellt in dem Sinne, wie bei Heidegger das Existential der Angst die Bedingung der Möglichkeit dafür darstellt, dass die Welt auf Furchtbares hin überhaupt erschlossen ist:[40] Nur wo ein Seiendes ist, das um die Möglichkeit des eigenen Nichtseins weiß, kann – zum Beispiel – die Begegnung mit einem freilaufenden Orang Utan Furcht auslösen.

5.5. Diese Differenzierung eröffnet Tillich die Möglichkeit, in einer deskriptiven Phänomenologie von Kontingenzerfahrungen jene Grundbefindlichkeit der Angst zu erschließen als dasjenige, was in allen partiellen Kontingenzerfahrungen erfasst und immer zugleich verdeckt ist. Genau dieses Programm des Rückgangs von den Phänomenen auf die in ihnen sich manifestierende, zugleich aber verdeckte Grundstruktur des Selbstverhältnisses verfolgt Tillich in seinem hochkomplexen Text. Dies Verfahren erlaubt es ihm, das Phänomen der Angst und den Umgang damit im Phänomen des Mutes hochdifferenziert zu analysieren und die großen gesellschaftlichen Systeme seiner Gegenwart – die Gestalten des Kollektivismus einerseits und des demokratischen Konformismus andererseits, und des existentialistischen Individualismus drittens – als Gestalten des Mutes zu beschreiben.[41] Dabei kommt es ihm einerseits darauf an, zu zeigen, dass in der gegenwärtig in den westlichen Gesellschaften prävalenten Gestalt der Angst, nämlich die Erfahrung der Sinnlosigkeit, zugleich diejenige Form der Angst ist, an denen eben diese Formen des Mutes scheitern; und es kommt ihm zweitens darauf an zu zeigen, dass hier auch die herkömmlichen religiösen mystischen oder theistischen Gestalten der Seinsvergewisserung bzw. der Eröffnung des Mutes zum Sein, die die Erfahrung des Todes und die Erfahrung der Schuld zu bestehen erlauben,[42] in der Erfahrung der Sinnlosigkeit selbst untergehen; die Erfahrung der Sinnlosigkeit betrifft alle gegenständlichen Gehalte und affiziert somit auch den Trost der theistischen bzw. mystischen Religion;[43] sie verlangt nach einem absoluten, gegenstandslosen Glauben, nach dem ‚Gott jenseits des Gottes'.[44]

5.6. Dabei handelt es sich um eine im einzelnen hochinteressante Passage, weil Tillich hier mit einer Grundlegung des Mutes zum Sein rechnet, der nicht mehr durch gegenständliche Aussagen oder religiöse Weltbilder grund-

---

[39] A. a. O., 41.
[40] *Martin Heidegger:* Sein und Zeit, Tübingen [15]1979, §30 und §40.
[41] *Tillich,* Mut, 66–82.
[42] Vgl. die Zuordnung a. a. O., 110 oben und 112–114.
[43] A. a. O., 118–120.
[44] Zum Folgenden: A. a. O., 108–129.

gelegt ist, die, so setzt er voraus, der Sinnlosigkeitserfahrung gerade zum Opfer fallen:

> „Der absolute Glaube transzendiert auch die göttlich-menschliche Begegnung. In dieser Begegnung herrscht das Subjekt-Objekt-Schema: ein bestimmtes Subjekt (der Mensch) begegnet einem bestimmten Objekt (Gott). [...] Aber der Zweifel untergräbt [...] die Subjekt-Objekt-Struktur. Die Theologen, die so überzeugt und selbstsicher von der göttlich-menschlichen Begegnung sprechen, sollten bedenken, daß es eine Situation gibt, in der diese Begegnung durch radikalen Zweifel verhindert wird und nichts bleibt als der absolute Glaube. [...] Der Mut zum Sein in seiner radikalen Form ist der Schlüssel zu einer Gottesidee, die beide transzendiert, die Mystik wie die göttlich-menschliche Begegnung."[45]

5.7. Es ist, so stellt es Tillich in dieser Schrift dar, gerade die in der Verzweiflung noch präsente Seinsmächtigkeit, die im Mut der Verzweiflung als Bejahtsein verstanden wird und einleuchtet: die Tatsache, dass das Subjekt noch im Modus der Negation aus der Bejahung seines Seins schöpft:

> „In dieser Situation [der Sinnverzweiflung; N.Sl.] ist der Sinn des Lebens auf den Zweifel an dem Sinn des Lebens reduziert. Aber da dieser Zweifel selbst ein Akt des Lebens ist, ist er etwas Positives trotz seines negativen Inhalts. ... In religiöser Sprache würde man sagen, daß man sich bejaht als bejaht trotz des Zweifels am Sinn einer solchen Bejahung."[46]

Es meldet sich also im Akt des Zweifels bzw. in der Situation der Verzweiflung, die auch die Grundlagen der religiösen Deutung der Situation noch einschließt, das Sein als Bedingung der Möglichkeit des Nichtseins, und Mut ist dann das Aushalten des Nichtseins im Vertrauen auf dies Sein.

Diese Gestalt des Mutes als ‚Mut der Verzweiflung' ist nun, wie gesagt, nicht mehr durch gegenständliche religiöse Weltmodelle oder Deutungen vermittelt, sondern Tillich setzt voraus, dass diese Modelle, die zur Bewältigung der Angst vor dem Tod und der Angst vor Verdammung ihre Kraft entfalten können, in der Erfahrung der Angst der Sinnleere untergegangen sind. Tillich wird in diesen Schlusspassagen des Werkes abbreviatorisch und andeutend; man wird voraussetzen müssen und können, dass die religiösen Traditionen in dieser Situation den Charakter von Symbolen haben. In diesen wird Mut vermittelt, sie unterscheiden sich aber nach Art der Symbole von der Wirklichkeit, in die sie einführen, und erschließen gerade darin den nicht gegenständlichen ‚Gott jenseits Gott' als Grund des Mutes. Man könnte daher sagen, dass dieser Schluss des Werkes in dem Sinne das Ziel des Ganzen darstellt, als von diesem Mut der Verzweiflung her jede gegenständliche Vorstellung Gottes der Negation zum Opfer gefallen ist. Die unterschiedlichen Typen der Angst sind gleichzeitig Stufen der Entgegenständlichung des Grundes des jeweils entsprechenden Mutes; damit ist die Erfahrung des Nichtseins zugleich als die Gestalt der Selbstdurchsetzung des

---

[45] A. a. O., 121.
[46] A. a. O., 120.

Seins gegen die menschliche Versuchung, sich gegen das Nichtsein durch die Vergöttlichung des Endlichen zu sichern, verstehbar.

6. Negationserfahrung und religiöse Deutung

6.1. Das ist nun eine Notiz, die nicht nur den Theologen freut und ihm die Einordnung Tillichs in klassische Denkstrukturen erlaubt. Vielmehr ist es eine Feststellung, die die Frage nach der religiösen Deutung des Nichtseins oder des Nichts, das in der Angst erfahren wird, weckt.

Liest man Tillich zunächst oberflächlich, so stehen die Angst (als vorprädikative Einsicht in die Bedrohung durch das Nichtsein) einerseits und der Mut (als Bejahung des Seins im Angesicht des möglichen Nichtseins) andererseits einander gegenüber. Dieser Mut hat seinen Grund in der (idealerweise nicht gegenständlich begründeten) Erfahrung des Bejahtseins. Das heißt: Exklusive Antithesen wie ‚Nichtsein und Sein' scheinen einen absoluten Rang zu haben, und zwar in dem Sinne, dass die religiöse Symbolisierung die Macht des Seins als Gegeninstanz zum Bewusstsein der Endlichkeit zur Sprache bringt. Die religiöse Deutung gilt nur dem Sein bzw. der Seinsmächtigkeit, für die das Symbol ‚Gott' oder ‚das Heilige' steht; das Nichtsein erscheint bis zum Schluss als Gegenmacht und nicht selbst als so etwas wie eine Gotteserfahrung oder Gottesbegegnung.

6.2. Dass diese religiöse Antithetik nicht selbstverständlich ist, hatten der kurze Blick auf Elert und die Hinweise auf die Deutung der Negativitätserfahrungen als Gotteserfahrung bei Holl und anderen gezeigt. Mir scheint, dass es sich zumindest lohnt, in dieser Richtung weiterzufragen und damit die Frage zu stellen, ob nicht auch Erfahrungen der Negation ‚Gottes'-Erfahrungen sind. In der klassischen Tradition, jedenfalls in der protestantischen sind das befahrene Gedankenfiguren: dass Gott nicht in der höchsten Seinsmächtigkeit, sondern im Kreuz und Leiden und Tod gegenwärtig und erfahrbar ist, ist die Pointe der lutherschen Theologia crucis, die ausgemünzt erscheint in den großen reformatorischen Unterscheidungslehren, nach denen Gott eben nicht nur in seiner Offenbarung, sondern auch als der verborgene, und nicht nur im Evangelium, sondern auch im Gesetz erfahren wird; ich deute die damit markierten Linien nur knapp an.

6.3. Eine ausgeführte Phänomenologie der Angst würde im Gefolge der zuvor gebotenen Skizze darauf führen, dass Angst in der Tat, wie Kierkegaard, Heidegger und eben Tillich nahelegen, die unentrinnbare Gestalt der Selbstwahrnehmung eines endlichen Seienden ist. Es ist phänomengerecht, dass diese Selbstwahrnehmung asymmetrisch ist in dem Sinne, dass sie den Charakter der durch das Nichtsein bedrohten Seinswahrnehmung hat: das Dasein, dessen Selbstverhältnis hier charakterisiert ist, ist interessiert am und parteiisch für das Sein. Diese Selbstwahrnehmung ist somit geleitet durch ein wertendes Interesse am Sein; die Angst ist das vorthematisch negativ wertende Erfassen der Möglichkeit des Nichtseins.

6.4. Es ist ebenfalls phänomengerecht, daß dieses Wissen um sich selbst im Sinne Husserls ‚fungiert', d. h. kein explizites und thematisches Wissen um sich selbst ist, sondern den Charakter des vorthematischen Wissens um sich selbst hat, das, wie Tillich zeigt, in konkreten Erfahrungen der Furcht oder in begrenzten Angstsituationen sich darstellt und symbolisiert wird. Diese die konkrete und limitierte Furcht übersteigende Angst als Erschlossenheit des möglichen Nichtseins hat den Charakter der in konkreten Situationen überfallartig sich einstellenden Durchbrechung der leitenden Seinsbejahung.

6.5. Diese Angst will zur Sprache kommen – Schleiermacher hat recht damit, dass es menschliches Dasein ohne gestisch oder sprachlich repräsentierende Symbolisierung nicht gibt,[47] und dass sich die menschliche Selbstwahrnehmung im Rahmen eines kulturell bereitgestellten Reservoirs von Ausdrucksmöglichkeiten ausspricht.

Nun wäre aber in der Tat zu fragen, ob eine Beschreibung der Vernichtungsangst, die diese Erfahrung ausschließlich und fundamental als Wissen um die Endlichkeit fasst, phänomengerecht ist. Ist es tatsächlich so, dass die Angst im Sinne Heideggers gegenstandslos ist, dass sie also ein reines Selbstverhältnis darstellt, wesentlich ‚Angst um ...' und in keiner Weise Furcht, d. h. ‚Angst vor' ist? Mir geht es mit dieser Frage nicht darum, durch ein Hintertürchen den lieben Gott als Gegenstand der Angst und als Ursprung der Bedrohung einzuführen, sondern die Frage zu stellen, ob die Symbolisierung des in der Angst erfahrenen Bedrohtseins mit den kulturellen Chiffren des Gerichts oder des Zornes tatsächlich den Charakter der Rede über den Ursprung im Sinne des kausalen Woher dieser Selbstverhältnisse haben, oder das in diesen Selbstverhältnissen und nur dort mitgesetzte Woher zur Sprache bringen. Das würde bedeuten, dass diese traditionellen Termini keine Ursprungstheorie der Angst und damit ein Verfehlen ihres nichtintentionalen Charakters darstellen, sondern eine phänomengerechte Symbolisierung dieser Erfahrung selbst ermöglichen. Dann wäre mit der Rede von einem in der Drohung des Nichtseins erfahrenen Gegenwillen das Bewusstsein einer übermächtigen Fremdbestimmung zur Sprache gebracht, der nicht den einzelnen Ereignissen als prinzipiell beherrschbaren, Freiheitsgrade offen lassenden Gegenständen der Furcht eignet, sondern dem darin greifbaren Bewusstsein des schlechthinnigen Negiertseins.

6.6. Die Stärke religiöser Rede scheint mir zunächst darin zu liegen, dass sie – in den religiösen Traditionen sehr unterschiedlich – zur phänomengerechten Aussprache dieses Bewusstseins des Negiertseins fähig ist. Wohlgemerkt und noch einmal: es geht mir nicht darum, diese Erfahrungen auszubeuten zu einer gottesbeweisähnlichen Rückführung auf eine darin erfahrene und unabhängig von jenem Selbstverhältnis der Angst existierende Ursache.

---

[47] *Schleiermacher,* Glaubenslehre, §15.

Sondern es geht mir darum, zu sagen, dass eine phänomengerechte Selbstaussprache dieser Erfahrung unter Bezugnahme auf die semantischen Gehalte möglich ist, die die religiöse Kultur unter dem Begriff ‚Gott' versammelt und anbietet.

Die Stärke dieser Deutungsleistung liegt dann darin, dass jede religiöse Tradition darauf aufmerksam macht, dass die Angst nur dann phänomengerecht dargestellt ist, wenn sie in einem ‚Woher' symbolisiert wird, das nur in dieser Erfahrung gesetzt ist. Und gerade so leitet das religiöse Deutungsangebot an zum Umgang mit mehr oder weniger überzeugenden, das heißt: sich in eine gelingende Selbstdeutung übersetzenden Umgang mit diesem Selbstverhältnis. Und dieser Umgang wird genau darin möglich, dass im Aussprechen des Selbstverhältnisses ein Fremdes in Anspruch genommen wird und dessen versöhnende Neubestimmung ausgesagt wird, die korrelativ eine Neubestimmung des Subjekts aus sich heraussetzt.

6.7. Die soteriologische Neubestimmung dieses ‚im Selbstverhältnis der Angst mitgesetzten Woher und Wovor der Angst' erfolgt in allen Religionen – sei es durch den Verweis auf Observanzen, oder auf versöhnende Opfer. Im Christentum wird die Angst in das Gottesverhältnis selbst aufgenommen im Ruf Jesu am Kreuz: „mein Gott, mein Gott, warum hast du mich verlassen" (Mk 15,34) – mit der dann folgenden Feststellung des Hauptmanns, der „als er sah, daß er so verschied, sprach: Dieser ist wahrhaftig Gottes Sohn gewesen" (Mk 15,39). Alle diese Weisen des religiösen Umgangs mit der Angst zielen darauf, die Angst nicht im sich ängstigenden Subjekt, sondern in dem in ihr mitgesetzten Woher zu bewältigen; sie zwecken darauf ab, im in der Angst mitgesetzten Ursprung der Angst die Grundlage für ein neues Selbstverständnis zu stiften, das sie aber eben nicht herstellen, sondern nur anregen können.[48] Angst ist nur im mitgesetzten anderen des Subjekts zu bewältigen – wäre die These der Religion.

Bei Elert, bei Karl Holl und anderen ist dieser Aspekt, dass das negative Selbstverhältnis als Gottesverhältnis gefasst und gerade so bewältigt wird, als die Stärke der lutherischen Zuordnung von Gesetz und Evangelium bzw. von Deus absconditus und Deus revelatus herausgestellt. Es lohnt sich, so meine ich, dem nachzudenken.

---

[48] Dazu: *Notger Slenczka:* Problemgeschichte der Christologie, in: Elisabeth Gräb-Schmidt u. a. (Hg.): Christologie, Leipzig 2011, 59–111, hier: 85–111.

„Unkraut vergeht nicht." Resilienz und posttraumatische Reifung

Maike Schult

Maike Schult describes the striking similarities in the various theoretical discourses on trauma and resilience, both of which are open to philological, logical and metaphorical interpretations and develop in a dynamic process. Yet, while the notion of resilience is usually formulated in a positive normative perspective characterized by the idea of growth, the notion of trauma is bound to negative connotations like loss of words, of the ability to communicate, of coherence and memory as well as being associated with the phenomenon of emotional numbness. Trauma and resilience coincide, however, in the concept of posttraumatic growth, introduced after 9/11. This concept allows for new ways of interpreting resilient growth "despite of" the severe crisis experienced. In the end, being able to address, to express and thereby to cope with experiences of negativity prove again to be major factors in the development of resilience.

„Unkraut vergeht nicht!" So lautete die Antwort meiner Großmutter, wenn ich mich nach ihrem Befinden erkundigte. Dabei saß sie mir mit verschmitztem Gesicht in ihrem Sessel gegenüber, den schmalen Körper an die Kissen gelehnt und wie zum Beweis hoheitsvoll eine Zigarette zwischen den Fingern. Der Geruch der Zigaretten hing nach bald fünfzig Jahren in dieser Wohnung in jeder Ritze. Er war in die Möbel eingezogen und mit den Tapeten zu einer eigenartigen Schicht verschmolzen, und wohl weil sonst kein Winkel mehr frei war, in den er noch hätte kriechen können, säuselte er bei unseren Treffen zunächst etwas in die Höhe, sammelte sich einen Augenblick in der Luft und entschied sich schließlich für die Fensterbank, wo er sich nebelartig zwischen den Blumentöpfen verbreitete. So jedenfalls sehe ich es heute vor mir: die Reihe farbenprächtiger Azaleen, Begonien und Usambaraveilchen und mitten drin meine fröhlich schmökende Großmutter: *Unkraut vergeht nicht.*

Ich habe in den 35 Jahren, die ich meine Großmutter erlebt habe, nie ein Wort der Klage von ihr gehört, kein Jammern und kein Selbstmitleid. Nie war sie krank, nie unpässlich. Ab und an rieb sie die steifen Finger aneinander. Zwischen den Kissen tat eine Wärmflasche ihren Dienst, und wenn der gebeugte Rücken zu sehr *ziept*, wie sie sagte, *dann drehe ich eben meine Runden um den Tisch und fluche vornehm französisch.* Doch solche Runden drehte sie offenbar allein. Wie sie auch anderes mit sich allein abmachte, was ihr Leben geprägt hat: Krieg, Flucht und Vertreibung, Verlust der Heimat, des Bruders, der Tochter, Krankheit, Gewalt und Alkohol. Erfahrungen, die überlebbar, aber nicht besprechbar waren und sich unerzählt hinter den

Spruchweisheiten verborgen hielten, die unsere Alltagskommunikation bestimmten. Meine Frage: *Wie geht es dir?* Ihre Antwort: *Unkraut vergeht nicht.* Oder: *Drei minus zur Aufmunterung.* Oder: *Kopf hoch, wenn der Hals auch dreckig ist.* Mit solchen Sätzen hielt sich meine Großmutter humorvoll über Wasser, aber auch Fragen vom Leib. Fragen nach Schmerz, Schuld und Verantwortung, und es ist ihr tatsächlich gelungen, die meisten ihrer Geheimnisse mit ins Grab zu nehmen.

Wenn meine Großmutter noch am Leben wäre, es würde sie selbst wohl am meisten erstaunen zu hören, dass ihr fast 90jähriges Leben, um das sie stets so wenig Aufhebens gemacht hat, in irgendeiner Weise aufgehoben sein sollte in den Diskursbegriffen, die andere erfunden haben, um Lebensgeschichten wie ihre beforschbar zu machen: *Kriegskinder, Trauma, transgenerationale Weitergabe, Ressourcenorientierung* und *Resilienz*. Begriffe, die ineinandergreifen und nur künstlich von den vielfältigen biographischen Situationen zu lösen sind, aus deren Beobachtung und Analyse sie herrühren. Fallgeschichten, die komplexer sind, als das begriffliche Instrumentarium erkennen lässt, und die doch im Anekdotischen verbleiben ohne abstrahierende Begriffe. Zugleich lässt sich beobachten, dass solche Konzeptbegriffe auch innerhalb der Forschung nicht distinkt verwendet, sondern metaphorisch angereichert werden, wie der vorliegende Beitrag aufzeigen soll. Er stellt zwei dieser Diskursbegriffe in den Mittelpunkt, die sich gegenwärtig großer Beliebtheit erfreuen, obwohl der eine von ihnen auf höchst unerfreuliche Dinge verweist und auch der andere nicht denkbar ist ohne die Krisen, die ihm vorangehen: *Trauma* und *Resilienz*. Die sprachliche Annäherung wird zeigen, dass sich beide komplementär aufeinander beziehen lassen, dabei aber weniger antagonistisch verwendet werden sollten, als dies gemeinhin geschieht, wenn Resilienz als positiv konnotiertes „Zauberwort"[1] gegen Verletzungen ins Feld geführt wird, die Menschen die Sprache verschlagen. Innerhalb der Traumaforschung wird Resilienz darum auch nicht als das ‚(Er-) Lösungswort' verstanden für all die destruktiven Ereignisse, mit denen man hier zu tun hat, sondern als „Posttraumatische Reifung" einer eigenen Interpretation zugeführt.

---

[1] *Insa Fooken/Jürgen Zinnecker:* Einleitung, in: Dies. (Hgg.): Trauma und Resilienz. Chancen und Risiken lebensgeschichtlicher Bewältigung von belasteten Kindheiten, Weinheim und München (2007) ²2009, 7–14, hier: 7. Vgl. dazu auch *Cornelia Richter/Uta Pohl-Patalong (Hgg.):* Resilienz – Problemanzeige und Sehnsuchtsbegriff. Themenheft PrTh 51, 2016, Heft 2.

1. *Gedeihen trotz widriger Umstände*: Der Resilienzbegriff und seine Wachstumsaura

Die Begriffe Trauma und Resilienz zeigen gewisse Strukturparallelen. Sie stehen für Konstrukte, die sich phänomenologisch ablesen, aber nicht auf den Punkt bringen lassen, weil das, was sie zu beschreiben suchen, komplex ist und viele Wissenschaften nötig sind, um sich den Phänomenen anzunähern und sie aus verschiedenen Perspektiven zu beschreiben: medizinisch, neurobiologisch, soziologisch, psychologisch, theologisch oder sprachlich-kulturwissenschaftlich. Beiden wird terminologische Unklarheit[2] attestiert und zugleich eine Begriffs-„Karriere"[3] bescheinigt, die sie über den klinischen Kontext hinaus auch zu Vokabeln der Lebens- und Kulturwissenschaften machte und in die Literatur und unsere Alltagssprache eindringen ließ. Beide fungieren damit als therapeutischer Fachbegriff *und* kulturelles Deutungsmuster, mit dem sich Befindlichkeiten auch dann ausdrücken lassen, wenn sie nicht klar diagnostiziert werden können, und beide tendieren dazu, sich als beliebte, aber auch beliebig dehnbare *bandwagon*-Begriffe[4] modisch auszuweiten und in neuen Zusammenhängen mitzulaufen.

Zeitlich gesehen läuft der Resilienzbegriff dem Traumabegriff hinterher. Im deutschen Sprachraum blieb er bis in die 1970er Jahre „praktisch unbekannt".[5] Er ist ohnehin kein deutsches Wort, sondern in der lateinischen und englischen Sprache zu Hause und im Deutschen nur als Lehnwort in Gebrauch – was in der Forschung mitunter skeptisch bewertet wird, weil Resilienz damit keine eigene sprachliche Verwurzelung habe, auf Übersetzung und Umschreibung angewiesen sei und so zu einer psychologischen Metapher verkomme, die sich zwar auratisierend auflädt, inhaltlich aber wenig

---

[2] *Insa Fooken:* Resilienz und posttraumatische Reifung, in: Andreas Maercker (Hg.): Posttraumatische Belastungsstörungen, Berlin/Heidelberg ⁴2013, 71–93, hier: 79.

[3] Eine Rekonstruktion des Diskurses bietet *Wolfgang Bonß*: Karriere und sozialwissenschaftliche Potenziale des Resilienzbegriffs, in: Martin Endreß/Andrea Maurer (Hgg.): Resilienz im Sozialen. Theoretische und empirische Analysen, Wiesbaden 2015, 15–31.

[4] *Klaus E. Grossmann/Karin Grossmann:* „Resilienz" – Skeptische Anmerkungen zu einem Begriff, in: Fooken/Zinnecker, Trauma und Resilienz, 29–38, hier: 34: Resilienz sei ein bandwagon-Phänomen, dem alle hinterherlaufen: „Es hat zu einer Überfülle von Interventionsangeboten geführt, die als Evangelium predigen: Niemand ist verdammt, aber alle sind gesegnet, und es ist ganz leicht (,ordinary') [,] den richtigen Weg zu weisen."

[5] Nach den psychologischen Arbeiten von Jack Block in den 1950er Jahren gilt die Kauai-Studie von Emmy E. Werner und Ruth Smith in den 1970er Jahren als Beginn der Resilienzforschung. *Bonß,* Karriere, 15, konstatiert für den Begriff gleichwohl schon zwischen 1942 und 1950 ein Zwischenhoch.

austrägt.[6] Resilienz muss erst einmal *erklärt* werden, ehe es etwas klären kann, und um zu erklären, was das Wort meint, greift man in der Regel auf die etymologische Bedeutung zurück, ehe man diese wiederum metaphorisch anreichert oder durch Fallgeschichten illustriert. Sprachgeschichtlich leitet man den Begriff entweder von seiner lateinischen Wurzel her, übersetzt *resilire* mit *abprallen* oder *zurückspringen von etwas* und versteht unter Resilienz die psychische Fähigkeit, Widerfahrnisse von sich abprallen zu lassen und sich dadurch als *widerstandsfähig* zu erweisen. Oder man leitet den Begriff aus dem englischen Sprachgebrauch ab, wo das Substantiv *resilience* als *Spannkraft* eine Materialeigenschaft meint und das dazugehörige Adjektiv *resilient* für ein ganzes Bündel ähnlich konnotierter Eigenschaften steht wie *robust, stabil, elastisch, belastbar, federnd, nachgiebig*. Eigenschaften, die die Toleranz eines Materials gegenüber Störungen von außen beschreiben und es als strapazierbar und unverwüstlich deklarieren. Auf den psychosozialen Zusammenhang übertragen meint Resilienz dann die psychische Belastbarkeit eines Menschen in bestimmten Entwicklungskrisen, seine Festigkeit und innere Stärke, seine Fähigkeit, trotz Stress und Störungen stabil und zugewandt zu bleiben, Schicksalsschläge zu überstehen, an ihnen gar zu wachsen, über sich hinauszuwachsen und zu gedeihen „trotz widriger Umstände",[7] wie der bekannte Sammelband von Rosmarie Welter-Enderlin und Bruno Hildenbrand heißt. *Stehaufmännchen*-Qualitäten also, die zu Beginn der Forschung noch als angeborene, relativ feststehende Persönlichkeitsmerkmale verstanden wurden, inzwischen aber eher als Resultat des komplexen Zusammenspiels von Person und Umwelt gelten und somit als erlern- und förderbar.

Der Resilienzbegriff bietet jenen Forschungsrichtungen einen gemeinsamen Rahmen, die den Blick von den Defiziten auf die Ressourcen eines Menschen lenken und diese fördern wollen („Ressourcenorientierung"). Die zentrale Frage lautet hier nicht: *Warum werden Menschen krank*? Sie lautet: *Warum bleiben Menschen gesund – trotz alledem*? Etwa weil sie über protektive Faktoren verfügen wie körperliche Kraft, soziale Unterstützung (verlässliche Bindungspersonen und Netzwerke), stabilisierende Werte und Über-Ich-Stimmen, aber auch über Eigenschaften wie Selbstvertrauen, Intelligenz, Humor, Optimismus sowie die Kunst, Schwierigkeiten nicht als Desaster zu sehen, sondern als Probleme, die sich lösen lassen, und als Herausforderungen, an denen man wachsen kann. Die Resilienzforschung betont also die konstruktiven Eigenschaften von Personen und die positiven Möglichkeiten von Situationen, die trotz aller Widrigkeiten Wachstumspotentiale bereithalten und Neues gedeihen lassen. Resilienz ist damit normativ besetzt und zwar positiv. Sie ist ein Wert, und es scheint allgemein wünschenswert, sie

---

[6] *Grossmann/Grossmann*, „Resilienz", 30: „Wenn man diese Vorstellungen nur denotativ bezeichnen, aber nicht erklären kann, bleiben sie metaphorisch. Außerdem besteht die Gefahr einer in ihrer Wirkung oft unterschätzten pseudoerklärenden Wortmagie."

[7] *Rosmarie Welter-Enderlin/Bruno Hildenbrand (Hgg.):* Resilienz – Gedeihen trotz widriger Umstände, Heidelberg (2006) ³2010.

zu haben oder auszubilden, zu schulen und zu steigern und vorsorgend oder nachsorgend zum Ziel von Erziehung, Ausbildung und Therapie zu machen. Entsprechend attraktiv erscheint der Begriff auch der Theologie, der Religionspädagogik etwa oder der Seelsorge, weil er anschlussfähig wirkt an religiös begründete Leitbilder wie *Menschen stärken, Hoffnung geben, Segen spenden*. Die Resilienzforschung gilt als „Gegenbewegung zur Entwicklungspsychopathologie"[8] und als Gegenbegriff insbesondere zum Trauma, das die „Pathologie der Realität"[9] und die bleibende Verwundbarkeit des Menschen anzeigt – nicht nur als exzeptionelles Erleidnis eines Einzelnen, sondern als Grunderfahrung des Menschen überhaupt. Eine Grunderfahrung, die sich nun allerdings nicht einfach regulieren, wegoptimieren oder aus der Welt reden lässt.

2. *Das wächst sich aus?* Die langen Wurzeln des Traumas

Im Vergleich zum modernen Resilienzbegriff kann das Wort „Trauma" auf eine lange Geschichte verweisen.[10] Sprachhistorisch stammt τραῦμα aus dem Griechischen und wird meist mit *Wunde* oder *Verletzung* ins Deutsche übersetzt, steht aber auch als Synonym für *Schock, Schädigung* und *Erschütterung*. Ursprünglich stammt es aus der griechischen Seefahrersprache und bezeichnete dort Lecks und andere Schäden, die Stürme, Strömungen und Klippen in die Schiffe schlugen und die Mannschaften an Leib und Leben gefährdeten, so dass Trauma auch *Verlust* und *Niederlage* bezeichnen konnte. Die Medizin übernahm den Begriff für körperliche Wunden und benannte damit die Verletzung eines Gewebes, ehe der Terminus im 19. Jahrhundert von der Chirurgie aus auf psychische Vorgänge übertragen und nun für seelische Verletzungen verwendet wurde, die durch Einwirkung von außen, durch Unfälle und Kriege etwa, entstehen und mit einem Erlebnisgehalt verbunden sind, der die Betroffenen auffallend lange begleitet. In diesem Zusammenhang avancierte Trauma zum zentralen Fachbegriff zunächst der Psychoanalyse, später auch der Psychotraumatologie, die teils sich überlappende, teils unterschiedliche Konzepte mit ihm verbinden.

Als klinischer Begriff steht Trauma für eine Reaktion auf ein extrem destruktives Ereignis, das von außen auf den Betroffenen einwirkt. Es ist mit

---

[8] *Maike Rönnau-Böse/Klaus Fröhlich-Gildhoff:* Resilienz und Resilienzförderung über die Lebensspanne, Stuttgart 2015, 9.
[9] *Ralf Hillebrandt:* Das Trauma in der Psychoanalyse. Eine psychologische und politische Kritik an der psychoanalytischen Traumatheorie, Gießen 2004, 109.
[10] Vgl. zum ganzen Abschnitt *Maike Schult:* „Ein Hauch von Ordnung". Traumaarbeit als Aufgabe der Seelsorge, Leipzig 2017 (mit weiterführenden Literaturbelegen).

Bedrohungsgefühlen, mit Schrecken, Angst und Hilflosigkeit verbunden und hinterlässt über das unmittelbare Geschehen hinaus psychische und physische Störungen, die seit 1980 in der Kategorie der Posttraumatischen Belastungsstörung (PTBS) klassifiziert werden. Zu den Hauptkriterien einer PTBS gehören lang anhaltende Übererregungszustände und Vermeidungshaltungen, die das Trauma zu einem Fremdkörper im eigenen Leben machen, zu einem wunden Punkt, der nicht berührt und nicht Teil der eigenen Biographie werden kann. Nach dem Trauma ist *nichts mehr wie es war*. Sicher geglaubte Stärken scheinen verloren, Ressourcen verschlossen und der Lebensweg zerteilt in ein *Davor* und ein *Danach*. Das hängt nicht zuletzt mit den narrativen Prozessen zusammen, die durch das traumatische Erlebnis blockiert werden und die Fähigkeit der Betroffenen demontieren, von ihrer Erfahrung zu berichten. Ein zentrales Merkmal des Traumas ist darum die Sprachlosigkeit: die Unfähigkeit, das Erlebnis zu erzählen und im Prozess von Berichten und Verstehen zu seiner Verarbeitung zu gelangen. Traumatische Erlebnisse werden durchlebt, aber nicht als Teil des Selbst erfahren. Sie hinterlassen eine Zerstörung von Form und Struktur,[11] die verhindert, dass das Erlebnis in einer kohärenten Weise dargestellt und verstanden werden kann.[12] Seine Einordnung in einen zeitlichen, räumlichen und kausalen Zusammenhang ist nicht möglich. Erinnerungen an das auslösende Ereignis erscheinen fragmentiert wie Bruchstücke, die sich nicht zu einem Gesamtbild fügen. Wird das Ereignis durch bestimmte Trigger neu angesprochen und in Form von Intrusionen wie Flashbacks und Alpträumen wiedererlebt, so geschieht dies in einem „Hier-und-Jetzt-Gefühl",[13] das das vergangene Geschehen wie gegenwärtig erleben lässt und die innere Distanzierung verhindert. Die Intrusionen werden als überflutende Wiederholungen eines Schreckens empfunden, der überwältigend in das Leben eingebrochen ist und den Alltag nachhaltig bestimmt. Die eigene Gefühlswelt erscheint fremd und feindlich oder taub und abgestumpft. Die Betroffenen fühlen sich abgeschnitten von Freude und Trauer, aber auch entfremdet von nahestehenden Personen, die das traumatische Ereignis nicht miterlebt haben, deren Leben ungerührt weitergeht und die wünschen oder auch erwarten, dass der Traumatisierte ‚sich zusammenreißt', das Erlebte schnell ‚wegsteckt' und ‚zur Tagesordnung' übergeht. So kann der Einbruch des Traumas auf lange Sicht Kommunikationsstrukturen

---

[11] *Dori Laub:* Eros oder Thanatos? Der Kampf um die Erzählbarkeit des Traumas, in: Psyche 54, 2000, 860–894, hier: 867.

[12] Traumatisierungen blockieren daher gerade das Kohärenzgefühl, wie es das Konzept der Salutogenese von Aaron Antonovsky erstrebt. Dieses ist in der Resilienzforschung sehr beliebt, war aber ursprünglich in der Arbeit mit Holocaustüberlebenden entstanden und also an ein klassisches Forschungsfeld der Psychotraumatologie gebunden: *Günter H. Seidler:* Psychotraumatologie. Das Lehrbuch, Stuttgart 2013, 43.

[13] *Frank Neuner/Margarete Schauer/Thomas Elbert:* Narrative Exposition, in: Andreas Maercker (Hg.): Posttraumatische Belastungsstörungen. 3., vollständig neu bearbeitete und erweiterte Auflage. Mit 17 Abbildungen, 10 Tabellen und zahlreichen Fallbeispielen, Heidelberg (1997) ³2009, 301–318, hier: 307.

verändern, Abbrüche im sozialen Umfeld nach sich ziehen, das Welt- und Selbstverständnis der Betroffenen erschüttern und Wertvorstellungen, auch religiöse,[14] in Frage stellen.

Nicht alle Menschen entwickeln nach Extremsituationen extreme Auffälligkeiten.[15] Dennoch gelten Traumafolgestörungen auch in westlichen Industriegesellschaften als eine der häufigsten psychischen Störungen überhaupt.[16] Ein Trauma nützt sich dabei nicht von selber ab.[17] Es erledigt sich nicht von allein. Wird versucht, ein traumatisches Erlebnis als ‚erledigt' zu bestimmen und es unbearbeitet beiseite zu legen, wird es also ignoriert, verdrängt oder bagatellisiert, so führt dies in aller Regel nicht dazu, dass es mit der Zeit verschwindet. Es wird sich vielmehr psychosomatisch zur Sprache bringen, über die Generationen hinweg weitertragen oder im hohen Alter unvermittelt zurückmelden. Denn im Alter radikalisiert sich die Grundsituation des Menschen: Das Ende der Berufstätigkeit, nachlassende Kräfte des Körpers und des Geistes, der Verlust von Freunden und Verwandten, der Umzug in ein Heim und die Angewiesenheit auf Pflege und Unterstützung reduzieren die Abwehr und machen die eigenen Grenzen sichtbar. Nur Weniges kann man sich jetzt noch aussuchen. Andere entscheiden: Familie, Pfleger oder Vormundschaften, Ärzte, Ämter und Behörden. Manchmal über den eigenen Kopf hinweg oder weil der eigene Kopf keine Entscheidungen mehr treffen kann. In solch radikalen Situationen kehrt manchmal auch das Radikale wieder, was einem im Leben widerfahren ist und bislang nicht integriert werden konnte. Weil es in seinem ursprünglichen Erlebnisgehalt zu groß war, die damit verbundenen Affekte keine Form fanden, es an Zeit und Raum fehlte, über das Erlebte zu sprechen, oder weil, wie es für Traumata charakteristisch ist, dem Erleben überhaupt die Sprache fehlte.

Für viele der heute hochaltrigen Menschen in Deutschland ist der Zweite Weltkrieg als eine solche radikale Lebenserfahrung zu bedenken.[18] Nach einem erfolgreichen Berufs- und Familienleben, in dem über Jahrzehnte vieles gut funktionierte, auch man selbst, meldet sich zurück, was lange verborgen war, drängt auf ungezähmte Weise in den Alltag ein, verfolgt einen bis in die Träume oder raubt den Schlaf. Das haben Untersuchungen gezeigt, wie sie

---

[14] *Seidler,* Psychotraumatologie, 43.
[15] Die meisten Personen sogar würden nach einem Trauma keine PTBS entwickeln, so *Laura Pielmaier/Andreas Maercker:* Risikofaktoren, Resilienz und posttraumatische Reifung, in: Günter H. Seidler/Harald J. Freyberger/Andreas Maercker (Hgg.): Handbuch der Psychotraumatologie, Stuttgart (2011) ²2015, 74–83, hier: 74.
[16] *Kerstin Lammer:* Kalter Schweiß auf dem Rücken – Seelsorge nach traumatisierenden Erlebnissen, in: Dies.: Beratung mit religiöser Kompetenz. Beiträge zu pastoralpsychologischer Seelsorge und Supervision, Neukirchen-Vluyn 2012, 94–106, hier: 95.
[17] *Hannes Fricke:* Das hört nicht auf. Trauma, Literatur und Empathie, Göttingen 2004, 167.
[18] Die psychischen Spuren des Zweiten Weltkriegs sind in Zahlen gut belegt: *Seidler,* Psychotraumatologie, 57.

Martina Böhmer an Frauen in deutschen Altersheimen vorgenommen hat.[19] Diese Frauen waren während des Krieges vermutlich schwer traumatisiert worden, hatten aber nie darüber gesprochen und auch keine typischen Verhaltensmuster einer PTBS ausgebildet. Über Jahrzehnte war es ihnen gelungen, die erlittenen Verlust- und Gewalterfahrungen zurückzudrängen, sich also Fragen vom Leib zu halten und ihr tatsächliches Befinden hinter Spruchweisheiten zu verbergen: *Unkraut vergeht nicht*. Erst im Altersheim reagierten sie nun in einer heftigen und für Angehörige und Pfleger gar nicht nachvollziehbaren Weise auf bestimmte *Trigger*, auf Geräusche, Gerüche oder Gesprächsfetzen, die untergründig mit der Ursprungssituation verbunden waren, sich ohne ein Traumawissen aber nicht decodieren ließen: die Schuhe der Pfleger nachts auf dem Gang [*Soldaten?*], Kriegsberichterstattungen im Fernsehzimmer [*Geht es schon wieder los?*], männliche Pfleger, die die Frauen ausziehen, waschen oder umbetten wollen [*Was will der von mir?*].[20] Was an den Frauen ein Leben lang erfolgreich abprallen konnte (*bounceback*) und sich abwehren ließ, sprang nun mit voller Wucht auf sie zurück und ließ die Vergangenheit in einem quälenden Hier-und-Jetzt-Gefühl neu erstehen. Was aber kann sich dann noch zurechtwachsen, wenn die letzten Lebensmeter gekommen und die resilienten Kräfte verbraucht sind?[21]

3. *Sprachliche Gegenspieler:* Trauma versus Resilienz

Dass wir gegenwärtig so viel über Trauma sprechen, versteht sich nicht von selbst. Judith L. Herman sieht die Erforschung psychischer Traumata vielmehr von „periodische[r] Amnesie"[22] begleitet: Auf Phasen intensiver Forschungstätigkeit folgen Phasen, in denen das Thema in Vergessenheit gerät,

---

[19] *Martina Böhmer:* Erfahrungen sexualisierter Gewalt in der Lebensgeschichte alter Frauen. Ansätze für eine frauenorientierte Altenarbeit. Mit einem Vorwort von Luise F. Pusch, Frankfurt am Main (2000) ⁴2011.

[20] Da diese Reaktionen nicht als Folge einer Traumatisierung verstanden, sondern als Renitenz oder Demenz missdeutet wurden, wurde seitens des Pflegepersonals oft nicht anders darauf geantwortet als durch Fesselung der Frauen ans Bett (meist durch männliche Pfleger!) oder durch großzügige Vergabe von Psychopharmaka. Vgl. *Böhmer,* Erfahrungen sexualisierter Gewalt, 102.

[21] Als eher optimistisch orientierte Beiträge vgl. dagegen: *Burkhard Pechmann:* Resilienz im Alter. Unglaublich, wie Vieles gut gegangen ist!, in: PrTh 44, 2009, 283–286 und *Lukas Radbruch/Michaela Hesse:* Von guten Mächten. Resilienz im Angesicht von Tod und Sterben, in: PrTh 51, 2016, 94–100.

[22] *Judith Lewis Herman:* Eine vergessene Geschichte, in: Dies.: Die Narben der Gewalt. Traumatische Erfahrungen verstehen und überwinden. Mit einem Nachwort der Autorin aus dem Jahr 1997, Paderborn ³2010, 17–51, hier: 17.

etablierte Ansätze wieder in Frage gestellt werden, die Akzeptanz für das Thema in Politik und Gesellschaft wieder abbricht und neu erarbeitet werden muss. Die Geschichte der Traumaforschung ist daher im Unterschied zur Resilienzforschung keine steil aufsteigende Erfolgs- und Wachstumsgeschichte, sondern durch Auf- und Abschwünge charakterisiert. Denn im Unterschied zum positiv besetzten Resilienzbegriff evoziert „Trauma" Abwehr, Kontroversen und Tabubegehren und ist von der grundlegenden Spannung begleitet: „Man will davon nichts und doch alles wissen."[23] Trauma konfrontiert mit der Verwundbarkeit des Menschen, der Schutzlosigkeit der Opfer, der Gewaltbereitschaft von Gesellschaften und der beunruhigenden Einsicht, dass ein einziges Ereignis ausreichen kann, um einen Menschen seelisch zu zerstören.[24] Trauma erscheint damit als der dunkle Gegenspieler zur Resilienz, als Antagonist und Konkurrent im Versuch, Mensch und Welt zu verstehen,[25] und diese Polarisierung findet sich auch auf sprachlicher Ebene wieder: im wissenschaftlichen Diskurs, im therapeutischen Setting und im Selbstbild von Betroffenen.

Auf solche *Sprachspiele* und die mit ihnen verbundenen Normierungsvorgänge hat der Psychotherapeut Tom Levold aufmerksam gemacht. In seinem metapherntheoretisch orientierten Artikel von 2006 hat er die Verwendung des Resilienzbegriffs in diskursiven Zusammenhängen untersucht und gefragt: Wie reden wir über Resilienz? Welche Bilder nutzen wir dafür, und wie beeinflusst unsere Sprechweise wiederum die Bewertung des Phänomens?[26] Acht Prototypen von Resilienzmetaphern hat er abstrahiert und zu Kategorien zusammengestellt: Objekt-, Gewicht-, Balancemetaphern, Wege-, Behälter- und Netzwerkmetaphern, Kampfmetaphern und Organismusmetaphern. Letztere etwa beschreiben Wachstumsbedingungen von Resilienz (*Nährboden Familie*)[27] und Wachstumsprozesse (*Gedeihen trotz widriger Umstände*), die Unverwüstlichkeit bestimmter Personen (*Löwenzahnkinder*) sowie Prozesse der Anpassung, Immunisierung oder Regenerierung und finden sich auch in unserer Alltagskommunikation wieder: *Unkraut vergeht nicht.*

---

[23] *Esther Fischer-Homberger:* Der Eisenbahnunfall von 1842 auf der Paris-Versailles-Linie. Traumatische Dissoziation und Fortschrittsgeschichte, in: Christian Kassung (Hg.): Die Unordnung der Dinge. Eine Wissens- und Mediengeschichte des Unfalls, Bielefeld 2009, 49–88, hier: 58.

[24] *Günter H. Seidler:* Auf dem Weg zur Psychotraumatologie, in: Günter H. Seidler/Wolfgang U. Eckhart (Hgg.): Verletzte Seelen. Möglichkeiten und Perspektiven einer historischen Traumaforschung, Gießen 2005, 27–40, hier: 27.

[25] Krisen, Katastrophen und Verletzlichkeit werden in der Regel negativ aufgefasst. Vgl. *Martin Endreß/Benjamin Rampp:* Resilienz als Perspektive auf gesellschaftliche Prozesse. Auf dem Weg zu einer soziologischen Theorie, in: Endreß/Maurer, Resilienz im Sozialen, 33–55, hier: 37f.

[26] *Tom Levold:* Metaphern der Resilienz, in: Welter-Enderlin/Hildenbrand, Resilienz, 230–254. Im Folgenden wird der Beitrag paraphrasierend wiedergegeben.

[27] *Rosmarie Welter-Enderlin:* Einleitung: Resilienz aus der Sicht von Beratung und Therapie, in: Enderlin/Hildenbrand, Resilienz, 7–19, hier: 8.9.

Den unterschiedlichen Prototypen liege dabei ein einheitliches Interaktionsschema zugrunde, das Levold in den Kategorien *Protagonist, Antagonist* und *Hilfsmechanismus* beschreibt. Demnach sind Menschen resilient (oder eben auch nicht) in Bezug auf etwas anderes, das etwas mit ihnen macht und damit ein Problem darstellt, auf das sie reagieren. Ein Interaktionsschema, wonach der *Protagonist* (ein Selbst, ein System) durch einen Antagonisten, einen *Gegenspieler* (ein Problem, ein Trauma), beeinträchtigt wird. Resilienz erscheint dann als das Vermögen des Protagonisten, diesen Beeinträchtigungen standzuhalten, indem er Hilfsmechanismen in Gang bringt, die seine Kraft stärken und den Antagonisten schwächen oder gar auflösen.

Solche Sprachbilder schaffen Wirklichkeit: Sie machen es möglich, Resilienz überhaupt zu denken, wirken aber auch mit an unbewussten Normvorstellungen. Sie fungieren als Brücke zwischen dem *Problemerleben*, für das Menschen oft keine Sprache haben, und der *Problemerzählung*, die vielleicht eines Tages doch noch das Erleben in Worte fasst. Sie erlauben die kreative Konstruktion individueller Wirklichkeiten für die, die sie erzählen, und erlauben denen, denen sie erzählt werden, Rückschlüsse auf solche Selbst- und Weltkonzepte zu ziehen. So bahnen sie unser Denken und begrenzen es zugleich: Indem sie es bildhaft strukturieren, aber über Kategorien wie *Problem, Problembesitzer* und *Hilfsangebot* auch Festschreibungen vornehmen. Das macht es möglich, die Phänomene zu erfassen, schränkt aber auch den Spielraum ein, nach alternativen Betrachtungsweisen zu suchen. Eine veränderte Wahrnehmung von Problemen könne aber, so Levold, erst mit einer veränderten metaphorischen Strukturierung des Problemfeldes einhergehen, und dafür, so meine ich, müssten Diskursbegriffe wie *Trauma* und *Resilienz* eben nicht nur als klinisch-therapeutische Distinktionsbegriffe erfasst, sondern auch als kulturelle Deutungsmuster erkannt werden. Deutungsmuster, die man um neue Interpretationsangebote bereichern kann und an konkreten Lebensgeschichten differenzieren muss. Denn die Metaphern leuchten bestimmte Aspekte an und blenden zugleich andere aus, ohne durch eine objektive Begriffsdefinition ersetzt werden zu können. Beide, Resilienz und Trauma, können nicht direkt nachgewiesen oder gemessen werden. Sie lassen sich aber im Anschluss an Tom Levold als *Beobachtungskategorien* verstehen, die aus ihrem sprachlichen Gebrauch (in Fall*geschichten* etwa) erschlossen werden können und daraufhin zu überprüfen sind, welche Bewertung und Parteinahme mit der Versprachlichung verbunden ist.

Das lässt sich exemplarisch an den *Kampfmetaphern* aufzeigen. Sie stammen aus dem Bereich menschlicher Konflikte und operieren mit Freund-Feindbildern, etwa wenn eine Krankheit *besiegt* werden soll oder sich jemand nicht *geschlagen geben* will. „Resilienz" erscheint dann vielleicht als Mut, Stärke und Tapferkeit – und ist dabei perspektivisch bestimmt: Was bei einem selbst als wünschenswert gilt, muss beim Gegner bekämpft werden. Deutlich wird dies im militärischen Kontext, wenn es nicht um die eigene positiv verstandene Kampfkraft geht, sondern um die des Antagonisten, des Feindes, die gebrochen werden muss.

Oder am Beispiel der *Wachstumsmetaphern*: Wenn meine 1915 geborene Großmutter sich als nicht vergehendes Unkraut tituliert – war das dann ein Zeichen für ihr „Gedeihen trotz widriger Umstände" und für ihre Art, sich von Widerfahrnissen humorvoll distanzieren zu können, oder war es ein Hinweis auf die sich hartnäckig haltende Internalisierung nationalsozialistisch propagierter Verhaltensideale (*was uns nicht umbringt, macht uns stark; zäh wie Leder, hart wie Kruppstahl*), die Menschen ihrer Generation manchmal beim Überleben halfen, aber auch zu massiver Abwehr führten und eine Empathie in die Perspektive der Opfer verhinderten? War ihr *Unkraut-vergeht-nicht* also Ausdruck einer Verdrängungsleistung oder Ausdruck ihrer seelischen Flexibilität – oder beides? Und wäre es in den Jahren 1933 bis 1945 nicht allgemein besser gewesen, wenn sich die Widerstandskraft (Resilienz) nicht nur im eigenen Überleben manifestiert, sondern auch zu politischem Widerstand (*resistance*) geführt hätte?

Die Verwendung beliebter und recht beliebig verstehbarer Diskursbegriffe, das soll damit angezeigt sein, folgt also untergründig oft einem normativen Code, und diese Codierungen müssen immer wieder ideologiekritisch überprüft werden, wenn man das Hilfreiche der Begriffe erhalten will. Resilienz etwa ist nicht einfach ein „Zauberwort", das alle Probleme löst, die aus Widrigkeiten erwachsen. Sondern es ist auch ein Wort, das Widrigkeiten zu Störungen macht, die einer ‚normalen' Entwicklung im Wege stehen und überwunden werden sollten und überwunden werden könnten.[28] Im Unterschied dazu war die Traumaforschung von Anfang an defizitorientiert und das aus gutem Grund: Gegen die übliche Ausblendung lenkte sie den Blick eben auf die destruktiven Zusammenhänge und trat dafür ein, körperlich nicht sichtbare Verletzungen diagnostizierbar zu machen. Sie trug dazu bei, das Leid Einzelner versicherungstechnisch anzuerkennen und zugleich nach den strukturellen Dimensionen unseres Zusammenlebens zu fragen: Was ist eigentlich das Krankmachende unserer Verhältnisse, und zeigen nicht die, die Symptome ausprägen, eine recht gesunde Reaktion auf die „Pathologie der Realität" (Hillebrandt)? Resilienz und Trauma sollten darum weniger antagonistisch als komplementär verstanden werden. Resilienz schützt Traumatisierte davor, von einem Überwältigungserleben gebannt zu bleiben. Sie stärkt eine kompetenz- und ressourcenorientierte Haltung, betont die Aktivität und Gestaltungskraft der Betroffenen und lenkt den Blick auf das, was gelungen ist, und auf das, was noch gelingen kann: das eigene zukünftige Leben. Zugleich schützt paradoxerweise gerade der Traumabegriff davor, dies als Machbarkeit zu verstehen, Resilienz politisch oder pädagogisch zu instru-

---

[28] Resilienz als Widerstandsfähigkeit gegenüber einer als positiv empfundenen Entwicklung (einer Therapie, einem Unterricht, einer Entwicklungsförderung) werde dagegen seltener thematisiert. An solchen Punkten wechsle der Begriff plötzlich seinen Charakter und werde zum Problem. Vgl. *Levold*, Metaphern, 236.

mentalisieren oder es als ein ‚Immunisierungsmittel' zu propagieren. Denn Resilienz mag dazu verhelfen, mit Verletzungen zurechtzukommen – gegen die grundsätzliche Verletzlichkeit des Lebens aber ist kein Kraut gewachsen.

4. *An Wunden wachsen?* Resilienz und posttraumatische Reifung

Die Aufnahme des Resilienzbegriffs gehört nicht in die Anfänge der Traumaforschung.[29] Sie erfolgte, als Resilienz sich bereits als eigener Forschungszweig etabliert hatte. Insa Fooken und Jürgen Zinnecker datieren die Kooperation und den damit verbundenen Paradigmenwechsel innerhalb der Traumaforschung auf die 1980er bzw. 1990er Jahre. Seither werde Trauma nicht länger nur als Defizit und aus pathologischer Perspektive betrachtet, sondern es werde verstärkt danach gefragt, was Menschen hilft, selbst schwerste Schicksalsschläge zu überstehen.[30] Auch der Soziologe Wolfgang Bonß sieht mit den 1990er Jahren ein Zusammenwachsen der Diskurse erreicht und interpretiert dies als Ausdruck für einen generellen „Paradigmenwechsel im Umgang mit Unsicherheit" und als Zeichen dafür, dass die Akzeptanz von Unsicherheitspotentialen in unserer Gesellschaft gestiegen sei.[31] Für diese These spricht der Wachstumsschub, den beide Themen ab der Jahrtausendwende noch einmal erfahren. Er ist wiederum an ein extrem destruktives und nachhaltig verunsicherndes Ereignis gebunden: an die Anschläge vom 11. September 2001. Sie leiten nach Bonß eine neue Etappe im Resilienzdiskurs ein, indem sie Trauma und Widerstandskraft im sogenannten *Vulnerabilitätsdiskurs* zusammenbringen. Der Gewaltakt von 9/11 habe die Vulnerabilität von Systemen auf neue Weise sichtbar gemacht, die hier nicht

---

[29] Es sei denn, man wolle die zweifelhaften Methoden des Militärs als ‚Resilienzschulung' werten, mit denen Soldaten, bei denen die Stellungskämpfe Kriegszittern und Schockzustände ausgelöst hatten, schon im Ersten Weltkrieg ‚therapeutisch' behandelt wurden: Eiswasserbäder, Stromschläge, Erstickungsanfälle. Traumatisierte galten als Simulanten oder Feiglinge, die durch die angezeigten Härtemaßnahmen wieder fronttauglich gemacht werden sollten. Bis heute steht der Resilienzbegriff in militärischen Einrichtungen in der Gefahr, ideologisch instrumentalisiert zu werden. Vgl. dazu *Rönnau-Böse/Fröhlich-Gildhoff*, Resilienz und Resilienzförderung, 23f. Zum Zusammenhang von Resilienz, Vulnerabilität und Militär vgl. zudem *Stefan Kaufmann*: Resilienz als Sicherheitsprogramm. Zum Janusgesicht eines Leitkonzepts, in: Endreß/Maurer, Resilienz im Sozialen, 295–312.

[30] *Fooken/Zinnecker*, Einleitung, 8.

[31] *Bonß*, Karriere, 16.

durch die ihnen innewohnenden eigenen Kräfte verletzt wurden, sondern durch äußere Kräfte in einem bewussten, perfide geplanten Angriff.[32]

In der Psychotraumatologie wird Resilienz vor allem als „Posttraumatische Reifung" (*posttraumatic growth*) einer eigenen Interpretation zugeführt. Die Konzepte „Resilienz" und „posttraumatische Reifung" haben sich dabei „aus unterschiedlichen humanwissenschaftlichen Fragestellungen und Forschungskontexten heraus entwickelt und akzentuieren unterschiedliche Aspekte", ohne begrifflich voll präzisiert werden zu können.[33] Die Beschäftigung mit posttraumatischen Reifungs- oder Wachstumsprozessen (beide Begriffe werden parallel verwendet)[34] entstammen der klinischen Praxis mit Traumatisierten und haben daher im Unterschied zur Resilienz einen direkten Traumabezug.[35] Doch auch die posttraumatische Reifung ist ein Konstrukt.[36] Es basiert auf der Beobachtung, dass manche Betroffene nach einer traumatischen Erfahrung von einer positiven Transformation berichten, subjektiv zu einer Umdeutung des Erlebten finden und von persönlichen Reifungsprozessen sprechen: Entwicklung einer neuen Selbst- und Weltsicht, Wissenszuwachs und (Lebens-) Weisheit, Vertiefung von Beziehungen und des Lebensgefühls überhaupt, oft auch in einem religiösen Sinne.

Eine solche Widerstandskraft ist also offenbar erlebbar. Sie lässt sich erzählen und sogar ansatzweise diagnostizieren (etwa über das methodische Instrument von Selbstbeurteilungsfragebögen). Sie lässt sich aber weder fordern noch verallgemeinern. Ja, sie ist nicht einmal selbstverständlich, sondern „erwartungswidrig".[37] Auch geht sie nicht automatisch mit seelischer Gesundheit einher,[38] und nicht immer kann zwischen Konstruktion und Illusion gut unterschieden werden, wenn Betroffene die neuen Sinnzusammenhänge ihres Lebens *Danach* beschreiben.[39] Dennoch: Es kann aus Schlechtem Gutes erwachsen, und es kann einen Lebenszugewinn geben trotz aller Abbrüche. Das prätraumatische Leben aber stellt sich damit nicht wieder ein.

---

[32] A. a. O., 18. Die *American Psychological Association* wiederum gab als Reaktion auf die traumatisierenden Terroranschläge eine resilienzbasierte Kampagne in Auftrag, um „in Zeiten terroristischer Bedrohung präventiv wirksame (Über-)Lebensstrategien in der Bevölkerung zu implementieren", so *Fooken,* Resilienz und posttraumatische Reifung, 78.

[33] Der Begriff wurde 2004 von L. G. Calhoun und R. G. Tedeschi in die Psychotraumatologie eingeführt. Das Phänomen selbst sei aber seit der Antike bekannt. Vgl. *Fooken,* Resilienz und posttraumatische Reifung, 75f. 80.

[34] Der Begriff „Reifung" sei hier selbst wieder „eine organismische Metapher", die positiv konnotiert ist und auf einen natürlichen Prozess verweist. Vgl. a. a. O., 74.

[35] *Pielmaier/Maercker,* Risikofaktoren, Resilienz und posttraumatische Reifung, 81.

[36] *Fooken,* Resilienz und posttraumatische Reifung, 80.

[37] A. a. O., 72.

[38] A. a. O., 82.

[39] Im Sinne eines Wunschdenkens, das der Selbsttäuschung und Selbstberuhigung dient („Es muss doch für etwas gut gewesen sein.") und damit eher darauf verweist, dass die Auseinandersetzung mit dem Trauma noch gar nicht stattfinden konnte: *Pielmaier/Maercker,* Risikofaktoren, Resilienz und posttraumatische Reifung, 82.

Posttraumatische Reife ist keine Abwehrgröße im Sinne eines „Abpralls" und kein „Zurückspringen" in einen ‚Normalzustand'. Die Reifung bleibt an die Erfahrung der Krise gekoppelt[40] und das Trauma mit Verlusten verbunden. Was immer nach einer Traumatisierung reifen, heilen und (zu)wachsen mag – die Narbe bleibt. Extreme Belastungen gehen an niemandem spurlos vorüber, auch nicht an fest verwurzelten, robusten oder sich humorvoll selbst relativierenden Menschen.

---

[40] A. a. O., 81.

Autorinnen und Autoren

Thiemo Breyer:

Dr. phil., geb. 1981, Juniorprofessor für Transformations of Knowledge an der a.r.t.e.s. Graduate School for the Humanities Cologne, Universität zu Köln, Vorstandsmitglied der Deutschen Gesellschaft für Phänomenologische Anthropologie, Psychiatrie und Psychotherapie.
Publikationen (Auswahl zum Thema): Verkörperte Intersubjektivität und Empathie, Frankfurt/M. 2015; hg. mit Thomas Fuchs/Stefano Micali/ Boris Wandruszka: Das leidende Subjekt, Freiburg im Breisgau/München 2014.

Jochen Flebbe:

Dr. theol., Privatdozent für Neues Testament an der Evangelisch-Theologischen Fakultät der Rheinischen Friedrich-Wilhelms-Universität Bonn und Lehrkraft für besondere Aufgaben für Neues Testament und Religionspädagogik an der Universität zu Köln.
Publikationen (Auswahl zum Thema): Hg. mit Görge K. Hasselhoff: Ich bin nicht gekommen, Frieden zu bringen, sondern das Schwert. Aspekte des Verhältnisses von Religion und Gewalt (KKR 68), Göttingen 2017; Rache verkünden. Eine akademische Predigt zwischen Psalm 58 und Conrad Ferdinand Meyers Ballade: „Die Füße im Feuer", in: PTh 106 (2017), 71–79; Trieb und Triebtheorie. Die Rabbinen, das Böse und das Judentum Sigmund Freuds, in: Paul Fiddes/Jochen Schmidt (Hg.): Rhetoriken des Bösen/The Rhetoric of Evil (Studien des Bonner Zentrums für Religion und Gesellschaft 9), Würzburg 2013, 43–81.

Ludger Heidbrink:

Dr. phil., geb. 1961, Professor für Praktische Philosophie an der Christian-Albrechts-Universität zu Kiel (CAU), Direktor des Kiel Center for Philosophy, Politics and Economics (KCPPE) und Co-Direktor des Gustav Radbruch Netzwerks für Ethik und Philosophie der Umwelt an der CAU.
Publikationen (Auswahl zum Thema): Hg. mit Claus Langbehn/Janina Sombetzki: Handbuch Verantwortung, Wiesbaden 2017; Verantwortung und Verantwortungslosigkeit, in: Konrad Paul Liessmann (Hg.): Schuld und Sühne. Nach dem Ende der Verantwortung, Wien 2015, 186–207; hg. mit Peter Seele: Unternehmertum. Vom Nutzen und Nachteil einer riskanten Lebensform, Frankfurt/New York 2010.

Christoph Horn:

Dr. phil., geb. 1964, Professor für Praktische Philosophie und Philosophie der Antike am Institut für Philosophie der Universität Bonn, Herausgeber des „Archiv für Geschichte der Philosophie", Vorstandsmitglied der GANPH (Gesellschaft für antike Philosophie e.V.).
Publikationen (Auswahl zum Thema): Antike Lebenskunst. Glück und Moral von Sokrates bis zu den Neuplatonikern, München 1998; Objektivität, Rationalität, Immunität, Teleologie: Wie plausibel ist die antike Konzeption einer Lebenskunst?, in: Wolfgang Kersting/Claus Langbehn (Hgg.): Kritik der Lebenskunst, Frankfurt/M. 2007, 118–148; Wie viel Individualismus erlaubt die antike Ethik der Lebenskunst?, in: Gerhard Ernst (Hg.): Philosophie als Lebenskunst, Berlin 2016, 259–282.

Hilge Landweer:

Dr. phil., Professorin für Philosophie an der Freien Universität Berlin, Arbeitsbereich Phänomenologie, Ethik und interdisziplinäre Geschlechterforschung.
Publikationen (Auswahl zum Thema): Hg. mit Catherine Newmark: Schwerpunkt „Autorität" der DZPh 3 (2017); hg. mit Dirk Koppelberg: Recht und Emotion I, Freiburg 2016; hg. mit Fabian Bernhardt: Recht und Emotion II, Freiburg 2017; hg. mit Isabella Marcinski: Dem Erleben auf der Spur. Feminismus und die Philosophie des Leibes, Bielefeld 2016.

Cornelia Richter:

Dr. theol., geb. 1970, Professorin für Systematische Theologie an der Evangelisch-Theologischen Fakultät der Universität Bonn, Co-Direktorin des Bonner Instituts für Hermeneutik, Geschäftsführende Direktorin des Instituts für Evangelische Theologie der Universität zu Köln, Vorstandsmitglied der Deutschen Gesellschaft für Religionsphilosophie.
Publikationen (Auswahl zum Thema): Hg. mit Uta Pohl-Patalong: Resilienz – Problemanzeige und Sehnsuchtsbegriff. Themenheft PrTh 51 (2016); Das Selbst als Balanceakt von Physis und Psyche in Leiblichkeit, Ratio und Affektivität, in: Elisabeth Gräb-Schmidt (Hg.): Was heißt Natur? Philosophischer Ort und Begründungsfunktion des Naturbegriffs, Leipzig 2015, 157–173.

Jochen Schmidt:

Dr. theol., geb. 1975, Professor für Evangelische Theologie mit dem Schwerpunkt Systematische Theologie, Ethik und Religionsphilosophie.
Publikationen (Auswahl zum Thema): Wahrgenommene Individualität. Eine Theologie der Lebensführung (Edition Wege zum Menschen 3), Göttingen 2014; Klage. Überlegungen zur Linderung reflexiven Leidens, Tü-

bingen 2011; Vielstimmige Rede vom Unsagbaren. Dekonstruktion, Glaube und Kierkegaards pseudonyme Literatur (KSMS 14), Berlin/New York 2006.

Maike Schult:

Dr. phil., geb. 1969, Privatdozentin für Praktische Theologie an der Theologischen Fakultät der Christian-Albrechts-Universität zu Kiel und Professurvertretung am Institut für Evangelische Theologie an der Universität Paderborn.
Publikationen (Auswahl zum Thema): „Ein Hauch von Ordnung". Traumaarbeit als Aufgabe der Seelsorge, Leipzig 2017; Wunden versorgen. Dimensionen der Traumaarbeit, in: Anna Henkel/Isolde Karle/Gesa Lindemann/Micha Werner (Hgg.): Dimensionen der Sorge. Soziologische, philosophische und theologische Perspektiven, Baden-Baden 2016, 225–238.

Notger Slenczka:

Dr. theol., geb. 1960, Professor für Systematische Theologie/Dogmatik an der Theologischen Fakultät der Humboldt Universität zu Berlin.
Publikationen (Auswahl zum Thema): Neid. Vom theologischen Ertrag einer Phänomenologie negativer Selbstverhältnisse, in: Roderich Barth u.a. (Hgg.): Theologie der Gefühle, Berlin u.a. 2015, 157–189; ‚Sich schämen'. Zum Sinn und theologischen Ertrag einer Phänomenologie negativer Selbstverhältnisse, in: Cornelia Richter u.a. (Hgg): Dogmatik im Diskurs. FS Dietrich Korsch, Leipzig 2014, 241–261; Der Tod Gottes und das Leben des Menschen. Glaubensbekenntnis und Lebensvollzug, Göttingen 2003.

Thomas Wabel:

Dr. theol., geb. 1966, Professor für Evangelische Theologie (Systematische Theologie und theologische Gegenwartsfragen) an der Universität Bamberg, Research Associate an der Theologischen Fakultät der Universität Pretoria.
Publikationen (Auswahl zum Thema): Den Schmerz zur Sprache bringen. Wechselwirkungen von Geist und Körper in religiöser Artikulation und der Aufbau von Resilienz, in: PrTh 51 (2016), 88–94; Leibliche Autonomie. Zum Umgang mit Ambivalenzen des Autonomiebegriffs in der „individualisierten Medizin", in: ZME 59 (2013), 3–18.

Saskia Wendel:

Dr. phil., geb. 1964, Professorin für Systematische Theologie am Institut für Katholische Theologie der Universität zu Köln, stellv. Direktorin a.r.t.e.s. – Graduate School of the Humanities University of Cologne, Mitglied im DFG-Fachkollegium „Theologie".
Publikationen (Auswahl zum Thema): Aushalten – leiblich. Die Elementarität des Körperlichen, in: PrTh 51 (2016), 81–88; mit Aurica Nutt: Reading the Body of Christ. Eine geschlechtertheologische Relecture, Paderborn 2016.